U0723203

全国高等职业教育司法大类专业教材

法学系列精品教材

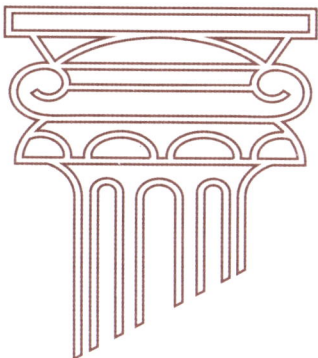

中小企业法律事务

ZHONG-XIAOQIYE FALÜ SHIWU

主　编　郭小冬

副主编　谢东鹰　赖如星

国家开放大学出版社·北京

图书在版编目（CIP）数据

中小企业法律事务／郭小冬主编 .--北京：国家
开放大学出版社，2021.8

ISBN 978-7-304-10957-8

Ⅰ.①中… Ⅱ.①郭… Ⅲ.①中小企业-企业法-基
本知识-中国 Ⅳ.①D922.291.914

中国版本图书馆 CIP 数据核字（2021）第 176888 号

中小企业法律事务
ZHONG-XIAOQIYE FALÜ SHIWU
主　编　郭小冬
副主编　谢东鹰　赖如星

出版·发行：国家开放大学出版社
电话：营销中心 010-68180820　　　总编室 010-68182524
网址：http://www.crtvup.com.cn
地址：北京市海淀区西四环中路 45 号　邮编：100039
经销：新华书店北京发行所

策划编辑：沈海哲　　　　　　版式设计：何智杰
责任编辑：沈海哲　　　　　　责任校对：吕昀豁
责任印制：武　鹏　陈　路

印刷：中煤（北京）印务有限公司
版本：2021 年 8 月第 1 版　　　2021 年 8 月第 1 次印刷
开本：787mm×1092mm　1/16　　印张：14.75　　字数：330 千字

书号：ISBN 978-7-304-10957-8
定价：39.00 元

为了适应高职高专教育法律事务专业教学的需要，我们组织编写了本教材。

由于企业生产经营中涉及的法律事务领域广、种类繁杂，因此，编写教材时，在内容的取舍上需要认真斟酌。本教材编写团队在商定了编写大纲之后，主编将大纲交付法官、检察官、律师和企业法务人员征求意见，以确保所选取的领域与法律事务贴合企业的实际需求。经多方、反复沟通，编写团队最终确定了教材的名称、编写体例和知识点的组合方式。

本教材分为九个单元，包括：中小企业法律事务概述，企业设立、变更、终止法律事务，企业内部法律事务，企业合同法律事务，企业在劳动用工方面的法律事务，企业生产经营法律事务，与企业生产经营有关的行政法律事务，企业的法律风险管理和企业民商事纠纷的解决，内容基本涵盖了企业日常生产经营中所涉及的主要法律事务。

本教材具有以下特点：

第一，体例新颖，理论与实践相结合，突出实操能力的培养。以"单元"为框架，以"知识点"为抓手，以"实训"为驱动。在各单元中，设置"学习目标""要点提示""法律法规索引""思考题""案例实训"五大模块，每个知识点以"导入案例"激发学生的好奇心和学习兴趣，通过"基本理论"进行阐释，指导学生运用理论分析导入案例，并将自己的分析结论同教材中给出的"导入案例分析"相对照，从实践到理论，再从理论到实践，完成了对知识点的学习，达到了掌握各单元内容的目的。通过"思考题"和"案例实训"进行巩固，可以达到良好的学习效果。

第二，以企业普遍性、日常性业务为主要内容。中小企业面临的法律事务比较常规，因此，在选取知识点时，我们选择了具有普遍性、相对传统的领域的知识点，较少涉及投资、融资等商事法律领域的知识点。这些经常可以在日常生活中接触到的领域，不会让学生感到陌生，从而没有排斥感。这既可减轻学生的学习负担，又可使学生的学习更具有针对性。

第三，以职业性、实践性、针对性和综合性为基本要求。本课程设置的目的是为中小企业培养应用型法务人才。且学生在学习本课程内容时，已经通过部门法的课程学习了各领域的基本理论。因此，本教材并不以讲授系统的理论知识为目的，也不会阐述各法律制度的历史发展、境内外法律规定、学术观点争议等内容，而是在简单回顾各部门法的理论之后，立刻指出相关领域的法律事务以及企业法务人员在这些领域应当怎样做。在编写方式上，尽可能地突出其实用性和可操作性，让学生通过学习就可以进行基本操作。例如，签订合同前如何对合同相对人进行背景资料调查，发生纠纷后如何制定解决策略等。在对内容进行表述时，尽量避免使用晦涩的语言，以方便学生阅读和理解。

第四，新形态教材，符合"互联网+职业教育"的发展需求。本教材将文字教材与信息技术应用进行一体化设计，各单元所涉及的"思考题""案例实训"的参考答案均为在线资源，扫描教材中对应的二维码即可获得。

第五，所用案例资料真实，法律规定实时更新。教材中的案例均选自中国裁判文书网和媒体报道的典型案例。本教材依据最新的法律法规及相关政策、规定编写，同时配备了数字资源包（扫描封面二维码获取）。日后我们将密切关注立法及行业发展动态，实时更新与本课程相关的法律资料。

第六，编写人员"少而精"。编写人员"少"，有利于内容的协调、统一，不至于出现同一本教材前后观点矛盾、内容重复等问题；编写人员"精"，指的是每位编者都毕业于法学专业，拥有博士或硕士学位，理论功底扎实，且实践经验丰富。

本教材内容体系和编写体例由天津师范大学教授郭小冬和浙江警官职业学院副教授谢东鹰构思完成，郭小冬负责全书的统稿工作。各单元编写人员及分工如下：郭小冬编写单元五、单元六、单元八、单元九；谢东鹰编写单元一、单元二、单元四；赖如星（天津四方君汇律师事务所律师）编写单元三、单元七。

受篇幅所限，本教材不能求"全"、求"大"，但其所承载、传授的基础知识和实操技能，可以满足接受高等法律职业教育、非全日制及全日制法学专业本科学生学习的需要。

由于时间仓促，以及企业法律事务种类繁多、事项复杂，教材中疏漏之处在所难免，敬请读者及同仁批评指正。

编　者

2021 年 4 月

Contents 目 录

Unit **1** 单元一
中小企业法律事务概述

🎯 学习目标

完成本单元的学习之后，你将可以：

1. 了解什么是中小企业以及中小企业所具有的特点。

2. 了解企业专职法律顾问和外聘法律顾问的区别。

3. 了解企业法律事务的主要内容。

4. 掌握企业专职法律顾问的工作原则。

💡 要点提示

1. 企业的含义与中小企业的特点。

2. 企业法律顾问的种类。

3. 企业法律事务的主要内容。

4. 中小企业法律事务的特点。

5. 企业专职法律顾问的工作原则。

知识点 1 认识中小企业

导入案例

某招聘网站上公布的招聘法务人员/法务专员的广告，如图1-1所示。

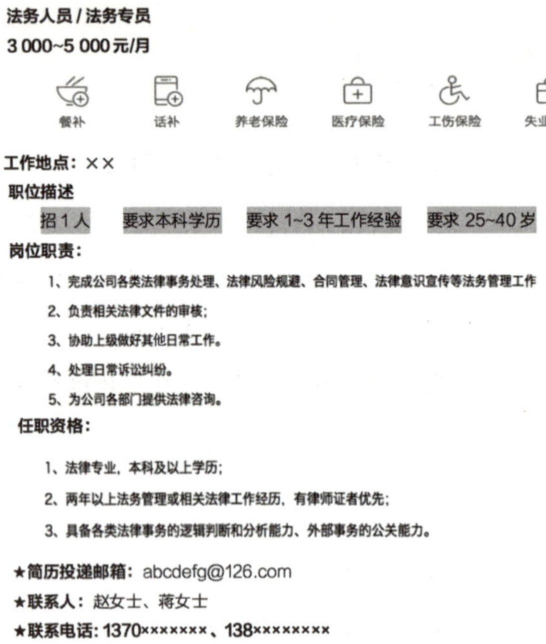

法务人员/法务专员
3 000~5 000元/月

| 餐补 | 话补 | 养老保险 | 医疗保险 | 工伤保险 | 失业保险 | 生育保险 |

工作地点：××

职位描述

招1人　要求本科学历　要求1~3年工作经验　要求25~40岁

岗位职责：

1、完成公司各类法律事务处理、法律风险规避、合同管理、法律意识宣传等法务管理工作

2、负责相关法律文件的审核；

3、协助上级做好其他日常工作。

4、处理日常诉讼纠纷。

5、为公司各部门提供法律咨询。

任职资格：

1、法律专业，本科及以上学历；

2、两年以上法务管理或相关法律工作经历，有律师证者优先；

3、具备各类法律事务的逻辑判断和分析能力、外部事务的公关能力。

★**简历投递邮箱：** abcdefg@126.com

★**联系人：** 赵女士、蒋女士

★**联系电话：** 1370×××××××、138××××××××

图1-1　法务人员/法务专员招聘广告

基本理论

一、什么是企业

在日常生活中，我们经常会听到"国家机关、企事业单位"这样的表述。例如，《中华人民共和国统计法》第七条对统计调查对象的概括就是"国家机关、企业事业单位和其他组织以及个体工商户和个人"。《中华人民共和国职业分类大典（2015年版）》将我国职业归为 8 个大类，其中第一大类是国家机关、党群组织、企业、事业单位负责人。① 因此，国家机关、企业事业单位是我国对用人单位特有的也是最简单的一种划分方式。国家机关，就是我们通常所说的公权机关，是行使国家权力、管理国家事务的机关。② 党群组织，包括政党组织和群众组织。③ 事业单位一般是由国家设置的从事社会服务工作、带有一定公益性质的社会组织。④ 以上这些单位本身不直接从事生产经营、不直接创造物质财富。这些单位，除了群众自治组织和其他社团组织，其他的都有国家固定的编制，经费、工资、福利由国家财政拨款，工作相对稳定，因此也被称为"铁饭碗"。⑤

与上述单位不同，企业是从事生产、流通与服务等经济活动的营利性社会组织。经济学上对企业的定义是：以盈利为目的，运用各种生产要素（包括土地、劳动力、资本、技术和企业家才能等），向市场提供产品或服务，实行自主经营、自负盈亏、独立核算的法人或其他社会经济组织。因此，企业的主要特点就是以盈利为目的、自收自支、自负盈亏。也就是说，企业通过组织生产经营来创造物质财富，以自己生产的产品与消费者或者其他生产单位进行交换，在满足社会需要的同时获取利润；同时，通过自身的盈利解决自身的人员供养问题。企业如果出现严重亏损，无力继续经营，无力偿还到期债务，法人企业就可能会进入破产还债程序，非法人企业就必须动用出资人的个人财产来还债。

企业通常被称为"国民经济的细胞"。因为企业是市场经济活动的主要参与者，是社会财富的主要创造者，企业的生存状况对一国经济的发展举足轻重。企业自负盈亏的特点催生了发展的内在动力，使企业成为科技创新的主要力量。从一定程度上说，正是企业的出现和企业组织形式的不断演进，人类的经济才能不断发展，技术才能不断创新。纵观全球，发展比较成功的经济体往往都对企业和企业家比较尊重，而企业和企业家又能够担当起被历史和社会所赋予的责任。改革开放 40 多年来，我国在经济领域取得了伟大

---

① 该分类具有类国家标准的性质。根据该分类，我国现有 8 个大类，75 个中类，434 个小类，1 481 个职业。其中，8 个大类职业分别是：国家机关、党群组织、企业、事业单位负责人；专业技术人员；办事人员和有关人员；社会生产服务和生活服务人员；农、林、牧、渔业生产及辅助人员；生产、运输设备操作人员及有关人员；军人；不便分类的其他从业人员。

② 国家机关包括国家元首、立法机关、行政机关、监察机关、审判机关、检察机关和军事机关。

③ 党群组织包括中国共产党中央委员会和地方各级党组织、人民政协、各民主党派、工会、共青团、妇联等人民团体，也包括群众自治组织和其他社团组织及其工作机构。

④ 事业单位是我国特有的单位性质。因此，进行英语交流时会产生困难。仅就对应词而言，用 institutions、public-sector-organizations、sercice-organizations 等。而其他职业的对应词就相对明确和固定，如企业的对应词为 enterprise、公司的对应词为 company、政党的对应词为 party。我国现有事业单位包括教育、科技、文化、卫生、体育、社会福利等 18 个大类，数量众多，规模庞大，并不完全都是公益性质，有些有行政职能，有些从事生产经营活动。根据《中共中央 国务院关于分类推进事业单位改革的指导意见》（2011），对承担行政职能的事业单位，逐步将其行政职能划归行政机构或转为行政机构；对从事生产经营活动的事业单位，逐步将其转为企业。改革后的事业单位仅保留公益服务职能。

⑤ 改革之前的事业单位分为全额拨款单位和差额拨款单位，前者如公立学校，后者如公立医院。改革后的事业单位分为两类：承担义务教育、基础性科研、公共文化、公共卫生及基层的基本医疗服务等基本公益服务，不能或不宜由市场配置资源的，为公益一类；承担高等教育、非营利医疗等公益服务，可部分由市场配置资源的，为公益二类。此举被称为"打破事业单位的'铁饭碗'"。

成就，企业和企业家发挥了不可替代的作用，创造了大量的社会财富，推动着经济和社会不断向前发展。[①]

二、企业的分类

按照不同的标准，可以将企业划分为不同的类型。

（一）个人独资企业、合伙企业和公司制企业

这是法律领域较为常用的分类方法，其划分标准是企业的财产组织形式。

个人独资企业是指由一个自然人投资，财产为投资人个人所有，投资人以其个人财产对企业债务承担无限责任的经营实体。个人独资企业依据《中华人民共和国个人独资企业法》（简称《个人独资企业法》）领取营业执照。个人独资企业建立与解散的程序简单，出资人拥有绝对的决策权，管理灵活、自由。由于企业经营的好坏与出资人个人的经济利益紧密相关，因此这种形式有利于发挥出资人的创业精神与实现个人意愿。但其缺点也很明显。首先，出资人对企业的债务承担无限责任，这就限制了出资人的投资意愿。其次，规模有限。因为一个人的资金和能力有限，个人贷款的难度也很大。最后，企业的连续性差。个人独资企业是出资人个人的企业，生产经营受个人风格和能力的影响很大。如果出资人出现意外，企业的发展有可能出现危机。

合伙企业是指两个或者两个以上合伙人通过订立合伙协议，共同出资、共同经营、共负盈亏、共担风险，并对合伙企业债务承担无限连带责任的营利性组织。合伙企业依据《中华人民共和国合伙企业法》（简称《合伙企业法》）领取营业执照。个人独资企业与合伙企业都是非法人企业。与个人独资企业相比，由于出资人增加，合伙企业能够筹集到更多的资金，可以扩大企业规模；尽管每位合伙人都对合伙企业承担无限责任，但毕竟减少了个人的风险，有利于企业成长和扩展。但合伙企业的缺点也明显。例如，合伙企业是无限责任，出资人个人风险仍然较大；每一位合伙人都能代表企业，导致权力分散、领导多头，不仅容易产生分歧，还会导致决策缓慢、效率低下。

公司制企业依据《中华人民共和国公司登记管理条例》（简称《公司登记管理条例》）和《中华人民共和国企业法人登记管理条例》（简称《企业法人登记管理条例》）领取企业法人营业执照，因此也叫作法人企业或股份制企业。这种企业由法定人数以上的投资者（股东）出资成立，具有独立的人格和财产。公司制企业是现代企业的主要组织形式。我国目前承认的公司制企业有两种：有限责任公司和股份有限公司。其中，股份有限公司又分为上市公司和非上市公司。公司制企业的优点包括：容易筹措资金，容易扩大规模；公司

---

① 朱宁. 企业发展对于中国经济改革开放四十年的重大贡献和意义. 经济观察报，2018-12-09（49）.

财产与出资人的个人财产相分离，公司所有权与经营权相分离，出资人仅对公司债务承担有限责任，个人财产损失风险小；公司经营不受出资人寿命和能力的影响，连续性强等。公司制企业的缺点包括：设立手续复杂，生产经营受外部法律规制严格，股东对公司的掌控权小，容易发生内部人控制的问题。①

企业是一种经济体，不同经济体的性质会影响法律责任的承担。个人独资企业和个体工商户（非企业）都表现为一人出资的形式，而《中华人民共和国公司法》（简称《公司法》）又承认一人公司②，因此，有必要对它们进行区分。

（1）个人独资企业与一人公司的区别：

第一，营业执照和企业名称不同。我国的营业执照有八种格式，个人独资企业和一人公司适用不同的格式。③ 在企业名称上，个人独资企业的名称通常以"工作室""事务所""中心""商行""经营部"等结尾，而一人公司名称中含有"有限公司"或者"有限责任公司"等字样。

第二，投资主体不同。个人独资企业的投资主体只能是自然人，而一人公司的投资主体（股东）是自然人或法人，如国有独资公司。④

第三，注册人数不同。个人独资企业无须监事人就可以注册，而一人公司应当符合公司的基本形态，注册时，除出资股东之外，还需要有监事人。

第四，适用法律不同。个人独资企业主要适用《个人独资企业法》，而一人公司主要适用《公司法》。

第五，民事主体的性质不同。我国民法上的民事主体有三种，即自然人、法人和非法人组织。个人独资企业属于非法人组织⑤，而一人公司属于法人。

第六，责任类型不同。个人独资企业的出资人除法律另有规定外，要以个人财产对企业债务承担无限责任，而一人公司是有限责任，公司债务不涉及股东个人财产。

第七，需缴纳的税种不同。个人独资企业不需要缴纳企业所得税，纳税时可申请核定征收，而一人公司需要缴纳增值税、企业所得税和股东的分红个税，纳税时采用查账征收。

（2）个人独资企业与个体工商户的区别。

自然人根据《中华人民共和国民法典》（简称《民法典》）和《个体工商户条例》的规定，经依法登记，领取营业执照，从事工商经营的，成为个体工商户。个人独资企业与个体工商户的区别如下：

---

① 内部人控制的问题发生在公司所有权与经营权相分离的情况下，是指企业内部直接参与企业决策的人（如总经理等）为了追求自身利益而损害外部人利益。例如，公司管理层的工资、奖金增长过快，损害了股东的长远利益。

② 《公司法》第二章第三节（第五十七条至第六十三条）。

③ 国家市场监督管理总局《市场监管总局关于启用新版营业执照的通知》（国市监注〔2018〕253号）。其中，公司法人（包括一人公司）适用A格式，个人独资企业适用E格式。

④ 《公司法》第二章第四节（第六十四条至第七十条）。

⑤ 《民法典》第一百零二条第二款。

第一，个人独资企业是企业，而个体工商户不是企业。

第二，个人独资企业必须要有固定的生产经营场所和合法的企业名称，而个体工商户则无此要求。

第三，个人独资企业的投资者与经营者可以是不同的人，而个体工商户的投资者与经营者必须是同一个人。

第四，个人独资企业没有从业人数限制，而个体工商户的从业人数，包括经营者本人、帮手和学徒等雇工人员不得超过8人。

第五，个人独资企业可以变更投资人姓名，而个体工商户只有在家庭经营的组成形式下才能变更经营者姓名，而且必须是家庭成员。

第六，个人独资企业可以设立分支机构，也可以委派他人作为分支机构负责人，而个体工商户不能设立分支机构。

第七，我国民法上的民事主体有三种，即自然人、法人和非法人组织。个人独资企业属于非法人组织，能够以企业自身名义进行法律活动，而个体工商户只能以公民个人的名义进行法律活动。

第八，个人独资企业必须建立财务制度，进行会计核算，而个体工商户无此要求。

（二）其他分类

根据不同的标准，还可以将企业分为其他的类型。

（1）根据所有制形式，可分为全民所有制企业、集体企业、私营企业、混合所有制企业、外商投资企业。

（2）根据企业组合方式，可分为单一企业、多元企业、经济联合体、企业集团、连锁企业。

（3）根据企业性质，可分为工业生产企业、商品经营企业、服务企业。

（4）根据企业规模，可分为大型企业、中型企业、小型企业等。

三、什么是中小企业

（一）中小企业的含义

中小企业，顾名思义，就是规模比较小的企业。《中华人民共和国中小企业促进法》（简称《中小企业促进法》）将中小企业界定为"在中华人民共和国境内依法设立的，人员规模、经营规模相对较小的企业，包括中型企业、小型企业和微型企业"。不过，不同的国家、不同的经济发展时期以及不同的行业，对企业规模的界定标准不完全相同。综合来看，通常会考虑企业的形式、融资方式、所处行业地位、雇员人数、实收资本、资产总值等因素。统计上大型、中型、小型、微型企业划分标准见表1-1。

表 1-1　统计上大型、中型、小型、微型企业划分标准①

行业名称	指标名称	计量单位	大型企业	中型企业	小型企业	微型企业
农、林、牧、渔业	营业收入（Y）	万元	Y≥20 000	500≤Y<20 000	50≤Y<500	Y<50
工业*	从业人员（X）	人	X≥1 000	300≤X<1 000	20≤X<300	X<20
	营业收入（Y）	万元	Y≥40 000	2 000≤Y<40 000	300≤Y<2 000	Y<300
建筑业	营业收入（Y）	万元	Y≥80 000	6 000≤Y<80 000	300≤Y<6 000	Y<300
	资产总额（Z）	万元	Z≥80 000	5 000≤Z<80 000	300≤Z<5 000	Z<300
批发业	从业人员（X）	人	X≥200	20≤X<200	5≤X<20	X<5
	营业收入（Y）	万元	Y≥40 000	5 000≤Y<40 000	1 000≤Y<5 000	Y<1 000
零售业	从业人员（X）	人	X≥300	50≤X<300	10≤X<50	X<10
	营业收入（Y）	万元	Y≥20 000	500≤Y<20 000	100≤Y<500	Y<100
交通运输业*	从业人员（X）	人	X≥1 000	300≤X<1 000	20≤X<300	X<20
	营业收入（Y）	万元	Y≥30 000	3 000≤Y<30 000	200≤Y<3 000	Y<200
仓储业*	从业人员（X）	人	X≥200	100≤X<200	20≤X<100	X<20
	营业收入（Y）	万元	Y≥30 000	1 000≤Y<30 000	100≤Y<1 000	Y<100
邮政业	从业人员（X）	人	X≥1 000	300≤X<1 000	20≤X<300	X<20
	营业收入（Y）	万元	Y≥30 000	2 000≤Y<30 000	100≤Y<2 000	Y<100
住宿业	从业人员（X）	人	X≥300	100≤X<300	10≤X<100	X<10
	营业收入（Y）	万元	Y≥10 000	2 000≤Y<10 000	100≤Y<2 000	Y<100
餐饮业	从业人员（X）	人	X≥300	100≤X<300	10≤X<100	X<10
	营业收入（Y）	万元	Y≥10 000	2 000≤Y<10 000	100≤Y<2 000	Y<100
信息传输业*	从业人员（X）	人	X≥2 000	100≤X<2 000	10≤X<100	X<10
	营业收入（Y）	万元	Y≥100 000	1 000≤Y<100 000	100≤Y<1 000	Y<100
软件和信息技术服务业	从业人员（X）	人	X≥300	100≤X<300	10≤X<100	X<10
	营业收入（Y）	万元	Y≥10 000	1 000≤Y<10 000	50≤Y<1 000	Y<50
房地产开发经营	营业收入（Y）	万元	Y≥200 000	1 000≤Y<200 000	100≤Y<1 000	Y<100
	资产总额（Z）	万元	Z≥10 000	5 000≤Z<10 000	2 000≤Z<5 000	Z<2 000

---

①　国家统计局《统计上大中小微型企业划分办法（2017）》。

续表

行业名称	指标名称	计量单位	大型企业	中型企业	小型企业	微型企业
物业管理	从业人员（X）	人	X≥1 000	300≤X<1 000	100≤X<300	X<100
	营业收入（Y）	万元	Y≥5 000	1 000≤Y<5 000	500≤Y<1 000	Y<500
租赁和商务服务业	从业人员（X）	人	X≥300	100≤X<300	10≤X<100	X<10
	资产总额（Z）	万元	Z≥120 000	8 000≤Z<120 000	100≤Z<8 000	Z<100
其他未列明行业*	从业人员（X）	人	X≥300	100≤X<300	10≤X<100	X<10

说明：

1. 大型、中型和小型企业须同时满足所列指标的下限，否则下划一档；微型企业只需满足所列指标中的一项即可。

2. 附表中各行业的范围以《国民经济行业分类》（GB/T 4754—2017）为准。带 * 的项为行业组合类别，其中，工业包括采矿业，制造业，电力、热力、燃气及水生产和供应业；交通运输业包括道路运输业，水上运输业，航空运输业，管道运输业，多式联运和运输代理业、装卸搬运，不包括铁路运输业；仓储业包括通用仓储，低温仓储，危险品仓储，谷物、棉花等农产品仓储，中药材仓储和其他仓储业；信息传输业包括电信、广播电视和卫星传输服务，互联网和相关服务；其他未列明行业包括科学研究和技术服务业，水利、环境和公共设施管理业，居民服务、修理和其他服务业，社会工作，文化、体育和娱乐业，以及房地产中介服务，其他房地产业等，不包括自有房地产经营活动。

3. 企业划分指标以现行统计制度为准。①从业人员，是指期末从业人员数，没有期末从业人员数的，采用全年平均人员数代替。②营业收入，工业、建筑业、限额以上批发和零售业、限额以上住宿和餐饮业以及其他设置主营业务收入指标的行业，采用主营业务收入；限额以下批发与零售业企业采用商品销售额代替；限额以下住宿与餐饮业企业采用营业额代替；农、林、牧、渔业企业采用营业总收入代替；其他未设置主营业务收入的行业，采用营业收入指标。③资产总额，采用资产总计代替。

在企业组织形式上可以表现为个人独资企业、合伙企业和公司制企业。除受《中小企业促进法》的调整与规范之外，这三种企业组织形式还分别受《个人独资企业法》《合伙企业法》和《公司法》的调整与规范。

（二）中小企业的特点

我国现在所称的中小企业来源于三种类型的企业：①由社队企业发展而来、受《中华人民共和国乡镇企业法》保护的乡镇企业；②计划经济体制下的城市集体企业；③改革开放后发展起来的民营（私营）企业。在一般的主观感受上，人们普遍感觉小型企业不如大型企业正规。因此，要想处理好中小企业的法律事务，就必须先了解中小企业的特点，不能套用大型企业的处理方式。

1. 中小企业的核心目标是生存①，而大型企业的目标是发展②

为了能够在市场竞争中生存下来，中小企业的一切行为会以盈利为导向，围绕生产、市场、运营等业务活动来配置资源，业务部门因此在企业中受到更多的重视，拥有较大的话语权。而事务性、职能性的工作，如人力资源、法务等，由于不直接产生盈利，得到的关注比较少，法务人员也就会产生"不受重视""人微言轻"的感觉。

2. 中小企业所面临的法律风险要高于大型企业

这种现象是由很多原因造成的。

（1）既然"活下去"是中小企业最看重的事情，那么企业的决策行为有时不免会带有"急功近利""短视""冒进"的色彩。只要能盈利，企业就会有冲动去尝试，导致生产经营的适法性较差。例如，仿冒生产他人的专利产品，使用与知名产品相近似的商标等。

（2）中小企业融资难的现实困境，一方面会影响企业的生产经营和扩大再生产，另一方面迫使企业不得不进行民间融资，稍有不慎，企业就会面临非法集资、集资诈骗等法律风险。

（3）中小企业业务单一，同类产品竞争激烈，产品的可替代性强，致使中小企业在交易时往往处于弱势地位，在交易条件、议价空间等方面话语权很小。中小企业不但愿意接受对方提供的合同文本，甚至愿意以"赊销""垫资"等方式进行合作。因为如果不与对方交易，就可能面临无业务可做的局面。这导致中小企业产生很多应收账款。

（4）劳动力成本、原材料成本上涨等，使得企业盈利空间缩小。企业为了保持盈利，会采取变相加班、不给员工缴纳社保、延长试用期等损害劳动者权益的行为，增加了企业用工的法律风险。

3. 中小企业的企业环境与文化不利于"法治化"管理模式

这主要是因为：

（1）中小企业的决策权高度集中。中小企业的管理者一般是企业创始人，其对企业有绝对的影响力。即使企业设有董事会，聘请了职业经理人，创始人也会深度参与企业的决策。

（2）中小企业的规模都不大，组织结构相对简单，规章制度和管理流程不像大型企业那样完善，即使有相关制度，也不一定能够真正执行。

（3）中小企业的"人和"因素非常强。创始人、骨干员工、核心员工往往具有血缘、

---

① 2019年12月底开始的新型冠状病毒肺炎疫情加重了中小企业的生存困难，相关报道与讨论很多，如《生存寒冬2020中小企业如何度过最艰难的这一年？》。

② 中华人民共和国中央人民政府. 工商总局近日发布全国内资企业生存时间分析报告. （2013-07-30）［2021-02-12］. http://www.gov.cn/gzdt/2013-07/30/content_2458145.htm. 报告显示，近五成企业存活年龄在5年以下；企业成立后3~7年为退出市场高发期；企业规模越大，存活率越高。

亲缘、乡缘、学缘等关系，而且由于人员较少，组织组构扁平，内部沟通直接，人情味较浓，无疑会增加法务工作的难度。

（三）中小企业在国民经济中的地位及发展前景

中小企业被经济学家誉为"最活跃的经济细胞"。从全球范围考察，无论是发达国家还是发展中国家，在部分企业走向大型化、集团化的同时，绝大多数中小企业对社会经济的贡献不容忽视。中小企业不仅是与大型企业抗衡、形成竞争性市场结构不可或缺的基本力量，而且具有扩大就业、繁荣市场、方便生活、推动技术创新等不可替代的作用。

改革开放以来，我国民营企业获得长足发展，而民营企业大多以中小企业的形式存在。为了有效地改善中小企业的经营环境，扩大城乡就业，发挥中小企业在国民经济和社会发展中的重要作用，促进、扶持并规范中小企业健康发展，2002 年《中华人民共和国中小企业促进法》颁布。据统计数字显示，截至 2018 年底，我国中小企业已经超过3 000 万家。[①] 2018 年 8 月 20 日，国务院促进中小企业发展工作领导小组第一次会议指出，目前，我国中小企业具有"五六七八九"的典型特征，即贡献了 50%以上的税收、60%以上的 GDP、70%以上的技术创新、80%以上的城镇劳动就业、90%以上的企业数量，是国民经济和社会发展的生力军，是建设现代化经济体系、推动经济实现高质量发展的重要基础，是扩大就业、改善民生的重要支撑，是企业家精神的重要发源地。做好中小企业工作，对稳就业、稳金融、稳外贸、稳外资、稳投资、稳预期，增强经济长期竞争力都具有重要意义。[②]

不可否认的是，我国中小企业的发展仍然面临许多问题。一方面是企业内部管理问题，例如，管理制度不健全，安全生产、知识产权和环境保护意识薄弱，过度追求盈利，无视法律风险等；另一方面是企业生产经营的外部环境问题。2021 年 3 月 31 日，中国中小企业发展促进中心发布《2020 年度中小企业发展环境评估报告》，对我国中小企业发展的关键外部环境因素和中小企业面临的主要痛点难点问题进行了总结。总体来看，国家支持中小企业发展的法律法规和政策措施发挥了积极作用，尽管受新型冠状病毒肺炎疫情影响，但大部分城市的发展环境较上年呈现出不同程度的优化。不过，不同区域、城市和指标之间的差异仍较为明显，发展环境不均衡的矛盾较为突出。其中，法治环境和政策环境整体表现较为均衡，融资环境、创新环境和市场环境整体表现差距较大。不同区域一级评价指标得分情况如图 1-2 所示。

---

① 中华人民共和国中央人民政府. 新闻办就新中国成立 70 周年工业通信业发展情况举行发布会.（2019-09-20）［2021-02-15］. http：//www.gov.cn/xinwen/2019-09/20/content_5431683. htm#1.

② 中华人民共和国中央人民政府. 刘鹤主持召开国务院促进中小企业发展工作领导小组第一次会议.（2018-08-20）［2021-02-15］. http：//www.gov.cn/guowuyuan/2018-08/20/content_5315204. htm.

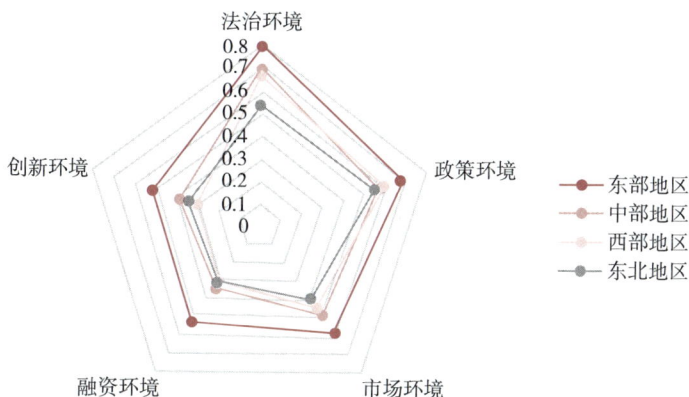

图 1-2　不同区域一级评价指标得分情况

《2020 年度中小企业发展环境评估报告》指出，我国在优化中小企业发展环境方面还存在一些不足之处，主要包括：①促进中小企业工作机制作用有待进一步发挥，部分地方工作支持不足；②融资支持政策缺乏深入有效落实，成为制约中小企业发展的重点难点问题；③中小企业合法权益被侵害问题时有发生，权益保护力度仍需加强；④商事制度改革仍需深化，部分措施尚未完全落地；⑤隐性壁垒依然存在，公平竞争的市场环境有待改善；⑥要素价格上涨过快，企业成本负担仍然偏重；⑦知识产权保护不足，创新投入力度有待提升；⑧部分惠企减负政策可操作性不强，"最后一公里"还存在堵点，企业满意度有待进一步提升。

中小企业的发展，一方面需要国家和地方政府的政策支持，以确保中小企业获得更多的机会、更大的空间和更强的活力；另一方面有赖于中小企业自身观念的转变，中小企业应自觉将生产经营活动置于法律的框架之下，这样才可以避免生产经营所得被违法行为导致的法律责任抵消，才能保证企业做大做强，走上健康、长远、良性的发展之路。

知识点 2　企业法律顾问

基本理论

一、什么是企业法律顾问

企业法律顾问分为企业专职法律顾问、企业常年法律顾问和企业专项法律顾问三种。企业专职法律顾问由企业员工担任；企业常年法律顾问和企业专项法律顾问由执业律师兼任。

（一）企业专职法律顾问

企业专职法律顾问是企业内部专职从事法律事务工作的员工。"企业法律顾问是指经全国统一考试合格，由企业聘用，专职从事企业法律事务工作并经注册，本企业内部的专业人员。"[①] 由此可见，企业专职法律顾问是法律规范性文件中的概念。而在司法实践中，人们习惯于将企业专职法律顾问称为企业法务。企业专职法律顾问具有以下两个特点：

1. 专业性

随着市场经济的发展和中国特色社会主义法律体系逐渐完善，企业所面临的非诉讼和诉讼法律事务越来越多。企业的设立、登记，生产经营，终止、注销，以及生产经营中发生的各种内外法律纠纷，都与法律有关，不可避免地会产生法律事务。由于法律事务具有很强的专业性，很多大中型企业成立了专门的法律事务机构[②]，并根据不同的岗位需要聘请法务专员、法务经理和法务总监。党的十八届三中全会更是提出了普遍建立法律顾问制度的任务要求。但在现实中，很多小微企业出于成本等方面的考虑，还没有成立专门的法律事务部，也没有聘请专门的法务人员，法律事务通常由人力资源部门或办公室的人员来处理。这些人员在应对事务性工作时与专业人士的差别并不明显，但在专业性极强的领域就会因不懂法律而让企业遭受损失。例如，某劳动者主动提出将企业代缴的社会保险部分以工资形式付给自己，并出具放弃社会保险的声明。此后，该劳动者又以企业没有给自己缴纳社会保险为由提出辞职，并要求企业支付经济补偿金。司法实践中，这是非常普遍的现象。而一旦劳动者提出此项请求，企业就应当支付经济补偿金。因为缴纳社会保险是企业的法定义务，放弃社会保险的声明（协议）违反了法律的强制性规定，是无效的。如果企业有专职法律顾问，这种情况就可以避免。因此，随着与企业有关的法律制度的不断完善，企业专职法律顾问将会在企业的生产经营中扮演越来越重要的角色。

2. 综合性

企业法律事务是生产经营中的法律事务，对此类事务的处理要兼顾企业生产经营的需要和法律规定的要求，否则就很容易与生产部门形成冲突，不仅不利于事务的推进，也不利于获得企业领导层的支持。因此，企业专职法律顾问除了要具备法律专业素养，还要具备企业管理方面的相关知识和技能。尤其是中小企业的专职法律顾问不像大型企业的法务总监那样拥有可调动的资源。这就更需要企业专职法律顾问具有高度的服务意识以及良好的协作精神和沟通能力，通过与企业领导层和生产部门沟通来推进工作。

[①] 《企业法律顾问执业资格制度暂行规定》第三条。《国有企业法律顾问管理办法》第七条也有类似的规定。

[②] 《国有企业法律顾问管理办法》第二十二条："本办法所称的企业法律事务机构，是指企业设置的专门承担企业法律事务工作的职能部门，是企业法律顾问的执业机构。"第二十三条："大型企业设置专门的法律事务机构，其他企业可以根据需要设置法律事务机构。企业应当根据工作需要为法律事务机构配备企业法律顾问。"

（二）企业常年法律顾问

企业常年法律顾问由在律师事务所执业的律师担任。企业常年法律顾问由企业聘请、律师事务所指派。根据《中华人民共和国律师法》（简称《律师法》）第二十八条的规定，在律师事务所执业的律师，可以接受企业的聘请担任法律顾问，为企业提供法律服务。企业聘请常年法律顾问要与律师事务所签订一年或一年以上的聘应协议。未经律师事务所指派，律师个人不得以任何形式或名义担任企业法律顾问。[①]《律师法》第二十九条则对企业常年法律顾问的工作内容做出了原则性规定：律师担任企业法律顾问的，应当按照约定为企业就有关法律问题提供意见，草拟、审查法律文书，代理参加诉讼、调解或者仲裁活动，办理委托的其他法律事务，维护企业的合法权益。

（三）企业专项法律顾问

企业专项法律顾问也由在律师事务所执业的律师担任，是为企业生产经营中的某一项具体法律事务提供法律服务的法律顾问。专项法律顾问也由企业聘请、律师事务所指派。法律事项办结，法律顾问关系即终止。[②]

（四）企业专职法律顾问、企业常年法律顾问、企业专项法律顾问和外部律师、公司律师的关系

企业专职法律顾问与企业是具有从属性质的劳动人事关系；企业常年法律顾问、企业专项法律顾问本身是在律师事务所执业的律师，他们通过签订法律服务合同成为企业的法律顾问，与企业是平等主体间的民事合同关系。

外部律师不是一个法律概念。外部律师是在律师事务所工作的执业律师。"律师担任企业法律顾问时，对外可称为律师，也可称为企业的法律顾问。"[③] 之所以用"外部"来称呼，是现实生活中人们为了将其与作为企业内部员工的专职法律顾问相区别。外部律师包括企业常年法律顾问和企业专项法律顾问，也包括企业为了应对具体的诉讼案件专门聘请的诉讼代理人。

公司律师是司法部推出的一项改革措施。根据《关于推行法律顾问制度和公职律师公司律师制度的意见》和《公司律师管理办法》的规定，公司律师和企业专职法律顾问都是企业内部专职从事法律事务工作的员工，两者的不同点在于：①不是所有的企业都有公司律师。公司律师只存在于国有企业中。在试点阶段，只有那些法律事务工作基础较好的企业（包括民营企业）才可能成为试点企业。②公司律师必须依法取得法律职业资格或者律师资格，而一般的企业专职法律顾问没有这种要求。③设立公司律师的目的是应对我国加入 WTO 后

---

① 《关于律师担任企业法律顾问的若干规定》第四条、第五条第三款和第七条第一款第一项。
② 《关于律师担任企业法律顾问的若干规定》第七条第一款第二项。
③ 《关于律师担任企业法律顾问的若干规定》第七条第二款。

我国企业界和律师业面临的严峻挑战，提高企业和律师的国际竞争力。因此，公司律师的业务领域主要是涉外事务和公司事务，而一般的企业专职法律顾问处理的法律事务比较庞杂。④公司律师有执业证，像执业律师一样注册、参加年检，代理本公司诉讼案件出庭时享有和执业律师一样的权利等。综合以上特点，公司律师是企业专职法律顾问向正规化、国际化发展的一种过渡形式。

二、企业法律顾问的工作模式

根据企业法律顾问的种类，企业在处理法律事务时存在三种模式。

（一）内置模式

内置模式就是在企业内部设立独立的法务部门或者招聘专职法律顾问来处理企业的法律事务。内置模式的优势在于：专职法律顾问是企业的正式员工，在情感上对企业有归属感，在客观上工作效果与自身绩效挂钩，很容易与企业的利益达成一致；专职法律顾问熟悉企业的生产经营模式与特点，所提出的法律意见与措施更符合企业的实际情况，因而更利于执行。内置模式的不足之处在于：专职法律顾问在某些领域的法律事务处理能力可能不及外部律师。

（二）外部律师聘任模式

外部律师聘任模式的特点是企业内部不设专职法律顾问，而是聘任外部律师来处理法律事务。外部律师聘任模式又可以细分为固定外部律师聘任模式和临时外部律师聘任模式，前者即聘任常年法律顾问，后者即聘任专项法律顾问。外部律师聘任模式的优势在于：由于外聘律师的意志相对独立，在处理相关法律事务时抗企业管理层干扰的能力强，所提出的法律意见与措施更加专业。外部律师聘任模式的不足之处在于：法律服务具有滞后性与事后性，缺乏整体性和系统性的法务管理规划与运行体系的保障，法律风险防范意识较弱。

（三）内外结合模式

内外结合模式的特点是企业将所有的法律事务进行类别化分工管理，企业内设的法务部门负责日常的法律事务，重大、复杂的法律事务则交由外部律师负责。相对而言，此种模式在工作效果上较为理想，能够实现内置模式和外部律师聘任模式之间的优势互补，但成本会高于前两种模式。

我国对民营企业究竟采用何种类型的法律顾问工作模式并没有统一的要求，现实生活中的类型多种多样。有的企业既有专门的法律事务部门，内聘多名专职法律顾问，也有外部常年法律顾问，遇有较为复杂的专项事务（如公司上市、刑事诉讼等）时，还会聘请专项法律顾问、诉讼代理人；有的企业有专门的法律事务部门和专职法律顾问，为了节约成本，不聘请外部常年法律顾问，遇到具体项目时，会聘请专项法律顾问；有的企业不设立专门的法律事务部门，也不聘请专职法律顾问，而是聘请一个常年法律顾问负责处理企业的法律事务；有的企业既不聘请专职法律顾问，也不聘请常年法律顾问，遇到法律事务时，临时聘请律师帮忙处理。

三、企业法律顾问的任职资格

我国曾经对企业法律顾问有任职资格的要求。1997 年 3 月，人事部、国家经济贸易委员会和司法部联合发布《企业法律顾问执业资格制度暂行规定》；1997 年 5 月国家经济贸易委员会发布的《企业法律顾问管理办法》第四条规定："国家实行企业法律顾问执业资格制度。企业法律顾问执业资格制度属于职业证书制度。企业法律顾问执业资格通过全国统一考试取得。"这个考试是指由国家经济贸易委员会会同司法部组织的"企业法律顾问执业资格考试"。考试通过人员取得企业法律顾问执业资格证书①。1999 年 3 月国家经济贸易委员会发布的《企业法律顾问注册管理办法》第二条规定："企业法律顾问实行注册制度。企业法律顾问执业资格考试合格、受聘于企业从事企业法律顾问工作的人员，应当进行注册。未经注册者，不得以企业法律顾问身份执行业务。"第三条规定："企业法律顾问按属地原则进行注册。特殊行业需由国务院行业主管部门实行注册管理的，由国家经贸委授权。国家经贸委为全国企业法律顾问注册的管理机关。省级及计划单列市经贸委（经委、计经委）是辖区内企业法律顾问的注册管理机关。"

2014 年 8 月 12 日，《国务院关于取消和调整一批行政审批项目等事项的决定》发布。其中，企业法律顾问执业资格考试在被取消之列。相应地，企业法律顾问执业资格证书也就成为历史。有的企业在招聘专职法律顾问时，会有通过"全国企业法律顾问执业资格考试"或者已经取得企业法律顾问执业资格证书等要求，但这种要求只是企业自主经营权的体现，并非国家法律法规或规范性文件的要求。有的求职者具有一定的法律知识和实践经验，企业愿意聘用，也可以作为法律顾问。当然，法律顾问执业资格证书是专业性的体现，持有该证书的求职者在应聘时更具有竞争力。

四、企业专职法律顾问在企业生产经营中的作用

企业作为生产经营单位，能够直接创造物质财富的生产经营部门在企业内部必定是重要部门。在传统观念中，法务部门是生产经营的辅助部门，得不到企业领导层的重视。而现代企业必须重视法务部门特别是专职法律顾问在生产经营中的作用。原因有以下几点：

---

① 企业法律顾问执业资格证书由人力资源和社会保障部统一印制，加盖人力资源和社会保障部、国务院国有资产管理委员会、司法部印章。

（一）企业专职法律顾问能够为企业创造价值

专职法律顾问在企业重大决策中提供的法律意见可以为企业创造价值。例如，通过协助企业上市、定向募集、银行借贷等途径为企业筹措更多的资金；通过与其他企业合营、组成技术联盟、项目合作、业务重组等方式实现企业的战略目标；通过知识产权登记、技术许可等方式确保企业资产增加；通过参加知识产权保护、所有权确定等相关诉讼保护企业资产，使投资者获得更大的利益。

（二）企业专职法律顾问能够帮助企业避免或减少损失

企业在生产经营中会面临许多法律上的风险。法律风险就是商业风险。企业专职法律顾问通过对法律风险的预判，提醒企业守法经营，降低生产经营中的商业风险，避免因买卖合同、劳动关系、环境污染等遭受行政和刑事处罚以及承担民事责任。在遇有具体纠纷时，企业专职法律顾问可以代理企业参加诉讼，运用自己的专业知识帮助企业化解纠纷，避免败诉结果，从而减少企业因诉讼遭受的损失。

（三）企业专职法律顾问能够帮助企业改进内外部管理

企业的守法经营有赖于规章制度的完善。企业专职法律顾问可以帮助企业完善治理方式、规范规章制度，明确企业事项的签字权、批准权等，加强企业的社会责任感，使企业避免成为抗议、抵制、负面报道、诉讼等不利行为的目标。

五、企业专职法律顾问的工作原则

（一）服务对象特定

企业专职法律顾问身为企业员工，服务对象只能是所任职的企业，而不能像执业律师那样为不特定的人提供法律服务。服务对象特定是国际上的通行做法，如法国和日本的立法直接禁止公司律师为社会上不特定的对象提供法律服务并获取报酬。但是，我国目前仅限制企业专职法律顾问不能做兼职律师，并不限制其做兼职基层法律服务工作者。[①] 服务对象特定的原因主要有两点：①成本与收益考量。企业专职法律顾问是按照全职员工来计算工作量并

[①] 我国律师分为专职律师和兼职律师两种。法律没有直接规定企业专职法律顾问不能做兼职律师。这个结论是根据《中华人民共和国律师法》第十二条对兼职律师的规定推导出来的。《中华人民共和国律师法》第十二条规定："高等院校、科研机构中从事法学教育、研究工作的人员，符合本法第五条规定条件的，经所在单位同意，依照本法第六条规定的程序，可以申请兼职律师执业"，其中并不包括企业专职法律顾问。司法实践中，有些企业专职法律顾问在律师事务所兼职（挂证但不从业），这是一种不规范的做法。而《基层法律服务工作者管理办法》第十四条第一款规定："符合本办法第六条或者第七条规定的条件，在教育科研部门工作、民营企业工作或者务农的人员，经基层法律服务所聘用，可以兼职从事基层法律服务工作，但在教育科研部门工作的人员按照有关规定不得兼职的除外。申请兼职基层法律服务者执业核准，按照本办法规定的条件和程序办理。"

确定薪资收入的，如果允许其兼职，就很难保证其全力以赴投入全职工作，企业的工资成本与专职法律顾问的劳动付出不对等。②道德风险考量。如果企业专职法律顾问身兼社会律师工作，在处理与本企业权益有关的事务时，企业自身的权益就可能面临风险。

（二）意志相对独立

企业专职法律顾问既是企业员工，又是法律服务工作者，因此需要具备良好的业务发展和风险控制的平衡能力。大型企业之所以设置财务总监、法务总监，是因为要对业务部门形成制约，防止企业领导层一味追求盈利而违法经营。中小企业的专职法律顾问虽然没有如此高的地位，但也应当具有底线思维，有相对独立的立场，并善于和勇于表达自己的意见，在此前提下尊重和服从企业的决策。

（三）保守商业秘密

企业专职法律顾问是企业员工，保守商业秘密是每个企业员工应尽的义务，也是员工对企业忠诚的体现。企业专职法律顾问基于工作性质，需要了解企业的生产经营状况，有机会接触企业或交易伙伴的商业秘密。如果企业专职法律顾问将这些商业秘密泄露出去，轻则要承担民事责任，重则会被追究刑事责任。

（四）成本控制

企业法律事务的管理必须将企业利益最大化与对企业利益负面影响最小化放在首位，例如，在项目谈判、合同起草与审核中对企业利益的维护，在生产事故发生后及时参与制定处理方案，在纠纷解决后针对纠纷管理所反映出的问题对企业经营风险进行回溯，优化企业管理，避免类似纠纷发生等。尤其对法律事务的处理，是选择"自己做"还是"外聘律师做"的时候，成本通常是企业考虑的主要因素。

（五）预防为主

企业专职法律顾问应当将传统的事后救济转变为事前预防、事中控制法律风险。企业在生产经营中可能涉及的法律风险包括民事责任风险、行政责任风险和刑事责任风险。防范法律风险的成本比解决纠纷的成本要小得多。通过对企业生产经营管理工作的介入，建立起企业风险防范机制，可有效降低企业日常经营活动中的法律风险。

（六）灵活管理

基于中小企业的特点，法务工作的内容安排、人员分工等事项应当以任务为中心，而不应当固定岗位专业职责。同时，对法律风险预防尺度的把握，也是企业专职法律顾问业务能力的重要体现。例如，在合同审核的过程中，是以严格的风险控制观来审核合同，还是以可变通、可协商的方式来出具意见，关系到法务人员与业务人员的融合程度。如果法务人员与业务人员始终处于对抗状态，将会加大部门之间的矛盾，不利于事务的推进与企业的发展。

知识点 3　企业法律事务

基本理论

一、企业法律事务的主要内容

企业法律事务是指企业法务人员从事的主要工作，可以概括为以下四个方面：

1. 企业领导重大决策过程中的法律事务

包括企业的设立、投资项目的选择、谈判、合同的签订、企业改制、企业上市，以及企业重大问题、突发问题的处理等内容。

2. 企业经营管理过程中的法律事务

包括企业规章制度的制定、劳动人事的管理、合同管理、金融税收的处理等内容。

3. 解决各种民事、商事纠纷过程中的法律事务

这类事务除了纠纷本身涉及的实体法律，还有程序法的问题。

4. 宣传教育，解答员工的法律咨询，提升员工的法律意识

企业法务人员最基本的工作包括起草或审核合同、提供项目法律意见、协助实施企业制度或规范、解决法律问题、保护知识产权等。在一个重视法律事务的企业，企业法务人员的工作包括：参与法律事务的全过程管理，降低时间成本风险；参与制定经营策略；领导制定企业制度或规范；预防法律问题，对高层管理人员进行法律风险教育；利用知识产权创造新的资产收入；对企业的成功经营做出贡献。企业法律事务管理岗位说明书见表 1-2。

表 1-2　企业法律事务管理岗位说明书

岗位名称	法律事务管理	岗位编号	
所在部门	计划发展部	岗位定员	
直接上级	计划发展部部长	职系	行政事务
直接下级	无	薪酬类型	
所辖人员	无	岗位分析日期	
本职：负责企业法律事务；负责企业合同审核；负责企业内"普法"工作			
职责与工作任务：			

续表

职责一	职责表述：负责企业法律事务	
	工作任务	负责为企业的经营管理和决策提供法律意见，参与起草、审核企业的重要规章制度，避免与国家法律法规相抵触
		负责处理企业经济纠纷，代表企业进行法律诉讼、仲裁，依法维护企业权益
		协助企业聘请律师进行诉讼活动
职责二	职责表述：负责企业合同审核	
	工作任务	参与企业重大经济合同的谈判、起草和验收
		负责组织企业重大经济合同会审
职责三	职责表述：负责企业内"普法"工作	
	工作任务	根据人力资源部的培训计划，对企业员工进行法律知识培训
		对公司业务知识提供法律培训
职责四	职责表述	计划发展部部长交办的其他工作

权力：

对经济合同的修改权

工作协作关系：

内部	企业各部门
外部	律师事务所；法院

任职资格：

教育水平	大学本科以上
专业	法律专业
经验	3 年以上法律工作经验
知识培训	掌握有关经济法、公司法等法律知识，接受过相关培训
技能技巧	熟练使用自动化办公软件，具有一定的写作能力和表达能力
个人素质	具有一定的判断与决策能力、人际能力、沟通能力、计划与执行能力

其他：

使用设备	计算机、一般办公设备（电话、传真机、打印机、网络、文件柜）
工作环境	办公室
工作时间	正常工作时间，偶尔需要加班
记录文档	经济合同、法律文书等

备注：

二、中小企业法律事务的特点

（一）法律事务的内容相对固定、传统

以生存为核心目标的中小企业，一般不会涉及投资并购、IPO（initial public offering，首次公开募股）上市、资本运作、基础设施建设等方面的法律事务。相应地，中小企业的法务人员，平时较少接触这些方面，对相关的法律知识与技能要求不高。中小企业的法律事务主要还是集中在常规的起草与审核合同、代理企业的诉讼案件等方面。

（二）事后性、服务性的法律事务较多，预防性的法律事务较少

中小企业的法务部门和其他职能部门一样，主要是围绕中小企业的业务，为企业的生产经营服务。因此，中小企业由于风险预防意识不足，预防性的法律事务较少，企业经营决策较少有法务人员参与。通常是纠纷出现后，由法务人员出面解决。这些纠纷既包括内部纠纷（如用工纠纷），也包括外部纠纷（如因合同履行而产生的纠纷等）。预防性的法律事务主要集中于合同的起草与审核，法务人员与业务人员共同将正在进行的交易（如采购、销售、生产等）顺利完成等。

（三）企业管理粗放，诉讼发生的可能性及败诉风险较大

中小企业人数不多、层级少，规章制度不健全，信息多采用口头、临时指示、惯例等方式传递。正式的书面制度和流程不多。一旦发生诉讼，能够保存的书面证据较少，给法务人员应对诉讼并在诉讼中取胜增加了困难。

三、中小企业法律事务及法务人员的现状

由于受资金、规模、人员、业务领域等各方面条件的限制，中小企业在内部管理、制度建设、法律意识、风险防范意识、抗风险能力及人员配备等方面较为薄弱或者欠缺。因此，与大型企业相比，中小企业在生产经营中面临的法律事务更多，遭受行政处罚或诉讼的可能性更大，且败诉比例较高。[①] 一旦法律隐患演变为现实损害，就会降低企业的竞争力，危及交易链与信用环境，进而对企业的生存与发展造成严重影响。

---

① 山东省青岛市城阳区人民法院.关于百起民营企业涉诉案件的分析建议.（2020-09-18）[2021-02-21]. http：//www.sdcourt.gov.cn/qdcyqfy/406814/406747/6402084/index.html.青岛市城阳区人民法院在2019年审理民商事案件中选取了100件以民营企业为当事人的案件为样本进行分析。在这100件案件中，败诉案件46件，败诉比例为46%；败诉的原因主要包括规章制度不健全、财务账目混乱、专业法律人才欠缺、无有效风险防控机制、违约以及证据意识欠缺等。

（一）规章制度不健全，企业管理不规范

规章制度在企业生产经营中的地位和作用类似于法律法规在国家治理方面的地位和作用。有规则才有秩序，有秩序才不会发生混乱，才能减少疏漏，避免隐患。中小企业，尤其是小微企业，设立与发展的过程与企业所有者的奋斗紧密联系，很多企业创建时间不长，还处于企业所有者原始资本积累的阶段。因此，企业文化与管理呈现出明显的"个人主义"或"家族企业"的特点，对重大事项的决策主要取决于企业所有者的意志，企业所有者的关注点在哪里，企业的资源就集中在哪里。产权结构方面，所有者与经营者相统一，股权和经营权相混杂。企业架构和管理体系不完善，规章制度不健全，缺乏有效的风险预警机制和监督力量。这与现代化大型企业在内部充分分工、制度健全的状态下所实施的标准化、通用化管理相去甚远，加大了企业法律风险与法律纠纷发生的概率。

（二）企业法律意识薄弱，法律事务处理能力差

企业法律意识薄弱表现在很多方面。例如，企业设立之初未按照法律或章程的规定履行认缴或实缴出资额的义务；开发新技术、新产品或从国外引进技术不做专利检索；在以土地投资、入股、转让、抵押的项目运作中，未审查集体土地的合法性；接受抵押时，不对所抵押财产的合法性进行审查；不按照合同的约定全面、实际履行，导致企业承担违约责任；融资中风险意识不足，导致企业涉嫌集资诈骗；为了节约成本，未为员工缴纳社会保险，致使企业自行负担员工的工伤费用；不懂得知识产权保护的法律规定，导致企业商标被抢注；等等。导致上述问题出现的最关键的原因就是企业没有专门的法务部门或者专职的法务人员。企业通常是在发生纠纷后通过自己的力量无法解决的情况下才会想起来找律师"救火"。而往往这个时候，又会由于对律师事务所或律师缺乏了解而陷入"病急乱投医"的境地——以为随便找个律师就能打赢官司，或者由于错失良机或者欠缺保留证据的意识而导致败诉。

企业法律意识薄弱的根源在于企业领导层。例如，某公司的发起人利用他在公司经营管理、股东会表决权等方面的优势地位，滥用股东权利，损害公司利益。在最高人民法院审结的一起案件中，甲企业是乙企业的控股股东。甲企业未按照《公司法》要求的通过董事会或股东会行使表决权，而是擅自决定"未经甲企业同意，乙企业不能对外履行合同"。最高人民法院认定这一决定损害了乙企业的法人独立地位，属于滥用股东权利。

（三）企业法务岗位与话语权双重缺失

如果企业领导层不能充分认识到法务人员在现代企业治理中的地位与作用，就会将注意力放在对盈利的追逐方面。由于中小企业大多面临生存困难，为了在市场竞争中不被淘汰出局，经济效益必定会成为其核心目标。而风险的防控需要成本。在成本与效益的比较之下，大多数中小企业经营者会抱着侥幸心理，尽可能地减少在法律事务方面的投入。例如，不设

立专门的法务部门，或者不配备专职的法务人员，甚至在纠纷发生后也不愿意请律师，只是通过朋友找个律师做做咨询。这样就很难聘请到专业的法律人士，也很难购买到优质的法律服务。即便那些设立了法务部门或聘请了专职法律顾问的企业，法务人员也很难进入企业的核心领导层或者管理层，所提供的法律意见也仅具有参考意义，很难对企业的经营决策产生决定性影响。

（四）员工法律培训制度欠缺

企业法律事务不是企业法务部门或者法务人员的事。企业生产经营的方方面面都与法律相关。例如，生产部门员工至少要具备安全生产、产品质量等方面的法律意识，了解相关的法律规定；营销部门员工至少要了解合同签订、广告宣传、商业秘密等方面的规定；人力资源部门员工必须了解有关劳动法律等方面的规定。即使法务人员，也会面临所涉部门法律广泛、知识更新等压力。因此，在企业内部进行法律宣传和培训是非常有必要的。但无论是宣传还是培训，都要占用生产经营的时间，需要企业投入时间、资金和人力，这对于很多企业来说，就不是必须的选择了。

四、中小企业法律事务的发展前景

中小企业的法律服务需求非常大。无论是劳动合同、人事制度、工伤事故、债权债务，还是企业规章制度、销售协议、知识产权、商标注册等，都需要法律服务的介入和支持。特别是近几年受各种因素的影响，经济发展速度减慢，许多中小企业面临生存困难，导致商业违约现象越来越多，企业所面临的法律风险加大，需要处理的法律事务也越来越多。因此，为中小企业提供法律服务的市场巨大，前景也非常乐观。但中小企业受制于资金、规模等现实因素，在设立专门的法务部门、聘请专职法律顾问或者出资购买法律服务的主观意愿上必然存在一定的被动情绪，因此，企业自身、社会各界及政府部门需要从以下几个方面做出努力：

（一）强化企业经营者的法律意识，提升企业员工的法制观念

只有企业经营者重视了法律在生产经营中的作用，法律才能在生产经营中充分发挥风险防范与纠纷处理的作用，使企业避免遭受不必要的损失。企业员工是企业决策的执行者，员工的执行力直接影响企业生产经营的效果，因此提升企业员工的法制观念十分必要。

（二）法务人员要积极行动，让企业经营者认识到法律在生产经营中的作用

法务人员自身要精通生产经营中所需要的法律，增强自身的业务能力。法务人员在争取经常性的法律宣传和培训的同时，还要把握时机，利用行业典型个案，展示法律在生产经营中的作用，同时提升法务部门和法务人员在企业中的地位。

（三）律师事务所应发挥专业优势，为中小企业提供优质的法律服务

面对庞大的中小企业法律服务市场，律师事务所如何获得中小企业的信任，也是众多律师事务所应当思考的问题。现有的企业常年法律顾问由于不能提供专门性的、有针对性的、深度参与的、决策性的法律服务，在很大程度上并不能满足中小企业的需求。因此，各律师事务所应积极探索与中小企业的合作模式，发挥自身的专业优势，为中小企业提供优质的法律服务。

（四）政府部门应为中小企业提供公益性法律服务，解决中小企业购买法律服务能力不足的问题

为鼓励中小企业发展，中国中小企业发展促进中心成立了企业法律事务工作委员会，为全国中小企业提供全面的法律服务，大多数省市也在创建新的中介机构服务模式，即通过有关行政部门统筹、财政拨款的方式搭建专业法律服务平台，充分吸纳优秀中介机构参与到政府为中小企业提供法律服务的行列。例如，江苏省各设区市的12348[①]网站2017年上线了由江苏省司法厅与律兜平台合作推出的中小企业法律服务套餐。再如，江苏省扬州市通过设立工作机构、服务企业专家库、专业讲座讲师团，建立企业信息交流平台、企业法律风险防范机制、化解矛盾纠纷工作机制等为中小企业提供公益性法律服务。[②]

导入案例分析

法务专员就是企业专职法律顾问。大型企业设立了专门的法务部门，设有法务主管和法务专员等岗位。风险意识较强但规模不大的企业，一方面希望有专门的法律人士来处理企业的法律事务；另一方面基于成本等因素的考虑，通常会设法务专员岗位。企业并没有对法务专员岗位的隶属部门做具体的规定，有的隶属于行政办公室，有的隶属于人力资源部，有的隶属于财务部等。在企业，法律事务并不直接产生利润，因此通常不被管理层和生产部门重视。法务专员是一个对专业和综合能力要求都很高的岗位。如果专业不够精通，有可能会给企业带来风险，或者使企业遭受损失；如果综合能力不够强，与各部门沟通不顺畅，则不利于企业法律事务的推进和员工法制观念的提升。

法律法规索引

1. 《中华人民共和国个人独资企业法》

---

① "12348" 专用电话和 "http：//www.12348.gov.cn" 网站是司法行政部门面向社会群众和组织提供法律咨询和服务的公共服务平台。

② 扬州市经济和信息化委员会、扬州市司法局、扬州市中小企业局《关于建立中小企业法律服务联合机制的通知》（扬经信法规〔2012〕46号）。

2. 《中华人民共和国合伙企业法》

3. 《中华人民共和国公司法》

4. 《中华人民共和国中小企业促进法》

5. 《中华人民共和国律师法》

6. 《关于律师担任企业法律顾问的若干规定》

7. 《企业法律顾问执业资格制度暂行规定》

思考题

1. 企业如何分类？

2. 中小企业的特点是什么？

3. 中小企业法务人员如何开展工作？

案例实训

2018 年 1 月，李某劳动合同期满，公司提出与其不再续签劳动合同，李某被迫从公司离职。李某和公司就经济补偿应该是 $N+1$ 还是 $2N$ 发生争议，最后双方达成 $2N$ 的协议，李某签订了离职协议。2018 年 3 月，李某收到 38 万余元的经济补偿和应补发的工资，上述款项一部分是从公司账户转出，另一部分是从公司其他员工的私人账户转出。李某认为公司承诺的年终奖未到位，于是就年终奖事项起诉公司。2018 年 12 月 15 日，公司以李某伙同他人泄露商业秘密向公司索要经济补偿为由向公安机关报案。公安机关以涉嫌职务侵占罪立案，后以泄露商业秘密为由将李某拘留。经过三次讯问，公安机关确认李某不存在泄露商业秘密和职务侵占的违法行为。2018 年 12 月 28 日，公司补充报案材料，再次控告李某于 2018 年 1 月 31 日与部门领导何某东商谈经济补偿过程中采用敲诈手段，迫使何某东同意私下给付额外经济补偿 33 万元，以换取他不闹事、不举报、顺利离职的承诺。李某的罪名又变成了涉嫌敲诈勒索。2019 年 3 月 21 日，公安机关将案件移送检察机关审查起诉。2019 年 4 月 19 日，检察机关第一次将案件退回公安机关补充侦查。2019 年 5 月 17 日，公安机关提交《补充侦查报告》和某司法鉴定所出具的《司法鉴定意见书》。2019 年 5 月 28 日，李某的律师向检察机关递交《呈请对李某作不起诉决定的法律意见书》。2019 年 6 月 14 日，检察机关第二次将案件退回公安机关补充侦查。公安机关又在 7 月 12 日补查重报。2019 年 8 月 22 日，检察机关对李某做出不起诉决定。2019 年 8 月 23 日，李某获释。2019 年 10 月 24 日，李某申请国家赔偿。2019 年 11 月 25 日，检察机关做出《刑事赔偿决定书》，赔偿李某人身自由损害赔偿金、精神损害抚慰金共计 107 752.94 元，并承诺向李某原工作单位和李某父亲所在单位发函，以消除影响，恢复名誉。2019 年 12 月 5 日，公司首席法务官宋某就李某事件表态："第一，感谢公众和社会对这个事件的关注。第二，这不是一个劳动纠纷事件。第三，公司已经发布了对这个事件的相关声明。声明写得很清楚，公司是对涉嫌违法犯罪进行举报，所以这不是一个劳动纠纷事件。我没有再多的评论。"

问题：请思考上述案例给企业法务人员带来的启示。

思考题与案例实训

参考答案

Unit 2 单元二

企业设立、变更、终止法律事务

🎯 学习目标

完成本单元的学习之后，你将可以：

1. 了解企业登记的类型及各类型的法律效力。

2. 了解企业设立的程序及设立过程中需要注意的问题。

3. 了解企业变更过程中需要注意的问题。

4. 了解企业终止的程序及终止过程中需要注意的问题。

💡 要点提示

1. 企业的登记事项。

2. 企业设立登记的程序。

3. 企业章程的内容及作用。

4. 企业注册资本和股权的变更。

5. 企业终止时的清算。

知识点 1 企业登记法律事务

导入案例

2010 年 2 月 24 日，江苏省工商局根据案外人林某提交的材料准予对甲公司设立登记。周某为公司法定代表人，并和秦某同为公司股东。2015 年 11 月 27 日，周某向江苏省工商局递交申请书，请求撤销将其作为甲公司股东和法定代表人的工商登记，理由是当初甲公司设立登记时他并不知情，签名是伪造的。2015 年 12 月 15 日，江苏省工商局向周某送达《关于对周某来信的复函》，对其撤销请求不予支持。周某于 2015 年 12 月 28 日向法院提起诉讼。一审法院查明：周某曾在 (2012)×商初字第 882 号案件中作为甲公司的法定代表人出庭参加庭审，并在 (2015)×执恢字第 5-1 号民事裁定中被追加为被执行人。因此，周某早已知悉上述登记情况。周某声称 2015 年 10 月 12 日方知登记事宜与事实不符。周某明知道登记情况与事实不符却不及时提出异议，现在要求撤销该登记行为，缺乏依据。江苏省工商局驳回周某的撤销请求并无不当。据此，判决驳回周某的诉讼请求。周某提起上诉。二审法院经审查后，判决驳回上诉，维持原判。

基本理论

一、企业登记的概念

企业登记是指国家授权的登记主管机关依据法律法规，对企业的设立、变更和终止进行登记，以便对其生产经营活动进行监督和管理的法律行为。

企业登记是国家对市场主体及其经济行为实行监督管理的重要内容。未经企业登记就从事生产经营的，属于非法经营，是对社会经济秩序的破坏，依法要被取缔。例如，《企业法人登记管理条例》第三条第二款规定："依法需要办理企业法人登记的，未经企业法人登记主管机关核准登记注册，不得从事经营活动。"可见，登记是企业组织形式生成的基本方式，不仅是企业合法经营的基础，还是保障企业合法权益的有效依据。

二、企业登记的类型

（一）企业法人登记和企业营业登记

根据企业性质的不同，企业登记可分为企业法人登记和企业营业登记，这两种类型分别适用不同的法律规定。①

企业法人登记是法人企业的设立登记。依法成立是法人应具备的条件之一，履行登记程序是确定企业法人资格的过程。法人企业经登记后领取企业法人营业执照，取得法律上的主体资格，成为独立的经济组织，并能以自身的名义参加经济活动，享有权利，承担义务。

企业营业登记是非法人企业的设立登记。非法人企业经登记后领取营业执照，可从事核准经营范围内的生产经营活动。

（二）设立登记、变更登记和注销登记

根据登记事项的不同，企业登记可分为设立登记、变更登记和注销登记三种。②

设立登记是指企业向登记主管机关办理注册登记宣告成立的行为。设立登记的目的是创设企业。只有经过设立登记，企业才能宣告成立，取得合法经营的资格。

变更登记是指企业改变名称、住所、法定代表人或主要负责人、经营范围、企业类型、注册资本、营业期限等原登记事项时需要做的登记。变更了原登记事项却不进行变更登记的，属于擅自变更登记事项，要承担相应的法律责任。

企业因歇业、被撤销或者由于其他原因永久性地终止营业，应当向登记主管机关办理注销其营业资格的登记手续。

三、关于企业登记行为的法律属性

企业登记一方面表现为企业的商事行为，另一方面表现为登记主管机关的行政法律行为。设立、变更、注销登记在行政法律行为方面的性质有所不同。

设立登记具有行政许可的性质。依据《中华人民共和国行政许可法》（简称《行政许可法》）第十二条的规定，企业或者其他组织的设立可以设定行政许可，以及前述各企业登记行政法规中关于"未经企业法人登记主管机关核准登记注册，不得从事经营活动"的规定，设立登记具有行政许可的性质，属于登记生效主义。

---

① 主要有《企业法人登记管理条例》《企业法人登记管理条例施行细则》《公司登记管理条例》《合伙企业登记管理办法》《个人独资企业登记管理办法》《企业法人法定代表人登记管理规定》等。

② 这是《公司登记管理条例》《合伙企业登记管理办法》《个人独资企业登记管理办法》中的分类。而《企业法人登记管理条例》中将企业登记分为开业登记、变更登记和注销登记。

　　变更登记是就原登记事项向登记主管机关申请更改登记。例如，企业法定代表人的变更，即使没有变更登记，也不能否定法定代表人变更的事实。因此，变更登记仅具有公示的功能。未经登记，不得对抗善意第三人，属于登记对抗主义。

　　注销登记以消灭企业为目的。经过注销登记，企业即宣告消灭。没有经过注销登记，法律意义上的企业还继续存在，其仍然要对存续期间产生的债权债务承担责任。可见，注销登记与设立登记一样，属于登记生效主义。

四、我国企业登记模式的演变

　　以 2013 年实行工商登记制度改革为界限，我国企业登记经历了由"严进宽管"向"宽进严管"转变的过程。改革前，在我国设立企业有严格的"门槛"，即限制条件，如经营范围的限制、繁杂的前置许可、经营场地（规划用途、使用面积等）的限制、注册资本实缴制等。这些限制条件不仅制约了企业的发展，也导致了大量的虚假出资、抽逃出资等恶性违法行为，危及企业生存，损害了债权人的利益。

　　"宽进"的改革措施降低了设立企业的门槛，如注册资本由实缴制改为认缴制、取消注册资本最低限制、下放经营场所规定的设置权限、许多前置审批改为后置审批（由"先证后照"改为"先照后证"）、企业年度检验制度改为企业年度报告公示制度等。"严管"则体现为严格市场主体监督管理，进一步强化市场主体的责任，健全并完善配套监管制度，促进社会诚信体系建设，维护宽松准入、公平竞争的市场秩序。

五、我国企业登记的程序

（一）企业登记的主管机关

　　我国企业登记的主管机关是国家市场监督管理总局和地方各级市场监督管理部门。合伙企业、个人独资企业的登记主管机关依照《中华人民共和国合伙企业登记管理办法》（简称《合伙企业登记管理办法》）、《个人独资企业登记管理办法》的规定是工商行政管理部门。2018 年 3 月国务院机构改革，组建国家市场监督管理总局，不再保留国家工商行政管理总局、国家质量监督检验检疫总局、国家食品药品监督管理总局。随后，地方各级市场监督管理部门做出相应改革，但名称并不统一，有的叫作市场监督管理局，有的叫作市场监督管理委员会。因此，现在的合伙企业和个人独资企业的登记主管机关应当也是市场监督管理部门。

（二）登记事项

　　个人独资企业的登记事项包括：企业名称、企业住所、投资人姓名和居所、出资额和出资方式、经营范围。

合伙企业的登记事项包括：名称；主要经营场所；执行事务合伙人；经营范围；合伙企业类型；合伙人姓名或者名称及住所、承担责任方式、认缴或者实际缴付的出资数额、缴付期限、出资方式和评估方式。约定合伙期限的，还应当包括合伙期限。

公司的登记事项包括：企业名称、企业住所、法定代表人姓名、注册资本、公司类型、经营范围、营业期限、有限责任公司股东或者股份有限公司发起人的姓名或者名称。

（三）设立登记的程序

1. 名称的审核①

名称的审核简称核名，企业名称应遵守《企业名称登记管理规定》和其他相关法律法规的要求。例如，"企业名称由行政区划名称、字号、行业或者经营特点、组织形式组成""企业名称中的字号应当由两个以上汉字组成""企业应当根据其组织结构或者责任形式，依法在企业名称中标明组织形式"②"合伙企业名称中的组织形式后应当标明'普通合伙''特殊普通合伙'或者'有限合伙'字样"③"个人独资企业的名称中不得使用'有限''有限责任'或者'公司'字样"④ 等规定。

2. 提出申请

个人独资企业由投资人或者其委托的代理人，合伙企业由全体合伙人指定的代表或者共同委托的代理人，股份有限公司由董事会，有限责任公司由全体股东指定的代表或者共同委托的代理人，向登记机关提出设立登记的申请。因合并、分立而新设立的公司，应当申请设立登记。

3. 提交材料

个人独资企业需要准备的材料最为简单，包括申请书、投资人身份证明、企业住所证明。合伙企业除上述材料外，还要准备合伙协议和全体合伙人对各合伙人认缴或者实缴出资额的确认书。公司制企业除类似的申请书、代理人证明、股东（发起人）的主体资格证明或者自然人身份证明、公司住所证明外，还需要准备公司章程，载明公司董事、监事、经理的姓名、住所的文件以及有关委派、选举或者聘用的证明，公司法定代表人任职文件和身份证明，企业名称预先核准通知书等文件。此外，还有登记主管机关要求提交的其他文件。

4. 审核登记事项

经审核，符合条件的，发给企业法人营业执照或其他相应的营业执照；不予核准的，发给企业登记驳回通知书。审核的时间因企业性质的不同而有所不同。执照签发日期为企业成立日期。目前，我国普遍推行"五证合一、一照一码"的登记制度，即仅由市场

---

① 《公司登记管理条例》第十七条。
② 《企业名称登记管理规定》第六条、第八条第一款、第十条。
③ 《合伙企业登记管理办法》第七条。
④ 《个人独资企业登记管理办法》第六条第二款。

监督管理部门核发载有企业统一社会信用代码的营业执照，企业根据该代码办理税务登记、统计登记和社会保险登记，不再分别需要税务登记证、统计登记证和社会保险登记证等证件。

5. 刻章，开设银行账户

企业设立后开展业务前，需要刻制印章。企业印章是企业从事法律活动的符号和标记，主要分为公章、法定代表人章、财务专用章、合同专用章和发票专用章等。此外，企业可以根据需要选择刻制业务专用章和部门专用章。根据《国务院关于国家行政机关和企业事业单位社会团体印章管理的规定》，我国对印章的刻制和发送实行严格的管理制度。印章必须到公安部门指定的刻字厂或刻字店刻制。

通常企业还需要以企业的名义开设一个对公账户。因为有些业务，如税务登记、缴纳社会保险等必须通过对公账户办理，同时也是企业管理规范的表现。如果经常用个人账户收取货款或进行其他业务交往，就很容易造成企业财产和个人财产的混同，也会使客户怀疑企业的规范性，从而降低对企业的信任度。

对公账户的正式名称为单位银行结算账户，按用途其可分为基本存款账户（基本户）、一般存款账户（一般户）、专用存款账户和临时存款账户。基本存款账户是存款人办理日常转账结算和现金收付需要开立的银行结算账户，即企业合同章上"开户行和账号"的账户。基本户是存款人的主办账户，也是开立其他账户的前提。在哪家商业银行开立基本账户由企业自行选择，但一个企业只能选择一家银行开立一个基本账户。开立不同的账户，根据法律规定需要提交不同的材料。经办人员需要提前了解相关的法律和银行规定，以保证开户程序的顺利进行。

（四）变更登记的程序

个人独资企业变更企业名称、企业住所、经营范围，应当自做出变更决定之日起 15 日内申请变更登记；变更投资人姓名和居所、出资额和出资方式，应当自变更事由发生之日起 15 日内申请变更登记，并提交申请书和有关部门规定的其他文件。登记主管机关应当自收到全部文件之日起 15 日内，做出核准登记或者不予登记的决定。予以核准的，发给变更登记通知书；不予核准的，发给企业登记驳回通知书。

合伙企业登记事项发生变更的，执行合伙事务的合伙人应当自做出变更决定或者变更事由发生之日起 15 日内申请变更登记，并提交申请书、变更决定书和有关部门规定的其他文件。申请材料齐全、符合法定形式，能够当场变更登记的，应当场变更登记，否则，应当自受理申请之日起 20 日内，做出是否变更登记的决定。予以变更登记的，应当进行变更登记；不予变更登记的，应当给予书面答复，并说明理由。

公司申请变更登记应当提交的文件包括申请书、依照《公司法》做出的变更决议或者决定、有关部门要求提交的其他文件。变更事项涉及修改公司章程的，还应当提交修改后的公司章程或修正案；变更事项依法需要批准的，还应当提交有关批准文件。公司名称变更、法定代表人变更、增加注册资本、经营范围变更、有限责任公司变更股东、股东或发起人改变姓名或者名称的，应当自变更或变更决议或者决定做出之日起 30 日内申请变更登记；公司减少注册资本的，应当自公告之日起 45 日后申请变更登记；公司合并、分立后存续的，应当自公告之日起 45 日后申请登记；变更住所的，在迁入新住所前申请变更登记；变更类型的，应当按照拟变更的公司类型的设立条件，在规定的期限内向公司登记主管机关申请变更登记，并提交有关文件。

变更登记事项涉及营业执照登载事项变更的，企业登记主管机关应当换发营业执照。

（五）注销登记的程序

企业终止应当进行注销登记。注销前依法应当进行清算。清算结束后，清算人在法定期间向原登记主管机关申请注销登记，并提交申请书、证明材料、清算报告和法定的其他文件。

个人独资企业的投资人或清算人、合伙企业的清算人于清算结束之日起 15 日内，公司清算组于清算结束之日起 30 日内，向原登记主管机关申请注销登记。企业注销登记需要提交申请书、清算报告和登记主管机关要求的其他文件，并同时交回营业执照。

个人独资企业的登记主管机关自收到全部文件之日起 15 日内对企业的注销登记申请进行核准，并做出核准登记或者不予登记的决定。合伙企业和公司制企业的登记主管机关核准期间未有明确的法律规定。登记主管机关不予核准的，发给企业登记驳回通知书；予以核准的，发给核准通知书。经注销登记，企业终止。

导入案例分析

《公司登记管理条例》第二十条规定："设立有限责任公司，应当由全体股东指定的代表或者共同委托的代理人向公司登记机关申请设立登记。"本案中，甲公司申请登记时，林某作为周某的委托代理人向江苏省工商局提交了法定的材料。经审核，江苏省工商局做出准予设立登记的通知，将周某登记为公司股东和公司法定代表人并无不当。周某主张他人利用其身份证，伪造签名，虚假登记设立甲公司。根据最高人民法院《关于审理公司登记行政案件若干问题的座谈会纪要》（法办〔2012〕62 号）第一条第二款的规定："公司法定代表人、股东等以申请材料不是其本人签字或者盖章为由，请求确认登记行为违法或者撤销登记行为的，人民法院原则上应按照本条第一款规定处理，但能够证明原告此前已明知该情况却未提出异议，并在此基础上从事过相关管理和经营活动的，人民法院对原告的诉讼请求一般不予支持。"本案中，有证据证明周某曾以甲公司的法定代表人名义参加他案诉讼，符合法律规定的"明知该情况却未提出异议，并在此基础上从事过相关管理和经营活动"的条件，故其撤销法人登记的诉讼请求不予支持。

知识点 2　企业设立法律事务

导入案例

甲、乙、丙和丁四人商议成立一家有限责任公司从事有机肥料的生产和经营，并于当日签订公司章程。经协商，甲、乙以现金出资入股，丙以土地使用权出资入股，丁以非专利技术出资入股。丙认缴的出资额占公司总资本的 12%。在公司设立过程中，甲、乙先行支付了因设立公司而进行厂区基建、购置机器设备、购买原材料等相关费用，共计 120 059.79 元。后由于各种原因，公司未能设立。四位股东决定终止合作。此后，甲、乙多次找丙协商公司设立费用的承担和剩余资产处置的问题，但未能达成一致意见。甲、乙诉至法院，请求判令丙承担相关费用，共计 14 407.17 元。丙辩称，公司章程签订后，各方并未实际继续合作，也未发生新的费用，甲、乙主张已花费的各项费用与事实不符，请求驳回其诉讼请求。

基本理论

企业设立是指投资人为了成立企业而实施的一系列行为。企业设立的标志为登记主管机关颁发营业执照。企业设立是一个由一系列行为组成的过程，包括：确定意向；发起人为多人的，签订发起人协议；制定章程；筹集资本；确定企业的组织形式；设立登记等。企业能够顺利设立并开业，不仅在于各项法定条件的满足和程序的完成，还在于对设立过程中法律风险的防范。

一、企业的法律形态及选择

（一）企业法律形态的概念与特征

企业的法律形态是法律规定的企业的组织形式或表现形式。它不仅决定企业的法律地位和组织结构，也决定投资人的风险和责任范围。我国主要的企业法律形态包括个人独资企业、合伙企业和公司。企业的法律形态具有以下特征：

1. 法定性

企业的法律形态是法律规定的企业的组织形式或表现形式。投资人创办企业只能选择一种法律形态，并依法律规定的条件和程序进行设立，否则就无法获得市场准入的资质，不可从事经营活动，无法实现投资目的。这就是"企业法律形态法定原则"。

2. 标准性

企业的法律形态必须以明确的标准公布出来。过去，我国按所有制性质来确立企业的组织形式；现在，我国与许多发达国家一样，改以投资方式和责任形式为标准来确立企业的组织形式。

3. 稳定性

企业的法律形态一旦被选定并登记，就具有相对的稳定性，非经法定程序不得改变。这样做的目的是让投资人或者交易方对企业的权利和义务有明确的认知，使其在确定的规则下做出相应的商事行为。

（二）企业法律形态的选择

不同的企业法律形态对责、权、利的安排不同，并直接影响企业的筹资渠道、产权制度、治理结构、责任形式和税收负担等重大事项。选择适当的企业法律形态，有助于企业配置和利用好本企业资源，实现企业最佳的经济目标。投资人选择企业法律形态时主要考虑以下几个因素：

1. 投资人责任

投资人责任是股东等在享受投资利益时应当承担的责任。它不仅影响企业的设立条件、程序与费用，而且直接影响企业的税收负担、投资人（股东）权利以及对企业的控制等重大事项。投资人责任主要包括有限责任、无限责任与无限连带责任三类。

（1）有限责任。有限责任是指投资人仅以自己认缴的出资额为限对企业债务承担清偿责任。这种责任对投资人有利，对企业债权人的风险较大。这种责任一般适用于公司。

（2）无限责任。无限责任是指投资人对企业债务不以投入的资本为限，当企业债务分摊到自己名下的份额超过所投入的资本时，除以原投入的资本承担债务外，投资人还要以自己的其他财产继续承担债务。无限责任对投资人的风险较大，但有利于对债权人利益的保护。同时，无限责任一方面会敦促投资人对企业经营管理尽心竭力，另一方面有助于其树立优良的商业信用。这种责任一般适用于个人独资企业。

（3）无限连带责任。无限连带责任是指投资人除承担企业债务分摊到自己名下的份额外，还需要对企业其他投资人名下的债务份额承担连带义务。也就是说，如果其他投资人无力偿还名下的债务份额，投资人有义务代其偿还债务份额。这种责任一般适用于合伙企业。

2. 投资人权利

投资人权利包括收益权、决策权、管理权和监督权等。个人独资企业和合伙企业的投资人对企业的控制权较大，权利也较少受到制约。而公司财产由公司所有，投资人不能直接占有和控制。尤其是股份有限公司中的上市公司，上市公司和控股股东的人员、资产、财务必须严格分开，严格控制股东占用上市公司的资金和财产。

3. 投资人资本的撤离

投资人享有从企业撤回投资的自由。撤资的自由度与企业的法律形态联系密切。例如，我国《公司法》对有限责任公司的股东向股东以外的第三人转让股权有较多限制[①]，而对股份有限公司无此限制。

4. 企业设立的条件、程序和费用

企业设立的条件、程序和费用均与企业的法律形态有关。个人独资企业和合伙企业的设立条件较为宽松、设立程序较为简单、设立费用低廉，非现金出资可以不需评估机构进行评估作价。而公司的设立条件严格、设立程序较为复杂，尤其股份有限公司需要严格的设立条件、复杂的设立程序和较高的设立费用。

5. 企业税收负担

我国不同企业法律形态在增值税等流转税上的税负并无差异，但在所得税上的税负迥然不同。由于个人独资企业和合伙企业不具有法人人格，仅需投资人缴纳个人所得税。而公司不仅要缴纳企业所得税，还需要股东缴纳个人所得税，税负较重。

企业法律形态确定后可以经法定程序进行变更。个人独资企业或合伙企业发展壮大后，投资人可以考虑将企业法律形态变更为公司；若合伙企业经营状况不理想，或者合伙人退伙和成本控制的需要，投资人可以考虑将合伙企业变更为个人独资企业。

二、发起人协议的制定

非个人独资企业会有两个或两个以上的发起人。为了规范各方的权利和义务，需要签订发起人协议。发起人协议是各发起人就企业在设立过程中出资、违约责任、权利和义务等事项达成的合意。发起人协议仅规范企业设立过程中各发起人之间的权利和义务关系，企业依法成立后该协议自动终止；如果企业设立失败，发起人依据协议对筹备过程中产生的债权债务进行分配。发起人协议，在司法实践中被归属于合伙合同，按民法的合伙关系处理。中小企业设立时，大多没有发起人协议或者协议不规范，常常引发纠纷。

1. 发起人协议应采用书面形式

一般情况下，中小企业设立时发起人较少，相互关系比较密切，各方权利和义务大多以口头方式约定。一旦出现争议，由于缺少书面依据，可能会激化矛盾，导致企业设立不能，并引发各发起人之间的债权债务纠纷。因此，需要采用书面形式来明确各发起人之间的权利和义务。

---

① 《公司法》第七十一条规定："有限责任公司的股东之间可以相互转让其全部或者部分股权。股东向股东以外的人转让股权，应当经其他股东过半数同意。股东应就其股权转让事项书面通知其他股东征求同意，其他股东自接到书面通知之日起满三十日未答复的，视为同意转让。其他股东半数以上不同意转让的，不同意的股东应当购买该转让的股权；不购买的，视为同意转让。经股东同意转让的股权，在同等条件下，其他股东有优先购买权。两个以上股东主张行使优先购买权的，协商确定各自的购买比例；协商不成的，按照转让时各自的出资比例行使优先购买权。公司章程对股权转让另有规定的，从其规定。"

2. 保密和竞业禁止等重要条款

我国法律对发起人在企业设立阶段的竞业行为没有禁止性规定，因此有必要通过发起人协议予以弥补。特别是对以技术出资的股东而言，在各方协商期间，投资人的技术很可能会被披露出来。如果没有保密协议的约束，投资人将面临很大的风险。另外，企业在设立之初都会对未来市场、经营方略、客户群体、营销策略等制定系统的方案，它涉及企业未来的经营管理核心和利益获取点。为防止部分发起人的道德风险，有必要在发起人协议中缜密约定保密和竞业禁止等重要条款。

3. 对企业设立不能的成本分摊约定

企业设立不能会使发起人遭受经济损失。因为设立企业的意愿与实现之间需要经过一段时间。这段时间内为设立企业需要做一定的工作，也会产生一定的费用，例如，购买原材料、租赁厂房的费用，或者企业设立并生产前预先订立的销售合同。这些在企业设立过程中的成本分摊需要在发起人协议中做出明确约定。

三、章程的制定

凡是成立团体或组织，都要有章程。章程是关于团体或组织活动的基本准则，是团体或组织的宪章，因而具有准则性、自治性、真实性和公开性等基本特征。

企业章程就是对本企业的组织机构、组织成员、经济性质、业务范围和规模、活动制度、权利、义务等事项所制定的准则，是确定企业权利和义务关系的基本法律文件，也是对外进行经营交往的基本法律依据。尤其是对于公司来说，股东或投资人众多，章程是公司设立的最主要条件和最重要的文件。公司没有章程，不能获得批准，也不能获得登记。协商一致并自愿接受章程的约束，对公司的成立及运营具有十分重要的意义。

既然章程负有调整企业活动的责任，那么在制定章程时，就必须考虑周全、规定明确。制定章程时，应注意对发起人协议内容的吸收，以避免出现二者不一致的情况。同时在章程中明确二者不一致时的处理方式。章程的内容包括法定事项和任意事项。以《企业法人登记管理条例施行细则》为例，企业法人章程必须记载的事项包括：宗旨；名称和住所；经济性质；注册资金数额及其来源；经营范围和经营方式；组织机构及其职权；法定代表人产生的程序和职权范围；财务管理制度和利润分配形式；劳动用工制度；章程修改程序；终止程序；其他事项。任意记载事项，只要不违反法律规定、公共秩序和善良风俗，投资人就可根据实际需要将其载入公司章程。

投资人应充分利用任意事项来表达自己的诉求。例如，公司股东有知情权，但在实践中也存在小股东滥用权利的现象。为了防止股东利用知情权干扰公司的正常经营，在制定章程时就可以限定知情权行使的具体方式和使用目的等。例如，在章程中约定："除了在股东内部洽谈时使用，以及依法维护股东权益在诉讼或者仲裁程序中作为证据使用外，不得用作其他任何用途。"再如，可以明确约定某些条款的修改必须经全体股东一致同意，或者限制同意股东的范围与数量；明确各股东的认缴出资额、首次出资额，以及公司设立阶段各股东出资、验资的具体程序；明确股东与员工（配股股东）的退出机制。这种做法尤其适用于股东人数不多、股权相对集中、股东参与度高的中小企业。

四、企业设立过程中需要注意的问题

（一）企业设立过程中可能涉及的诉讼案由

在《民事案件案由规定》（2021）第八部分"与公司、证券、保险、票据等有关的民事纠纷"之"二十一、与公司有关的纠纷"中有"公司设立纠纷"和"发起人责任纠纷"的案由。

公司设立纠纷是指发起人为组建公司并使其取得法人资格而依法完成一系列法律行为而在出资人之间、出资人与公司、债权人之间的权利义务纠纷。例如，公司设立过程中因对外交易发生与债权债务有关的纠纷、出资纠纷、公司设立无效等纠纷。

发起人责任纠纷主要是规范企业设立过程中发起人的责任承担问题，主要表现为发起人因企业不能设立时对认股人承担的责任及在企业设立时因发起人过失对企业造成损失而承担的责任。发起人责任纠纷包括对外承担的责任和发起人内部的责任分担。

公司设立纠纷和发起人责任纠纷是在公司制企业设立过程中经常出现的纠纷。如果企业法务人员能够提前参与到企业设立过程中，就应当对可能导致这些纠纷的法律风险有所注意。

（二）企业法务人员在企业设立过程中需要注意的问题

下面以公司制企业为例。在公司制企业设立过程中，企业法务人员除了需要熟悉企业设立的流程，准备好企业设立所需的法律文件外，还需要注意以下问题：

1. 认真审核设立文件，确保权利和义务责任清晰，没有遗漏，不会产生歧义

设立公司需要在出资人之间签订一系列的法律文件，包括发起人协议、公司章程等。尤其如果设立的是股份有限公司，由于发起人多，每个发起人在公司设立过程中应当明确下列事项：认购多少股份，应当具体做哪些事务，各自的权利是什么，有无权限对外以拟设立的企业名称签订合同，设立期限，表决程序，以及设立不能后各方责任承担等。但现实中，很多中小企业在发起人达成设立企业的一致意向后，就着手操作，不会想到以书面协议的方式提前明确彼此间的权利和义务以及应当承担的责任等，或者尽管存在书面协议，但重要事项缺失，致使企业设立过程和决策事项带有很大的主观性和随意性，容易引发矛盾。

此外，还应注意发起人协议与章程的一致性。一般来说，二者的目标是一致的，都是为了设立企业。所以，二者在内容上也常有雷同或相通之处，如都约定公司名称、注册资本、经营范围、股东出资比例和出资形式等，但章程具有更广泛、更长远的约束效力。例如，发

起人协议的效力期间通常是从协议签署到公司成立，而章程的效力期间是企业存续期间。需要注意的是，公司成立后并不代表前期的发起人协议就终止了，章程并不能完全替代发起人协议，部分在章程中没有约定的、但在设立期间产生的矛盾，会依照发起人协议予以认定。

2. 避免出资方面的法律风险

（1）出资形式。股东既可以用货币出资，也可以用实物、知识产权、土地使用权等非货币财产作价出资；但是，法律、行政法规规定不得作为出资的财产除外。由于现行法律不再要求货币出资的最低比例，那么股东的出资形式就有可能全部是技术成果或者其他可以评估的实物。这样就会涉及对实物产权的核实和技术成果的认定以及资产评估等问题。司法实践中，以非货币财产出资引发的纠纷非常多。因此，出资协议中要明确约定非货币财产出资的作价金额、对应的实物或技术成果的具体范围或清单、实物变更产权或交付的具体方式和时间、资产评估机构的选择等事项。

（2）出资履行。①虚假出资。我国现行法对公司设立注册资本采用认缴制而非实缴制。也就是说，公司制企业设立时无须按照营业执照上的注册资本数额实际缴纳资金。这样做的本意在于提高企业的发展力，降低企业设立时的资金压力。但认缴只是出资，不需要一次性缴足，出资人仍应当按照章程规定的期限每年缴纳出资，履行出资义务。一旦无法完成出资义务，不但要承担补缴责任[1]，还可能被认定为虚假出资，情节严重的，要承担刑事责任。②抽逃出资。即出资人在公司成立后，将其所缴纳的出资额暗中抽逃撤回，但仍保留股东身份和原有的出资份额。抽逃出资除了要承担相应的赔偿责任、违约责任，还可能承担刑事责任。[2] ③不适当履行。即出资人在履行出资的过程中，未按照法定或约定的出资时间、出资形式或手续出资。例如，不按规定的期限交付出资或办理实物等财产权的转移手续；非货币财产存在权利瑕疵。这些行为不仅会影响公司成立，还会因为不合法使用他人的财产权利，将公司卷入赔偿纠纷。如果出资人恶意隐瞒财产权利归属，也可能会承担刑事责任。

（3）隐名出资。即出资人实际认购出资，但公司的章程、股东名册或其他工商登记材料记载的出资人是他人（显名出资人）。隐名出资在我国法律中并没有受到明确的保护，因此，隐名出资人的权利保障很大程度上取决于显名出资人的道德水平。在显名出资人和隐名出资人的关系以及涉及第三人的交易中，隐名出资人非常被动，例如，显名出资人擅自转让其名下股权，或者其名下股权被司法冻结、强制执行等。

（4）资产评估。以非货币财产出资的，应当对出资财产进行评估，并出具资产评估结论。资产评估结论具有法律效力，所以要避免资产评估不实的风险。因此，评估机构的选择

---

[1] 《公司法》第九十三条规定："股份有限公司成立后，发起人未按照公司章程的规定缴足出资的，应当补缴；其他发起人承担连带责任。"

[2] 《中华人民共和国刑法》第一百五十九条第一款规定："公司发起人、股东违反公司法的规定未交付货币、实物或者未转移财产权，虚假出资，或者在公司成立后又抽逃其出资，数额巨大、后果严重或者有其他严重情节的，处五年以下有期徒刑或者拘役，并处或者单处虚假出资金额或者抽逃出资金额百分之二以上百分之十以下罚金。"

尤其重要。企业法务人员应当从资质、执业资格、执业能力、执业经验、执业质量和服务费用标准等方面对评估机构进行考察。

3. 避免股权结构失衡的风险

股权过于集中或者过于分散都可能引发法律风险。"一股独大"，股权过于集中，缺少制衡，会增大决策失误的可能性，也会影响其他小股东参与公司经营管理的热情。而且当大股东无法处理公司事务时，会产生小股东争夺控制权的问题，对公司的长期发展不利。而股权过于分散，就会缺乏具有相对控制力的股东，效率低下，而且公司的实际经营管理通过职业经理人或管理层完成，职业经理人或管理层的道德危机问题较为严重。除以上两种失衡的结构外，还有一种平衡股权结构也属于不合理的结构，即公司大股东之间的股权比例相当接近，没有其他小股东或者其他小股东的股权比例极低，这样可能产生股东僵局以及公司控制权和利益索取权失衡的问题。

4. 重视企业的组织机构，规范企业运作

企业的组织机构就是在企业内部划分权力，明确企业各项职能划分的机构。公司制企业的组织机构最为复杂，一般由股东会或股东大会、董事会、监事会和经理组成。实践中，企业尽管设置了应有的部门，也明确了各部门的分工，但仍然存在职能越位、缺位的现象。例如，董事会和监事会形同虚设：董事会的产生非常随意，董事会成员就是企业的全体领导；董事会成员和经理层高度重合，导致董事会被经理层控制，无法真正代表股东的利益；监事会由大股东确定，不能发挥监督的职责。所以，董事会如何组成、如何议事以及监事会如何独立行使职能，是企业设立时需要认真考虑的问题。

5. 明确企业经营者、实际控制人或大股东的职责界限，避免权利滥用

有些企业经营者个人和企业在身份和资产上并没有做明确的区分。企业仅在形式上表现为独立的民事主体，但在对外交往、资金往来等事务中，交易对手经常无法区分自己是在和企业打交道还是在和企业经营者个人打交道。例如，本应付给企业的货款却被要求打到企业经营者个人账户；股东随意挪用公司资金；母公司随意处置子公司的资产等。《公司法》第二十条规定了股东不得滥用权利。这包括不得滥用股东权利损害公司或者其他股东的利益、不得滥用公司法人独立地位和股东有限责任损害公司债权人的利益。如果违反，不仅会导致民事责任，还有可能引发刑事责任。因此，企业设立时就应当对企业经营者或者管理层个人的职责和行为做出明确规定，避免企业被个人掏空。当然，不排除企业设立本身就是幌子的可能。

6. 预防因企业设立不能而引发的纠纷

企业设立不能而引发纠纷这种情形主要发生在公司制企业设立时。公司设立不能，是指在公司设立过程中，由于资本没有筹足、没有达到我国法律规定的成立要件、发起人未按期召开创立大会、创立大会做出不设立公司的决议等原因，导致公司的设立申请没有被登记主管机关审核批准。公司设立不能，发起人不仅将承担连带责任，还会因资本的"回转"引发纠纷，即设立企业时，出资人要将出资资本足额存入指定账户、将非货币财产权利转移给

企业，如果设立申请未被批准通过，出资资本就应返还出资人。而在资本的"回转"过程中，很容易引发纠纷。

7. 避免企业被撤销设立登记的风险

撤销设立登记是企业在设立登记之后，登记主管机关发现设立登记的行为存在重大瑕疵，通过撤销来纠正错误的行为。例如，《公司法》第一百九十八条规定："违反本法规定，虚报注册资本、提交虚假材料或者采取其他欺诈手段隐瞒重要事实取得公司登记的由公司登记机关责令改正，对虚报注册资本的公司，处以虚报注册资本金额百分之五以上百分之十五以下的罚款；对提交虚假材料或者采取其他欺诈手段隐瞒重要事实的公司，处以五万元以上五十万元以下的罚款；情节严重的，撤销公司登记或者吊销营业执照。"备受媒体关注的"王欢欢被老板"事件，就是因冒用他人丢失的身份证注册公司最终被撤销设立登记的案件。

撤销设立登记的后果是企业设立登记自始无效。也就是说，企业丧失了因设立登记而取得的法律主体资格和营业资格，由此不仅涉及被登记主体自身的利益，还会涉及与被登记主体发生交易关系的众多的市场主体。因此，企业设立过程中，应尽力避免因设立主体瑕疵、公司章程瑕疵、股东出资瑕疵、公司设立程序瑕疵等事由导致被登记主管机关依法撤销设立登记，确保企业合法成立与存续。

导入案例分析

首先，要明确公司设立过程中都会产生哪些费用；其次，这些费用应由哪些主体承担；最后，费用分担的比例如何确定。

（1）公司设立过程中所产生的费用可以分为两种：①发起行为产生的费用，如订立发起人协议、订立公司章程、选举董事会和监事会、申请设立登记、出资、认股、缴纳认股款等行为所产生的费用。②交易行为产生的费用，即在公司具有独立的法人资格之前，发起人以公司的名义与其他经济主体所进行的合同行为。因此，甲、乙先行支付进行厂区基建、购置机器设备、购买原材料等费用的行为，应属于公司设立中的必要行为。只要甲、乙能够证明其垫付的费用确系用于设立公司，则这部分费用应构成设立公司的费用。

（2）设立费用承担主体。《公司法》仅对股份有限公司设立不能时发起人的责任进行了规定，即发起人需要对设立行为所产生的债务和费用承担连带责任，对有限责任公司设立不能未做规定。司法实践中，对于有限责任公司设立不能，一般比照股份有限公司的规定适用。因此，设立中的有限责任公司没有主体资格，在公司设立不能时，应当以发起人为费用承担主体。本案中，甲、乙、丙、丁签订了公司章程，即四人为公司的发起人。按照《公司法》的一般理论，公司设立行为所产生的费用，应由全部的发起人承担连带责任。甲、乙、丙、丁签署公司章程的行为系公司设立行为，四人应当对公司设立的费用承担连带责任。由于甲、乙已经垫付了相关费用，故甲、乙有权起诉要求丙承担公司设立的费用。

（3）设立费用分担比例。①公司设立不能时发起人承担的责任一般是无过错责任。此种情况下，各发起人应依据自己认缴的出资比例承担责任。依公司自治理论，发起人之间也可以自行协商设立费用如何分担。②公司设立不能是由于发起人过错所导致的，或者发起人在公司设立过程中的行为损害了第三人的利益，发起人需要对其他发起人承担损害赔偿责任，全体发起人对外仍应承担连带责任。本案中，公司设立不能系全体发起人协商一致的结果，并非某个发起人的过错导致。发起人有约定的从约定，无约定的应当按照各自认缴的出资比例来分担。法院确认甲、乙在公司设立过程中花费了 48 800.74 元。依据丙认缴的 12% 比例，丙应当分担 5 856.09 元。甲、乙诉讼请求中超出的部分，缺乏事实依据，法院不予支持。

知识点 3　企业变更法律事务

导入案例

华某有限责任公司于 1995 年 7 月 13 日成立，注册资本 50 万元。公司登记事项中，边某为法定代表人，潘某和吴某是投资人。根据公司章程：公司不设董事会，仅设立执行董事一人，由股东会选举产生，任期三年，可连选连任。公司成立后，法定代表人边某一直兼任公司的执行董事。2015 年 9 月 16 日，边某向公司提出辞职，9 月 20 日双方解除劳动关系。2018 年 7 月 30 日，边某向法院提起诉讼，要求撤销其公司法定代表人的资格。华某有限责任公司在答辩中要求边某继续担任公司法定代表人，理由是公司的两位投资人（潘某和吴某）均不愿意担任法定代表人。二人怀疑边某任职期间存在以空白合同对外交易的行为，严重损害了公司的利益。法院认为，边某已经与公司解除劳动关系，继续担任法定代表人不利于公司的正常经营。如边某任职期间确有不当行为，损害了公司的利益，公司应另行予以主张。法定代表人改选和变更虽然属于公司自治范畴，但是公司已明确不会召开股东会进行改选，涉案争议无法通过自治程序完成，法院有权撤销边某公司法定代表人的资格。

基本理论

一、概述

企业成立后，由于某些原因，企业设立时的原有主要登记事项，如名称、住所地、法定代表人、注册资本、经营范围、企业类型、股东和股权、经营期限等可能会发生变化，这些事项的变化就叫作企业变更。

导致企业变更的原因很多，例如，企业合并、分立，引入新的投资人，原投资人退出或死亡，企业发展经营策略调整等。企业有些事项的变化从形式上看是程序问题，但背后的原因则是股东权利的变化与博弈，由此而引发的纠纷也非常多。

二、企业变更过程中可能涉及的诉讼案由及需要注意的问题

（一）企业变更过程中可能涉及的诉讼案由

在《民事案件案由规定》（2021）中与企业变更相关的案由主要集中在第八部分"与公司、证券、保险、票据等有关的民事纠纷"之"二十、与企业有关的纠纷""二十一、与公司有关的纠纷"和"二十二、合伙企业纠纷"，主要有企业出资人权益确认纠纷、企业公司制改造合同纠纷、企业股份合作制改造合同纠纷、企业债权转股权合同纠纷、企业分立合同纠纷、企业出售合同纠纷、企业兼并合同纠纷、股东资格确认纠纷、股东名册记载纠纷、请求变更公司登记纠纷、新增资本认购纠纷、请求公司收购股份纠纷、股权转让纠纷、公司合并纠纷、公司分立纠纷、公司减资纠纷、公司增资纠纷、入伙纠纷、退伙纠纷、合伙企业财产份额转让纠纷等。

（二）企业变更过程中需要注意的问题

企业合并和分立、注册资本发生变化、股东和股权发生变更是法律风险比较集中的领域。

1. 企业合并和分立

（1）企业合并。我国很多中小企业在创立之初都采取"多壳化经营"的策略，即一个投资人或一个家族设立多个公司，在寻找到公司核心业务领域之后，再将这些公司整合为一个大的公司。也有一些企业会与其他有竞争关系的企业合并，集合各方优势以图发展壮大。这就会引起企业之间的合并。同一个投资人名下的企业合并主要涉及股权结构调整和资产整合的问题；不同投资人的企业合并涉及企业控制权、资产承继、债务负担等问题，因此在谈判前要充分了解对方企业的经营状况和资产状况，在此基础上做出合并的可行性分析以及合

并的方案。

调查的内容一般包括对方企业的概况、经营业务、股权结构、动产、不动产、知识产权、债权、债务，以及是否有诉讼、仲裁及行政处罚或其他法律程序的案件等。如果法律对企业合并程序有特殊要求，例如，需要股东会通过或上级主管部门同意，或者需要对债权人公告①，则还要看程序是否合法。

（2）企业分立。企业分立是指企业依照有关法律规定或者合同约定，将企业依法变更为两个或两个以上企业的法律行为。企业分立的流程大致如下：签订分立合同—发布企业分立公告—注册资本变更—资产处置和分立登记等。在这些环节都可能出现风险。例如，分立合同是否合法，在什么时候或者条件下生效；如果需要经过上级审批，是否经过了审批；是否公告并通知了债权人；注册资本是否符合规定；资产处置的相关文件、条款是否明确；资产的所有权转移是否履行；是否办理了变更登记等。

2. 注册资本发生变化

（1）增资。为了增强竞争力，很多企业在经营中都会选择增资。增资的流程为：企业做出增资决议—签订增资协议—投入新增资金—变更登记。企业增资之后，注册资本会增加，股东的构成、出资额和出资比例等都会发生变化。企业增资存在以下风险：

第一，增资协议的签订主体或决策程序不合法。例如，与投资人签订增资协议的主体是企业而非原始股东。增资是企业的意志，必须经过合法的集体决策程序。增资如果没有经过集体决策或决策程序不合法，即使投资人投入了资金，也不能转化为企业的注册资本。

第二，投资人不按期缴纳或足额缴纳出资的风险。此种情况下，可以按照股东未履行或未全面履行出资义务的情况处理。例如，召开股东会解除股东资格，要求其承担违约责任，同时履行出资义务，对利润分配请求权等股东权利做出合理的限制。

（2）减资。企业在经营过程中，由于偿付债务、经营范围调整等造成资金过剩，就可能会减少注册资本。减资的流程为：企业做出减资决议—编制资产负债表及财产清单—通知并公告债权人—验资—章程修订—变更登记。企业减资可能出现的风险有：

第一，减资决策程序不合法。法律对减资决策程序有专门的要求，例如，出席人数，表决权股东人数，或者上级主管机关的批准，或者被质押的股权质权人的同意等，决策程序应当满足这些要求。

第二，书面通知债权人。在法律规定上，通知和公告是两个不同的步骤，缺一不可。实践中，绝大多数企业能做到通过召开股东会做出减资决策，验资、公告和变更登记等环节也不会存在问题，却会忽略"书面通知债权人"环节，认为公告和通知有一个就可以了。但

① 《公司法》第二百零四条第一款规定："公司在合并、分立、减少注册资本或者进行清算时，不依照本法规定通知或者公告债权人的，由公司登记机关责令改正，对公司处以一万元以上十万元以下的罚款。"

是，只公告未通知或只通知未公告都属于违法减资，很容易被认定为变相抽逃出资，减资股东、投赞成票的未减资股东、法定代表人和企业都要承担相应的法律责任。①

3. 股东和股权发生变更

股东和股权可能因股权转让、退股与持股员工离职、股权回购等发生变更。

（1）股权转让中需要注意的问题：

第一，审查股权变更协议的主体资格。股权变更协议中的出让方应当是企业的原股东，受让方既可以是企业的原股东，也可以是企业外的第三人，该第三人既可以是自然人，也可以是单位。因此，对出让方主体资格的审查，主要看协议是以转让股东的名义还是以所在企业的名义签订的。以企业的名义签订的就是主体错误，会导致企业责任与股东责任混淆不清。而对受让方主体资格的审查，如果受让方是单位主体，要注意是否经过了决策部门的讨论；如果受让方是自然人，则要注意其是自然人属性，还是企业属性，是否是一人公司。

第二，避免可能导致转让协议无效的情形。由于其他股东具有优先购买权，因此股东在对外转让股权、签订股权变更协议前要征求其他股东的意见。只有其他股东放弃优先购买权，才能向股东外的第三人转让，否则，转让协议无效。为了避免放弃优先购买权的股东事后反悔，应当让其出具书面意见。再如，如果依照法律规定或者企业的性质，股权转让需要履行其他前置程序，则需要注意协议是否写明了前置程序或者设置了协议生效的条件。例如，在云南白药股权转让案中，转让协议中设置了"协议经上级主管机关批准后生效"的条款。由于受让方在签订协议时未充分重视此条款，最终遭受了严重的经济损失。②

第三，充分了解出让方所在企业的经营状况及财务状况。受让方有权查看出让方所在企业的章程、营业执照、董事会决议、股东会决议等必要文件，了解企业的股权结构；有权核实企业的资产规模、负债情况，考察企业的生产经营情况；查看企业近两年的审计报告及近期的财务报表，了解企业的财务状况和纳税情况，判断企业的盈利能力、偿债能力等。

第四，尽量了解受让股权的相关信息。受让股权的前提是出让方享有股权，所以需要先

---

① 《公司法》第二百零四条第一款；《最高人民法院关于适用〈中华人民共和国公司法〉若干问题的规定（三）》第十四条。

② 该案被媒体称为"中国股权转让第一案"。2009 年 9 月，云南红塔有限公司（简称红塔公司）与陈发树签订《股份转让协议》，将其持有的云南白药股份转让给陈发树。陈发树支付了约 22 亿元保证金。随后，红塔公司向其上级远南红塔集团公司（简称红塔集团）上报，红塔集团向其上级云南中烟有限公司（简称云南中烟）上报，云南中烟向其上级中国烟草总公司（简称中烟公司）上报。2011 年 4 月 27 日，陈发树向红塔公司发出催促函，红塔公司于 5 月 10 日回函称上报审批正在进行。陈发树于 2011 年 12 月 8 日起诉，要求红塔集团履行合同并赔偿损失等。2012 年 1 月 17 日，中烟公司做出不同意转让的批复。2014 年 7 月，最高人民法院做出终审判决，认定双方转让协议不生效，红塔集团返回 22.07 亿元本金及利息，驳回其他诉讼请求。此时，云南白药的股价已从 2009 年的 43.92 元/股涨至 119 元/股。事后，陈发树申请再审，被驳回。参见最高人民法院（2013）民二终字第 42 号和（2015）民申字第 1 号民事判决书。

进行股东资格确认。之后要审查股权是否有瑕疵，例如，受让股权是否存在出资不实、出资不到位、出质等情形。为了避免此类风险，在转让协议中应要求股权出让方做出承诺与保证。

第五，受让方履行风险。例如，受让方未按转让协议的约定履行给付转让款的义务，受让方违反了转让协议的其他义务。

（2）退股与持股员工离职时需要注意的问题：

退股员工与企业签订退股协议书，并将所拥有的股权退还给企业。退股协议生效后，退股员工不再拥有股东身份。因为股东姓名或名称属于企业登记事项，所以退股员工应当配合企业办理变更登记。

现实生活中，部分企业存在对员工进行股权激励的情况。那么，员工离职时，其持有的股权该如何处理？处理的原则是看章程的规定或员工持股协议的约定。如果章程没有规定且员工持股协议中没有约定，该股权就应当继续由员工持有。如果章程或员工持股协议中规定"因公司实施股权激励而获得公司股权的员工，离职时应将其持有的公司股权转让给公司指定的其他股东"，那么就会发生股权变更和变更登记，离职员工有义务配合企业办理变更登记。

为了避免退股或持股员工离职时不配合企业办理变更登记，可以在员工持股协议中约定办理变更登记的时间以及违约责任。

（3）股权回购中需要注意的问题：

有限责任公司的股东在法律规定的情况下，有权要求公司收购其股权。《公司法》规定了股权回购的适用事项和程序[①]，不符合法定范围的事项不能主张股权回购。股权回购有协议回购和诉讼回购两种。协议回购是诉讼回购的前置程序。无法达成协议的，异议股东自股东会决议通过之日起 90 日内向人民法院提起诉讼。

协议回购要求股东必须在法定时间内对股东会决议提出明确的反对意见。因此，股东应该积极参加股东会会议。对违背自己意志的决议投反对票是主张股权回购的前提条件。股东应积极而审慎地行使自己的异议权，怠于行使权利就会丧失股权回购请求权。股权回购将使企业面临资金压力，所以股东会决议要尽量体现全体股东利益。

4. 办理变更登记

（1）预防未办理变更登记的风险。当登记事项发生变化后，企业应当办理变更登记。企业未办理变更登记，不具有对抗第三人的效力。因为不办理变更登记，企业之外的第三人就无法从公开的途径知道企业的登记事项发生了变化，就会仍然按照原登记事项与企业交往。由此发生的纠纷，第三人没有过错，企业只能自己承担相应的损失。例如，企业法定代表人离职后就无权代表企业，企业应当及时办理变更登记。如果没有及时办理变更登记，而原法定代表人仍然继续以法定代表人的身份与第三人签订合同，第三人基于工商登记信息而

---

① 《公司法》第七十四条。

认为该人有权代表企业，则双方签订的合同仍然可以对企业形成约束。

（2）预防未及时办理变更登记的风险。如前所述，我国法律对企业办理变更登记的时间是有规定的，变更登记应当在法定的期间内进行，否则，企业将会面临被处罚的风险。例如，《公司法》第二百一十一条第二款规定："公司登记事项发生变更时，未依照本法规定办理有关变更登记的，由公司登记机关责令限期登记；逾期不登记的，处以一万元以上十万元以下的罚款。"除遭受行政处罚外，企业还可能面临其他风险。例如，公司的注册地址与营业地点不一致，实质上属于擅自变更经营地址的行为。如果不办理变更登记，企业涉及诉讼事项时就会引发管辖法院和文书送达方面的风险。由于地址问题而导致没有收到应诉通知书和出庭通知书，企业就不知道自己已经被别人起诉到法院，更没有机会出庭陈述对自己有利的事实，经由法庭缺席判决，很可能承担败诉的风险。

（3）熟悉变更登记流程，准备法律所需要的材料。不同企业的变更登记流程以及所准备的法律材料并不完全相同，企业法务人员应当根据所在企业的性质，按照法律的规定收集和获取变更登记所需的资料，并针对企业经营中的各种变化，及时进行变更登记提示，以免影响正常生产经营。

🔍 导入案例分析

依据《民法典》与《公司法》的规定，依照法律或者法人章程的规定，代表法人从事民事活动的负责人，为法人的法定代表人。据此，法定代表人对外能够代表法人从事民事活动，相应的法律后果也由法人承担。本案中，原法定代表人已经与公司解除劳动关系，且拒绝继续担任法定代表人，公司应当另行选任法定代表人，并配合办理变更登记。公司若认为原法定代表人有侵害公司利益行为且给公司造成损失，应当另行提起损害公司利益责任纠纷，追究其赔偿责任。法定代表人改选和变更虽然属于公司自治范畴，但是在公司无法通过自治程序完成的前提下，法院判令撤销边某公司法定代表人的资格是恰当的。

知识点 4　企业终止法律事务

💼 导入案例

甲公司设立于 2005 年，注册资本 200 万元，股东曹某和孙某分别持股 55% 和 45%，曹某任公司法定代表人。2013 年 11 月，甲公司决议解散，并成立由曹某和孙某组成的清算组，曹某任清算组负责人。2014 年 1 月，清算组向工商行政管理部门申请注销登记，并提交了清算报告。该报告记载：清算组于成立起 10 日内通知了全体债权人，并在相关报纸上刊登了公告。公司库存资产 300 万元，收回债权 0 元，偿还债务 0 元，剩余资产 300 万元。曹某分得 210 万元，孙某分得 90 万元。曹某在申请书上签字确认材料真实有效。2014 年 10 月，乙公司将原甲公司诉至法院，称自己是甲公司向银行借款 1 000 万元的担保人，已代甲公司偿还银行借款本息 1 100 余万元，在向甲公司追偿时发现它已注销。法院要求曹某、孙某提供证据证明清算组实际开展了工作，二人无法提供。法院经审理查明：甲公司在注销时资产远不止 300 万元。法院认定，两股东通过恶意注销公司逃债，损害了债权人的利益，应对欠款承担连带清偿责任，应赔偿乙公司代垫付款 1 100 余万元及相应利息。

📚 基本理论

一、概述

企业终止是企业停止生产经营活动，并对财产进行清理，对债务进行清偿之后，依法注销企业的法律行为。

企业终止是企业作为民事主体资格的消灭，一般由法定的解散事由所致。《个人独资企业法》第二十六条[①]、《合伙企业法》第八十五条[②]和《公司法》第一百八十条[③]规定了不同组织形式企业的解散事由。

企业终止应当进行清算。个人独资企业、合伙企业和有限责任公司的清算由投资人自行进行，股份有限公司的清算组由董事或者股东大会确定。逾期不成立清算组的，债权人可以申请人民法院指定清算人。

清算的程序一般如下：清理公司财产—编制资产负债表和财产清单—公告和通知债权人—

---

① 《个人独资企业法》第二十六条规定，个人独资企业有下列情形之一时，应当解散：投资人决定解散；投资人死亡或者被宣告死亡，无继承人或者继承人决定放弃继承；被依法吊销营业执照；法律、行政法规规定的其他情形。

② 《合伙企业法》第八十五条规定，合伙企业有下列情形之一的，应当解散：合伙期限届满，合伙人决定不再经营；合伙协议约定的解散事由出现；全体合伙人决定解散；合伙人已不具备法定人数满 30 天；合伙协议约定的合伙目的已经实现或者无法实现；依法被吊销营业执照、责令关闭或者被撤销；法律、行政法规规定的其他原因。

③ 《公司法》第一百八十条规定，公司由于下列原因解散：公司章程规定的营业期限届满或者公司章程规定的其他解散事由出现；股东会或者股东大会决议解散；因公司合并或者分立需要解散；依法被吊销营业执照、责令关闭或者被撤销；公司经营管理发生困难，继续存续使股东利益受到重大损失，通过其他途径不能解决的，持有公司全部股东表决权 10% 以上的股东，可以请求人民法院解散公司。公司章程规定的营业期限届满或者公司章程规定的其他解散事由出现时，并不必然引起公司解散。可以通过法定程序修改公司章程使公司延续。

债权人申报债权—登记、核实债权。公司制企业的清算组应将财产清单、资产负债表和清算方案报股东会或股东大会或人民法院确认。清算人应先将破产费用和共益债务、拖欠的职工工资和社会保险费用、税款等结清，剩余资产用于债权清偿。

由于个人独资企业和合伙企业对企业债务承担的是无限责任，因此，企业解散后，原投资人或合伙人对企业存续期间的债务仍应承担偿还责任，但个人独资企业的债权人在五年内未向债务人提出偿债请求的，该责任消灭。[①] 公司制企业如果出现资不抵债，应当依法向人民法院申请宣告破产。

清算结束后，清算人编制清算报告，清算报告经投资人签字盖章（合伙企业需全体合伙人、公司制企业需经股东会或股东大会或人民法院确认）后，在法定期限内到登记机关办理注销登记。办理注销登记后，企业终止。

二、企业终止过程中可能涉及的诉讼案由及需要注意的问题

（一）企业终止过程中可能涉及的诉讼案由

在《民事案件案由规定》（2021）中与企业终止相关的案由主要集中在第八部分"与公司、证券、保险、票据等有关的民事纠纷"之"二十一、与公司有关的纠纷"和"二十三、与破产有关的纠纷"，主要有公司解散纠纷、清算责任纠纷、申请公司清算、申请破产清算、申请破产重整、申请破产和解、请求撤销个别清偿行为纠纷、请求确认债务人行为无效纠纷、对外追收债权纠纷、追收未缴出资纠纷、追收抽逃出资纠纷、追收非正常收入纠纷、破产债权确认纠纷、破产抵销权纠纷、别除权纠纷、破产撤销权纠纷、损害债务人利益赔偿纠纷、管理人责任纠纷等。

（二）企业终止过程中需要注意的问题

1. 清算是企业终止的必经环节

司法实践中存在很多没有经过清算或虚假清算的案例。有些企业认为清算程序烦琐，所以既不清算，也不注销登记，而是将企业"搁置"，让其自生自灭。也有一些企业为了逃避债务而进行虚假清算。这些行为不仅影响了债权人的利益，也给投资人带来了潜在的法律风险。例如，《个人独资企业法》第三十三条、《合伙企业法》第九十三条、《公司法》第一百九十八条都规定了对提交虚假文件或者采取其他欺骗手段取得企业登记的行为应处以罚款，这里的企业登记就包括了终止登记。

2. 清算期间企业的主体资格受限

企业只有进行了注销登记，才会丧失民事主体资格。所以，从企业决定解散到注销登记

---

① 《个人独资企业法》第二十八条规定："个人独资企业解散后，原投资人对个人独资企业存续期间的债务仍应承担偿还责任，但债权人在五年内未向债务人提出偿债请求的，该责任消灭。"

前的这段时间，企业仍然存续，但不能开展与清算无关的经营活动。[①] 清算期间，企业从事与清算无关的民事行为无效。相对人如果明知或者应当知道企业已经进入清算期间，却仍然与之进行民事交往，由此造成的损失根据双方过错的程度承担；相对人不知情而遭受损失的，由此造成的损失由企业承担。

3. 清算人应忠于职守依法履责

清算人是企业决定解散到终止前这一时期企业事务的实施机构。清算人的基本职责是：①清理和保管企业的资产；②代表企业对外进行与清算有关的民事行为；③分配企业的剩余财产。根据我国法律的规定，清算人如果因为故意或重大过失给企业造成损失，应当承担赔偿责任。例如，《合伙企业法》第一百零一条规定："清算人执行清算事务，牟取非法收入或者侵占合伙企业财产的，应当将该收入和侵占的财产退还合伙企业；给合伙企业或者其他合伙人造成损失的，依法承担赔偿责任。"

4. 公司制企业的股东提前缴纳出资作为清算财产

由于我国现行法对公司设立注册资本采用认缴制，因此《最高人民法院关于适用〈中华人民共和国公司法〉若干问题的规定（二）》第二十二条第一款规定："公司解散时，股东尚未缴纳的出资均应作为清算财产。股东尚未缴纳的出资，包括到期应缴未缴的出资，以及依照公司法第二十六条和第八十条的规定分期缴纳尚未届满缴纳期限的出资。"债权人可以在清算程序中要求未出资甚至出资期限尚未届满的股东立即实缴注册资本，以增加公司财产，增大债权实现的可能性。根据《最高人民法院关于适用〈中华人民共和国公司法〉若干问题的规定（二）》第二十二条第二款的规定："公司财产不足以清偿债务时，债权人主张未缴出资股东，以及公司设立时的其他股东或者发起人在未缴出资范围内对公司债务承担连带清偿责任的，人民法院应依法予以支持。"也就是说，已经出资的股东，或者出资后转让了股权的原股东，也可能在清算程序中因某一股东未出资而承担连带责任。

5. 妥善保管企业主要财产、账册、重要文件

企业的负责人、实际控制人或者高级管理人员要对企业进行日常管理，自然也负有妥善保管企业主要财产、账册、重要文件的义务。如果在清算过程中，出现账册或重要文件丢失的情况，无论是出于故意还是过失，都可能会导致保管人的赔偿责任。例如，《最高人民法院关于适用〈中华人民共和国公司法〉若干问题的规定（二）》第十八条第二款和第三款就规定了实际控制人、有限责任公司的股东、股份有限公司的董事和控股股东"因怠于履行义务，导致公司主要财产、账册、重要文件等灭失，无法进行清算"，需对公司债务承担连带责任。这里的"怠于履行义务"是指清算事由出现后，在能够履行清算义务的情况下，故意拖延、拒绝履行清算义务，或者因过失导致无法进行清算的行为。尽管立法规定承担责任的前提是"怠于履行"，并赋予了股东等抗辩异议权，例如，其已经为履行清偿义务采取了积极措施，或者小股东举证证明其既不是公司董事会或监事会成员，也没有选派人员担任

---

① 《个人独资企业法》第三十条，《合伙企业法》第八十八条第三款，《公司法》第一百八十六条第三款。

该机构成员，且从未参与公司的经营管理，以及怠于履行与主要财产、账册、重要文件灭失之间不存在因果关系或者诉讼时效方面的抗辩①，但由于上述抗辩事由必须提供相应的证据，因此仍然会存在证明不能的风险。司法实践中，还出现了一些职业债权人从其他债权人处大批量以超低价购入"僵尸企业"的"陈年旧账"，之后对批量"僵尸企业"提起强制清算之诉。有些法院就依据上述规定判决并不参与公司管理的小股东对公司债务承担连带责任。

6. 妥善处置企业财产，避免因投资人或股东转移财产导致的法律责任

无论是清算还是破产，其核心都是以企业财产对外清偿债务。因此对于企业财产要进行妥善处置，以维护债权人和全体股东的合法权益。企业在注销前为逃避债务而隐匿、转移财产的，无论何时发生均为无效。债权人可以向人民法院主张赔偿责任。例如，《个人独资企业法》第四十二条规定："个人独资企业及其投资人在清算前或清算期间隐匿或转移财产，逃避债务的，依法追回其财产，并按照有关规定予以处罚；构成犯罪的，依法追究刑事责任。"再如，《企业破产法》第三十一条规定："人民法院受理破产申请前一年内，涉及债务人财产的下列行为，管理人有权请求人民法院予以撤销：（一）无偿转让财产的；（二）以明显不合理的价格进行交易的；（三）对没有财产担保的债务提供财产担保的；（四）对未到期的债务提前清偿的；（五）放弃债权的。"

7. 及时办理注销登记

无论是清算还是破产，都不能直接消灭企业作为民事主体的资格，企业终止还需要到登记机关办理注销登记。

导入案例分析

企业终止进行注销登记前应依法清算。企业通过虚假清算逃避债务的，应当依法承担责任。根据《最高人民法院关于适用〈中华人民共和国公司法〉若干问题的规定（二）》第十九条的规定："有限责任公司的股东、股份有限公司的董事和控股股东，以及公司的实际控制人在公司解散后，恶意处置公司财产给债权人造成损失，或者未经依法清算，以虚假的清算报告骗取公司登记机关办理法人注销登记，债权人主张其对公司债务承担相应赔偿责任的，人民法院应依法予以支持。"本案中，曹某和孙某主张他们进行了清算，但不能提供证据证明实际开展了清算工作，法院依职权查明的甲公司的资产数额与清算报告中的资产数额也不符合，清算报告的真实性无法被证实。因此，法院可以认定甲公司是以虚假的清算报告骗取了注销登记，曹某和孙某应对1 100余万元的公司债务承担赔偿责任。

法律法规索引

1.《中华人民共和国企业法人登记管理条例》

---

① 《全国法院民商事审判工作会议纪要》第五部分第14~16条。

2.《中华人民共和国企业法人登记管理条例施行细则》

3.《中华人民共和国公司登记管理条例》

4.《中华人民共和国合伙企业登记管理办法》

5.《个人独资企业登记管理办法》

6.《中华人民共和国企业法人法定代表人登记管理规定》

7.《企业名称登记管理规定》

8.《中华人民共和国个人独资企业法》

9.《中华人民共和国合伙企业法》

10.《中华人民共和国公司法》

思考题

1. 企业登记的类型及各类型的法律效力是什么？

2. 企业设立时应登记哪些事项？

3. 企业主要事项发生变化后为什么要进行登记？

4. 企业终止过程中需要注意哪些问题？

案例实训

1. 甲公司成立于 2007 年 8 月 9 日，注册资本 100 万元，其中，邹某某出资 50 万元，姜某某出资 50 万元，邹某某为公司的法定代表人。2009 年 7 月 14 日，甲公司股东会决议记载："1. 公司法定代表人由原来的邹某某变更为王某某。2. 同意邹某某将公司股份 50 万元，占注册资本的 50%，以同等价格转让给王某某；同意姜某某将公司股份 50 万元，占注册资本的 50%，以同等价格转让给钱某某。3. 转让后各股东的出资额及比例为：王某某 50 万元，占 50%；钱某某 50 万元，占 50%。4. 免去邹某某公司执行董事职务，选举王某某为公司执行董事；免去姜某某公司监事职务，选举钱某某为公司监事。5. 重新制定公司章程。"2009 年 7 月 22 日，甲公司进行了变更登记。2015 年 6 月，邹某某和姜某某以二人并未召开 2009 年 7 月 14 日的股东会，且该股东会决议中二人的签字系伪造为由，将甲公司诉至法院，申请撤销该股东会决议及工商登记。

问题：如果邹某某和姜某某的陈述属实，2009 年 7 月 22 日的工商登记是否应被撤销？

2. 甲公司的原始股东是刘某、张某和胡某。王某与三人签订增资协议，并向甲公司账户汇款 20 万元。甲公司召开股东会时，王某要求参加，甲公司以王某的增资协议无效为由拒绝。因为公司章程规定："增加或减少注册资本，必须召开股东会并由全体股东通过作出决议。"王某向法院提起诉讼，要求确认自己的股东资格。

问题：你认为法院能支持王某的主张吗？

3. 天川公司于2010年11月18日被吊销营业执照。此后，天川公司的原债权人张某向法院提起诉讼，要求天川公司的原股东胡某和王某就天川公司尚未完全偿还的债务承担连带赔偿责任。理由是胡某和王某在天川公司决定解散后怠于履行义务，导致公司主要财产、账册、重要文件等灭失，无法进行清算。法院审理查明：天川公司的财务账册于2009年11月24日由公司财务经理黄某领取，并一直放置于法定代表人顾某家中。此外，截至2010年1月底，在以天川公司为被执行人的系列执行案件中，法院已将天川公司的厂房、设备、应收款作价，按比例分配给包括张某在内的各债权人。

问题：你认为胡某和王某应当承担连带赔偿责任吗？

思考题与案例实训
参考答案

Unit 3 单元三

企业内部法律事务

🎯 学习目标

完成本单元的学习之后，你将可以：

1. 了解合伙企业合伙事务执行方面的基本制度与法律规定。

2. 了解公司治理的基本制度与法律规定。

💡 要点提示

1. 执行事务合伙人。

2. 公司治理。

知识点 1 合伙企业合伙事务的执行

导入案例

和信投资中心是 2013 年成立的有限合伙企业，焦某、刘某、李某系该合伙企业的有限合伙人，和信资本公司为该合伙企业的执行事务合伙人。2014 年，和信投资中心作为委托人、浦发银行淮南支行作为受托人/贷款人、瑞智公司作为借款人签订《委托借款合同》，由浦发银行淮南支行向瑞智公司发放贷款。贷款期限届满后，瑞智公司未按约偿还借款本金及利息，和信投资中心也一直未向瑞智公司通过诉讼或仲裁等方式主张权利。焦某、刘某和李某曾多次邮寄律师函督促和信资本公司、和信投资中心行使权利，律师函均被退回。焦某、刘某和李某遂以执行事务合伙人的名义，以和信资本公司怠于主张债权为由将其诉至法院，请求瑞智公司偿还借款本金，并支付利息。瑞智公司以焦某、刘某和李某不是本案的适格原告为由提出抗辩，请求法院驳回焦某、刘某、李某的起诉。

基本理论

一、概述

根据《合伙企业法》的规定，我国合伙企业分为普通合伙企业和有限合伙企业。普通合伙企业是指由两个或两个以上的合伙人组成，各合伙人以自己个人的财产对合伙企业的债务承担无限连带责任的合伙企业。有限合伙企业是指由普通合伙人和有限合伙人共同组成的合伙企业，其中普通合伙人以自己个人的财产对合伙企业的债务承担无限连带责任，有限合伙人以其认缴的出资额为限对合伙企业债务承担有限责任。

在普通合伙企业中，合伙人对执行合伙事务享有同等的权利。合伙人也可以按照合伙协议的约定或者经全体合伙人决定，委托一个或者数个合伙人执行合伙事务。已经委托一个或者数个合伙人执行合伙事务的，其他合伙人不再执行合伙事务。作为合伙人的法人、其他组织执行合伙事务的，由其委派的代表执行。合伙协议未约定或者全体合伙人未决定委托执行事务合伙人的，全体合伙人均为执行事务合伙人。

在有限合伙企业中，有限合伙人不得成为执行事务合伙人，执行事务合伙人只能由普通合伙人担任。执行事务合伙人与公司的法定代表人类似，对外均能代表企业，也属于企业登记事项之一。二者的区别在于：公司的法定代表人只能由自然人担任，合伙企业的执行事务合伙人可以由法人担任，也可以由其他组织担任。

相较于普通合伙企业，有限合伙企业是应用更为广泛的合伙企业组织形式，原因主要在于：有限合伙企业这种组织形式可以充分发挥各类型合伙人的自身优势，区分出不同类型的合伙人各自承担的是有限责任还是无限责任，实现责、权、利的高度平衡。本知识点主要介绍有限合伙企业合伙事务的执行。实践中，有限合伙企业是私募股权投资基金最为广泛的企业组织形式，因此，本知识点结合私募股权投资基金介绍有限合伙企业合伙事务执行的有关规定和实务，以便企业法务人员更好地理解有关规定及实践中的要点。

二、有限合伙企业的设立

设立有限合伙企业，应当具备下列条件：

1. 有 2 个以上 50 个以下合伙人（法律另有规定的除外），其中至少应当有 1 个普通合伙人和 1 个有限合伙人

有限合伙企业的普通合伙人为自然人的，应当具有完全民事行为能力；普通合伙人为法人和其他组织的，不得为国有独资公司、国有企业、上市公司以及公益性的事业单位、社会团体。法律规定不得从事经营活动的人员不应成为合伙人。例如，在我国，公务员不得从事或者参与营利性活动，因此公务员就不能成为合伙人。

有限合伙企业设立时，有限合伙人为自然人的，应当具有完全民事行为能力。企业存续期间，作为有限合伙人的自然人丧失民事行为能力的，除非有特殊的、明确的约定，其他合伙人不得因此要求其退伙。

企业存续期间，有限合伙人死亡或被宣告死亡，或者作为有限合伙人的法人及其他组织终止时，其继承人或者权利承受人可以依法取得该有限合伙人在有限合伙企业中的资格。法律规定或合伙协议约定合伙人必须具有相关资格而丧失该资格的，合伙人当然退伙。

设立有限合伙企业对合伙人的人数及构成类型的要求，在有限合伙企业存续期间也应当保持。仅剩普通合伙人的，应当变更为普通合伙企业；仅剩有限合伙人的，应当解散。

2. 有书面合伙协议

合伙协议应当由全体合伙人协商一致，遵循自愿、平等、公平、诚实信用原则，以书面形式订立。合伙协议应当载明下列事项：①有限合伙企业的名称和主要经营场所的地点；②合伙目的和合伙经营范围；③普通合伙人和有限合伙人的姓名或者名称、住所；④合伙人的出资方式、数额和缴付期限；⑤合伙事务的执行，并需载明执行事务合伙人应当具备的条件和选任程序、权限与违约处理办法、除名条件和更换程序；⑥普通合伙人入伙、退伙的条件、程序以及相关责任；⑦有限合伙人入伙、退伙的条件、程序以及相关责任；⑧有限合伙人和普

通合伙人相互转变程序；⑨利润分配、亏损分担方式；⑩争议解决办法；⑪有限合伙企业的解散与清算；⑫违约责任。除上述内容外，合伙协议也可以根据实际情况增加条款。例如，议事规则、名称变更、经营范围变更、主要经营场所变更、处分合伙企业财产、以合伙企业名义为他人提供担保、聘任合伙人以外的人员担任合伙企业经营管理人员、关联交易和竞业经营等重要事项，均可以通过合伙协议进行约定。

合伙协议经全体合伙人签字及/或盖章后生效。除合伙协议另有约定外，修改或者补充合伙协议应当经全体合伙人一致同意。合伙协议未约定或者约定不明确的事项，由合伙人协商决定；协商不成的，依照《合伙企业法》和其他有关法律、行政法规的规定处理。

3. 有合伙人认缴或者实际缴付的出资

合伙人应当按照合伙协议约定的出资方式、数额和缴付期限，履行出资义务。普通合伙人和有限合伙人均可以用货币、实物、知识产权、土地使用权或者其他财产权利出资；普通合伙人还可以用劳务出资，有限合伙人不得以劳务出资。以非货币财产出资的，依照法律、行政法规的规定，需要办理财产权转移手续的，应当依法办理。有限合伙人未按照合伙协议的约定按期足额缴纳出资的，应当承担补缴义务，并对其他合伙人承担违约责任。以实物、知识产权、土地使用权或者其他财产权利出资，由全体合伙人协商作价的，应当向企业登记主管机关提交由全体合伙人签署的协商作价确认书；由全体合伙人委托法定评估机构评估作价的，应当向企业登记主管机关提交由法定评估机构出具的评估作价证明。普通合伙人以劳务出资的，其评估办法由全体合伙人协商确定，并在合伙协议中载明。

4. 有合伙企业的名称和生产经营场所

有限合伙企业的名称应当符合《企业名称登记管理规定》《企业名称登记管理实施办法》《合伙企业登记管理办法》等的规定，并在企业名称中标明"有限合伙"字样。例如，有限合伙企业可以称为"某某合伙企业"，也可以称为"某某投资中心"等，但企业名称中必须标明"（有限合伙）"。

5. 法律、行政法规规定的其他条件

这是一条兜底条款，用以包括其他法律、法规中已有的规定或者将来因社会情势发展可能新增加的规定。

三、合伙事务的执行

根据《合伙企业法》的规定，无论是普通合伙企业还是有限合伙企业，均由普通合伙人作为执行事务合伙人。因此，合伙事务的执行是指合伙企业的普通合伙人按照法律规定或者合伙人的委托，对外代表合伙企业执行合伙事务。合伙人执行合伙事务的法律后果归于合伙企业，执行合伙事务的合伙人称为执行事务合伙人。

执行事务合伙人应当保证本企业的日常经营活动符合法律法规规定及合伙人会议决定，不得从事损害本企业利益的活动，定期向其他合伙人报告事务执行情况以及合伙企业的经营和财务状况，报告周期可由合伙协议约定或合伙人协商决定。数个普通合伙人分别执行合伙事务的，执行事务合伙人可以对上述事务的执行提出异议。提出异议时，应当暂停该项事务的执行。如发生争议，应当按照合伙协议约定的表决办法处理。

执行事务合伙人不按照协议或者全体合伙人的决定执行事务的，其他合伙人可以决定撤销该委托。除合伙协议另有约定外，有限合伙企业的下列事项应当经全体合伙人一致同意：①改变有限合伙企业的名称；②改变有限合伙企业的经营范围、主要经营场所的地点；③处分有限合伙企业的不动产；④转让或者处分有限合伙企业的知识产权和其他财产权利；⑤以有限合伙企业名义为他人提供担保；⑥聘任合伙人以外的人担任有限合伙企业的经营管理人员。

四、合伙债务的清偿

有限合伙企业的债务应当先以有限合伙企业全部财产进行清偿。企业财产不足清偿的，普通合伙人对企业债务承担无限连带责任；有限合伙人以其认缴的出资额为限，对企业债务承担有限责任。有限合伙人退伙后，对基于其退伙前的原因发生的企业债务，以其退伙时从企业中取回的财产承担责任。普通合伙人因承担无限连带责任，清偿数额超过约定的亏损分担比例的，有权向其他合伙人追偿。

第三人有理由相信有限合伙人为普通合伙人并与其交易的，该有限合伙人对该笔交易承担与普通合伙人同样的无限连带责任，对其他债务仍以其认缴的出资额为限，对企业债务承担有限责任；有限合伙人未经授权以企业名义与第三方进行交易，对企业或者其他合伙人造成损失的，该有限合伙人应当承担赔偿责任；合伙人发生与企业无关的债务，相关债权人不得以其债权抵销其对企业的债务，也不得代位行使合伙人在企业中的权利。

🔍 导入案例分析

本案的争议焦点为：有限合伙人是否有权以自己的名义起诉债务人。《合伙企业法》第六十八条第二款规定，执行事务合伙人怠于行使权利时，有限合伙人督促其行使权利或者为了本企业的利益以自己的名义提起诉讼，不视为执行合伙事务。该条款赋予了有限合伙企业的有限合伙人以自己的名义代表本企业提起诉讼的权利，且并未限定其在个人出资额范围内提出诉讼请求，只要满足以合伙企业的利益为目的这一要求即可。本案中，和信投资中心的两笔委托贷款到期后，和信资本公司无正当理由不提起诉讼或仲裁，即为怠于行使权利。而焦某、刘某、李某作为和信投资中心的有限合伙人，在和信投资中心的执行事务合伙人——和信资本公司怠于请求瑞智公司偿还借款本金并支付利息的情况下，有权以自己的名义起诉瑞智公司，从而维护和信投资中心和自身的利益，故法院最终认定焦某、刘某和李某是本案的适格原告。

知识点 2 公司治理

📁 导入案例

　　佳德公司系从事房地产开发的有限责任公司，公司的股东持股情况为：施某460万元、王某250万元、李某160万元、孙某65万元、吴某65万元。2009年4月8日，股东李某、王某、孙某、吴某向佳德公司递交申请书，称："申请人李某、吴某、孙某、王某作为公司股东，对公司经营现状一无所知。公司至今没有发过一次红利，并对外有大量债务，使四申请人的股东权益受到严重侵害。四申请人为了了解公司实际情况，维护自己的合法权益，现依据《公司法》，依法行使股东对公司的知情权。现四申请人准备于2009年4月23日前，在公司住所地依据《公司法》的规定查阅或复制公司的所有资料（含公司所有会计账簿、原始凭证、契约、通信、传票、通知等），特向公司提出书面申请。"而佳德公司以四名股东具有不正当目的为由，拒不同意李某等四名股东提出的查阅或复制公司所有资料的申请。[①]

📚 基本理论

一、概述

　　公司治理是指公司作为独立的法人实体，以股权为基础建立起来的内部组织系统，以及股东、经营层、员工之间彼此相互关系的运作体系。公司治理的建构基础是股权，重点在于如何科学地向经营层授权、监管，为完成公司经营目标、实现股东价值最大化提供坚实的体制、机制保障。

　　《公司法》对有限责任公司与股份有限公司在公司治理的具体规定上存在一些差异，如无特别说明，本知识点内容主要以《公司法》等法律法规中对有限责任公司的规定为主。

---

①　朱锦清. 公司法学. 修订本. 北京：清华大学出版社，2019.

二、我国法律对公司治理的主要规定

公司治理的着眼点在于治理，而治理的重点在于如何以股东利益为核心，协调各方主体之间的关系、冲突。因此，《公司法》等法律法规对于公司治理的规定，实质是围绕大股东与小股东、股东与经营层、经营层与员工等相关主体的利益，在体制、机制上的建构和安排。公司的权能主要可以分为决策、执行、监督三项，分别对应股东会、董事会、监事会。因此，从公司内部看，公司治理主要分为股东会治理、董事会治理、监事会治理。

（一）股东会治理

伴随着公司组织形式的出现，公司股东限于能力和时间等，将资本交给更有经营能力的董事会等经营层来运作管理，于是便形成了股东拥有财产的最终所有权，经营权转移给了董事会等经营层的模式。在股权分散的背景下，公司的经营层控制了公司，出现了经营层损害股东利益的现象。为了更好地保护股东利益而进行的相关制度安排设计，便是经典的股东会治理。例如，关于公司股东会法律地位的规定、关于股东会职权的规定、关于股东会召集程序和议事规则的规定、关于小股东利益保护等有关问题，都属于股东会治理的内容。

股东是公司的投资人、所有者，享有公司的股权，依据《公司法》等法律法规、公司章程的规定享有资产收益、参与重大决策和选择管理者等权利。有限责任公司的股东会由全体股东组成，是公司的最高权力机构，拥有对公司的最高决策权。根据《公司法》第三十七条的规定，有限责任公司的股东会行使下列职权：①决定公司的经营方针和投资计划；②选举和更换非由职工代表担任的董事、监事，决定有关董事、监事的报酬事项；③审议批准董事会的报告；④审议批准监事会或者监事的报告；⑤审议批准公司的年度财务预算方案、决算方案；⑥审议批准公司的利润分配方案和弥补亏损方案；⑦对公司增加或者减少注册资本做出决议；⑧对发行公司债券做出决议；⑨对公司合并、分立、解散、清算或者变更公司形式做出决议；⑩修改公司章程；⑪公司章程规定的其他职权。对于股东会应当决策的事项，股东以书面形式一致表示同意的，可以不召开股东会会议，直接做出决定，并由全体股东在决定文件上签名、盖章。

1. 股东会会议

为了保护广大股东的利益，避免少数股东操纵公司的现象，《公司法》对股东会会议的召集、主持等做出了明确的规定。股东会会议分为定期会议和临时会议。定期会议应当依照公司章程的规定按时召开。代表十分之一以上表决权的股东，三分之一以上的董事，监事会或者不设监事会的公司的监事提议召开临时会议的，应当召开临时会议。有限责任公司设立董事会的，股东会会议由董事会召集，董事长主持；董事长不能履行职务或者不履行职务的，由副董事长主持；副董事长不能履行职务或者不履行职务的，由半数以上董事共同推举一名董事主持。有限责任公司不设董事会的，股东会会议由执行董事召集和主持。董事会或者执行董事不能履行或者不履行召集股东会会议职责的，由监事会或者不设监事会的公司的监事召集和主持；监事会或者监事不召集和主持的，代表十分之一以上表决权的股东可以自行召集和主持。召开股东会会议，应当于会议召开 15 日前通知全体股东；但是，公司章程另有规定或者全体股东另有约定的除外。股东会应当对所议事项的决定做成会议记录，出席会议的股东应当在会议记录上签名。股东会会议由股东按照出资比例行使表决权；但是，公司章程另有规定的除外。股东会的议事方式和表决程序，除《公司法》有规定的外，由公司章程规定。

2. 股东投票回避制度

为了防止大股东滥用资本优势侵害小股东利益，《公司法》规定了股东投票回避制度。该制度明确规定，股东对于股东会决议事项存在利害关系可能损害公司利益时，不得进行投票，并不得代理其他股东行使投票权。根据该制度，只要某一股东与股东会决议事项有利益冲突，无论其是否有可能在投票时赞成或反对该决议，一律剥夺其投票权，违反投票回避制度的投票一律无效。例如，《公司法》第十六条规定："公司向其他企业投资或者为他人提供担保，依照公司章程的规定，由董事会或者股东会、股东大会决议；公司章程对投资或者担保的总额及单项投资或者担保的数额有限额规定的，不得超过规定的限额。公司为公司股东或者实际控制人提供担保的，必须经股东会或者股东大会决议。前款规定的股东或者受前款规定的实际控制人支配的股东，不得参加前款规定事项的表决。该项表决由出席会议的其他股东所持表决权的过半数通过。"即当某一股东或者董事与股东会讨论的决议事项存在利害关系，董事会或者股东会投票表决时，应当由其他股东或董事进行投票，而该股东或者董事应当在该议案表决时放弃投票。关联股东往往是能够影响投票结果的大股东，对他们的投票权进行限制，就相对地扩大了小股东的表决权，在客观上保护了小股东的利益。

3. 股东派生诉讼制度

当公司的合法权益遭受他人，特别是董事、高级管理人员等经营层人员的侵害，而公司怠于行使诉讼权利时，符合条件的股东有权提起诉讼，以维护公司利益，这就是《公司法》中的股东派生诉讼制度。《公司法》第一百五十一条规定："董事、高级管理人员有本法第一百四十九条规定的情形的，有限责任公司的股东、股份有限公司连续一百八十日以上单独或者合计持有公司百分之一以上股份的股东，可以书面请求监事会或者不设监事会的有限责任公司的监事向人民法院提起诉讼；监事有本法第一百四十九条规定的情形的，前述股东可以书面请求董事会或者不设董事会的有限责任公司的执行董事向人民法院提起诉讼。监事会、不设监事会的有限责任公司的监事，或者董事会、执行董事收到前款规定的股东书面请求后拒绝提起诉讼，或者自收到请求之日起三十日内未提起诉讼，或者情况紧急、不立即提起诉讼将会使公司利益受到难以弥补的损害的，前款规定的股东有权为了公司的利益以自己的名义直接向人民法院提起诉讼。他人侵犯公司合法权益，给公司造成损失的，本条第一款规定的股东可以依照前两款的规定向人民法院提起诉讼。"值得注意的是，股东派生诉讼的原告是提起诉讼的股东本人，而非公司。

（二）董事会治理

董事会是指依照《公司法》设立的，由公司的全体董事组成的常设的经营决策和业务执行机构。董事会的权力源于股东会的授权并受其限制，对股东会负责。在《公司法》规定的股东会、董事会、监事会中，股东会作为公司的权力机构，拥有最高决策权，而董事会的职责是执行股东会的决议，是执行机构。20世纪以来，由于所有权与经营权的分离，股东会的权限和作用日益缩小，而董事会的权限和作用逐渐扩大，在公司的实际经营活动中，董事会已不再是单纯的执行机构，而是公司运行的中心。董事会作为公司的常设机构，代表股东执行公司业务，执行股东会的决定，负责经营决策和日常经营管理活动，一般对外作为公司的代表。而所谓董事会治理，是指为了有效发挥董事会的治理作用而进行的所有的有关制度安排，如关于董事的任职资格、董事的职权、董事的忠实义务等问题。

董事会治理首先应解决董事的任职资格问题。董事作为连接股东和经营层、员工之间的桥梁，在公司经营中扮演着非常重要的角色，因此，担任公司董事应当具备一定的资格条件，这就是《公司法》中的董事任职资格制度。根据《公司法》第一百四十六条的规定，有下列情形之一的，不得担任公司的董事：①无民事行为能力或者限制民事行为能力；②因贪污、贿赂、侵占财产、挪用财产或者破坏社会主义市场经济秩序，被判处刑罚，执行期满未逾5年，或者因犯罪被剥夺政治权利，执行期满未逾5年；③担任破产清算的公司、企业的董事或者厂长、经理，对该公司、企业的破产负有个人责任的，自该公司、企业破产清算完结之日起未逾3年；④担任因违法被吊销营业执照、责令关闭的公司、企业的法定代表人，并负有个人责任的，自该公司、企业被吊销营业执照之日起未逾3年；⑤个人所负数额较大的债务到期未清偿。公司违反上述规定选举、委派董事的，该选举、委派无效。并且，如果董事在任职期间出现上述情形之一的，公司应当解除其职务。

在保障董事会一定程度经营自主权的同时，为了防止董事会权力越界侵害股东权益，《公司法》对董事的任期、职权等内容做出了明确规定。根据《公司法》第四十五条的规定，董事任期由公司章程规定，但每届任期不得超过3年。董事任期届满，连选可以连任。董事任期届满未及时改选，或者董事在任期内辞职导致董事会成员低于法定人数的，在改选出的董事就任前，原董事仍应当依照法律、行政法规和公司章程的规定，履行董事职务。第四十六条规定，董事会对股东会负责，行使下列职权：①召集股东会会议，并向股东会报告工作；②执行股东会的决议；③决定公司的经营计划和投资方案；④制订公司的年度财务预算方案、决算方案；⑤制订公司的利润分配方案和弥补亏损方案；⑥制订公司增加或者减少注册资本以及发行公司债券的方案；⑦制订公司合并、分立、解散或者变更公司形式的方案；⑧决定公司内部管理机构的设置；⑨决定聘任或者解聘公司经理及其报酬事项，并根据经理的提名决定聘任或者解聘公司副经理、财务负责人及其报酬事项；⑩制定公司的基本管理制度；⑪公司章程规定的其他职权。

董事应当遵守法律法规和公司章程的规定，忠实履行职责，维护公司利益，不得利用关联交易损害公司利益。简单地说，关联交易是指公司与关联方之间的交易，而关联方就是与公司股东、董事、监事或高级管理人员等存在关联关系的其他单位或者个人。关联交易在市场经济条件下是难以避免和普遍存在的。从有利的方面来看，交易双方因存在关联关系、可以节约大量商业谈判等方面的交易成本，并可运用行政的力量保证交易合同的优先执行，从而提高交易效率；从不利的方面来看，由于关联方可以运用行政力量撮合交易的进行，从而有可能使交易的价格、方式等在非竞争的条件下出现不公正情况，形成对股东或部分股东权益的侵害，也易导致债权人利益受到损害。《公司法》对关联关系进行了界定。《公司法》第二百一十六条第四项规定，关联关系是指公司控股股东、实际控制人、董事、监事、高级管理人员与其直接或者间接控制的企业之间的关系，以及可能导致公司利益转移的其他关系。由于我国特殊的文化、市场环境，公司与其他企业之间往往存在千丝万缕的联系，关联企业之间的货物买卖、资产租赁、资金融通、担保等行为有其必要性，不应当不分情况地禁止关联交易。需要明确的是，关联交易是中立性的，《公司法》等法律法规并未禁止关联交易这一行为，因为并非所有的关联交易均会损害公司利益，也并非所有关联交易均伴随着董事赔偿责任。美国法学会根据诸多判例指出，董事或高级管理人员与公司交易只要满足以下两个条件，就不违反对公司的忠诚义务：①向公司的决策者充分披露了交易中存在的利害冲突；②交易在成交时对公司是公平的。在充分披露之后交易得到了无利害关系董事的批准，且在批准的时候这些无利害关系董事可以合理地相信交易对公司是公平的；或者在充分披露之后交易得到了无利害关系股东的批准或事后追认且在股东决议时不构成对公司资产的挥霍浪费。[①] 由此可见，关联交易应当至少遵守程序正当、对价公允的基本要求。

（三）监事会治理

监事会是公司内部的监督机构，负责检查、监督公司经营管理活动。监事会直接对股东会负责，是与董事会平行的机构。股东出资成立公司，将公司委托给董事会经营管理，董事会再委托给经理机构负责日常经营管理。只要存在资产委托，就会存在对代理人的监督问题。为保障股东权益，防止董事会和经理机构滥用职权，必须建立监督机构——监事会。我国公司监事会制度始于1992年国家体制改革委员会发布的《股份有限公司规范意见》。此前，在《中华人民共和国民法通则》《中华人民共和国中外合资经营企业法》《中华人民共和国中外合作经营企业法》等法律法规中，监事、监事会作为监督机构并未出现。1993年《公司法》设相关条文规范公司的监事会制度。2005年修订《公司法》时对监事会职能进行了强化。《公司法》规定设立监事会作为专门的公司监督机构，与董事会平行，二者共同向股东会负责并报告工作。监事会治理，是指在一定的市场与企业环境下，关于监事会结构（如监事会内部各委员会设置、来自不同利益相关者的人员安排）、权力与责任配置以及行为方式的一系列制度安排。

---

① 朱锦清．公司法学．修订本．北京：清华大学出版社，2019.

监事任职资格是指监事履行职务时所需具备的条件。监事在公司治理中具有重要的地位，为保证监事地位的独立性，执行职务的有效性、公正性，《公司法》对监事的任职资格也做出了规定，除了与董事一样的限制条件外，还有一点特别值得注意：根据《公司法》第五十一条第四款的规定，董事、高级管理人员不得兼任监事，而根据《公司法》第二百一十六条第一项的规定，高级管理人员，是指公司的经理、副经理、财务负责人，上市公司董事会秘书和公司章程规定的其他人员。董事、高级管理人员不得兼任本公司的监事，这是由监事的独立性及其所应履行的检查、监督职能所决定的。

为了保障监事正常履职，发挥监事在公司内部的检查、监督职能，监事会的组成、职权等应当依照《公司法》的规定执行。《公司法》第五十一条规定，有限责任公司设监事会，其成员不得少于 3 人。股东人数较少或者规模较小的有限责任公司，可以设 1～2 名监事，不设监事会。监事会应当包括股东代表和适当比例的公司职工代表，其中职工代表的比例不得低于三分之一，具体比例由公司章程规定。监事会中的职工代表由公司职工通过职工代表大会、职工大会或者其他形式民主选举产生。《公司法》第五十三条规定，监事会、不设监事会的公司的监事行使下列职权：①检查公司财务；②对董事、高级管理人员执行公司职务的行为进行监督，对违反法律、行政法规、公司章程或者股东会决议的董事、高级管理人员提出罢免的建议；③当董事、高级管理人员的行为损害公司的利益时，要求董事、高级管理人员予以纠正；④提议召开临时股东会会议，在董事会不履行本法规定的召集和主持股东会会议职责时召集和主持股东会会议；⑤向股东会会议提出提案；⑥依本法第一百五十一条的规定，对董事、高级管理人员提起诉讼；⑦公司章程规定的其他职权。监事可以列席董事会会议，并对董事会决议事项提出质询或者建议。监事会、不设监事会的公司的监事发现公司经营情况异常，可以进行调查；必要时，可以聘请会计师事务所等协助其工作，费用由公司承担。

监事会设主席一人，由全体监事过半数选举产生。监事会主席召集和主持监事会会议；监事会主席不能履行职务或者不履行职务的，由半数以上监事共同推举一名监事召集和主持监事会会议。监事的任期每届为 3 年。监事任期届满，连选可以连任。监事任期届满未及时改选，或者监事在任期内辞职导致监事会成员低于法定人数的，在改选出的监事就任前，原监事仍应当依照法律、行政法规和公司章程的规定，履行监事职务。

为了确保监事会正常运转、监事正常履职，发挥应有的作用，监事会应当每年度至少召开一次会议，监事可以提议召开临时监事会会议。监事会的议事方式和表决程序，除《公司法》有规定的外，由公司章程规定。监事会决议应当经半数以上监事通过。监事会应当对所议事项的决定做成会议记录，出席会议的监事应当在会议记录上签名。监事会、不设监事会的公司的监事行使职权所必需的费用，由公司承担。

三、企业法务人员在公司治理中的职责

随着公司治理实践的不断发展、完善，公司治理的重要性越来越被更多的企业关注和认

可，建立和完善现代化的公司治理，是众多企业的不懈追求。公司治理事关企业的生存与发展，不仅需要对企业实际控制人、股东、高级管理人员关系的顶层设计，也需要企业内部各部门、各岗位人员的共同努力和协作配合。企业法务人员作为企业内部专门从事法律事务工作的人员，应当在公司治理中履职尽责，在提升公司治理质量、应对公司治理风险等方面发挥应有的作用。

（一）以风险防范为导向，建立、健全公司治理制度

良好的公司治理是实现企业经营目标的重要保障，而建立、健全公司治理制度，是实施公司治理的必要条件。实践中，很多企业经营失误、失败，究其根源都与公司治理的缺失或者薄弱有关。比如，公司治理没有可以遵循的规定和标准，造成经营活动的随意性和松散的控制环境，出现"无法可依"的情况，继而造成公司治理机制不足、职责划分机制不明、管理层的监控措施缺失、授权审批制度缺失等，从而难以实现公司经营授权、批准、执行、记录及监督的闭环管理，无法使企业内部各部门相互牵制、相互监督，导致企业缺乏抗风险能力，难以抵御经营风险带来的巨大影响。

但是，鉴于公司治理的复杂性，公司治理制度的建立，并非股东、董事、监事、高级管理人员或者其他员工的专属工作，并且可能企业内部的任何一个部门或者个人都难以独立完成，需要各方参与、互相配合。从实务角度来看，公司治理通常由公司董事会或总经理领导，而具体的工作如公司治理制度的建立、完善等，通常由具体的部门负责。而法务人员作为企业专门从事法律事务工作的人员，应当树立风险防范意识，以风险防范为工作导向，积极运用专业知识和专业能力，结合企业实际，在建立、健全公司治理制度中发挥更加重要、更加突出的作用。同时，在设计公司治理框架、起草公司治理文件时，应当注意在法律法规允许的范围内，认真落实企业负责人的要求，积极与业务部门等沟通、协商，听取它们的意见、建议，确保各项工作既符合法律法规的要求，又符合本企业的实际情况。

（二）督促执行公司治理制度，提升公司治理质量

制度的生命力在于执行，即便公司治理制度设计得完美无缺，但如果执行不到位，公司治理制度形同虚设，就会出现"有法不依"的情况。在这种情况下，不仅无法对风险进行防范，更为严重的是，将可能在企业中形成一种对法规、制度漠视的不良风气。对企业来说，这种公司治理内部环境的恶化，可能比任何一个单一环节内部控制失效都更加危险，其带来的负面影响和风险，随时可能给公司带来毁灭性打击。因此，在公司治理这一庞大的体系中，其核心之处即在于公司治理制度的执行。很多企业本身有一套完整的治理制度，但仍发生一些不该发生的争议、纠纷，给企业造成损失或者带来负面影响。究其原因，一方面是责任人在具体的经营活动中，无视或忽视公司治理制度的约束，失职、越权；另一方面则是后续设计的控制节点未能及时地采取相应的有效措施。企业法务人员应当将公司治理制度的执行作为工作中的一项重要内容，在模范践行公司治理制度的同时，督促其他人员贯彻执行

公司治理制度，确保企业经营在制度框架内稳定运行，最大限度地降低预料之外事件的发生概率，尽量避免各项损失的发生。

为了顺利实现上述目标，一方面，企业法务人员应当根据企业的实际情况，主导建立具体、有效的措施，保证公司治理有效实施，保证公司治理制度执行的监控活动贯穿企业的各个层级、各项业务和各个环节。同时，企业法务人员可以针对具体情况区分不同的侧重点，防止发生僭越公司治理制度的行为。另一方面，企业法务人员应当根据职责分工，明确监督检查职责，针对执行过程进行定期或不定期的监督检查。监督检查到位，可以及时发现问题，进而采取相应的补救措施。持续监督是在企业日常经营过程中进行的，包括管理层的监督和其他员工在行使评估公司治理工作质量职责时的活动。定期检查是管理层定期对内控体系进行审核，主要关注体系的有效性。有效的监督检查，可以不断地发现公司治理过程中的问题，不断地在实践中完善公司治理制度。应当注意的是，公司治理的执行、监督等并非专属于企业法务人员。如果企业设立了相应的审计、风险控制等职能部门或岗位，企业法务人员应当协助企业管理层厘清企业法务人员与其他部门之间或者企业法务岗位与其他岗位之间的职能分工和边界，确保具体职责都能落实到具体的责任人，不留职责真空。

导入案例分析

股东知情权是股东享有的对公司经营管理等重要情况或信息真实了解和掌握的权利，是股东依法享有资产收益、参与重大决策和选举管理者等权利的基础性权利。股东知情权分为查阅权、检查人选任请求权和质询权，本案涉及查阅权。《公司法》第三十三条第二款规定："股东可以要求查阅公司会计账簿。"账簿查阅权是股东知情权的重要内容。股东对公司经营状况的知悉，最重要的方式之一就是查阅公司账簿。《中华人民共和国会计法》第九条第一款规定："各单位必须根据实际发生的经济业务事项进行会计核算，填制会计凭证，登记会计账簿，编制财务会计报告。"第十四条规定："会计凭证包括原始凭证和记账凭证。办理本法第十条所列的经济业务事项，必须填制或者取得原始凭证并及时送交会计机构。……记账凭证应当根据经过审核的原始凭证及有关资料编制。"第十五条第一款规定："会计账簿登记，必须以经过审核的会计凭证为依据，并符合有关法律、行政法规和国家统一的会计制度的规定。"因此，公司的具体经营活动只有通过查阅原始凭证才能知晓，不查阅原始凭证，中小股东可能无法准确了解公司真正的经营状况。根据会计准则，相关契约等有关资料也是编制记账凭证的依据，应当作为原始凭证的附件入账备查。据此，佳德公司李某等四名股东查阅权行使的范围应当包括会计账簿（含总账、明细账、日记账和其他辅助性账簿）和会计凭证（含记账凭证、相关原始凭证及作为原始凭证附件入账备查的有关资料）。但是，李某等四名股东要求查阅公司其他资料的申请，超出了《公司法》第三十三条规定的股东行使知情权的查阅范围，亦无公司章程的约定，佳德公司有权拒绝。

法律法规索引

1. 《中华人民共和国民法典》
2. 《中华人民共和国合伙企业法》
3. 《中华人民共和国合伙企业登记管理办法》
4. 《中华人民共和国公司法》

思考题

1. 合伙事务如何执行?
2. 什么是公司治理?
3. 简述企业法务人员在公司治理事务中的职责。

案例实训

敏杰公司成立于 2011 年 9 月 21 日,注册资本 500 万元,股东包括李某、杨某、王某和张某,他们的持股比例分别为 58%、15%、15% 和 12%。2019 年,李某和杨某向法院提起诉讼,要求解散敏杰公司,理由是敏杰公司从未召开股东会。敏杰公司、王某和张某却表示曾经召开过临时股东会,但并未形成书面的股东会决议。各方均确认敏杰公司已经停止经营,只是对是否恢复经营,大家意见不一致。敏杰公司和张某表示可以恢复经营;李某和杨某表示不同意恢复经营,不同意提供恢复经营的资金;王某表示无力提供恢复经营的资金。

问题:你认为法院能够支持原告要求解散公司的请求吗?

思考题与案例实训

参考答案

Unit 4 单元四

企业合同法律事务

🎯 学习目标

完成本单元的学习之后，你将可以：

1. 了解企业合同管理的意义。

2. 了解企业合同管理制度建设。

3. 掌握合同文本的审核。

💡 要点提示

1. 企业合同管理制度建设。

2. 订立与审核合同文本。

3. 合同履行的基本原则。

鉴于劳动合同的特殊性，单元五将对其进行阐述，本单元仅就企业生产经营中与交易伙伴签订合同所涉及的法律事务进行探讨。

知识点 1　企业的合同管理

💼 导入案例

B 公司拟承建 A 公司的一个信息系统项目，派出职工杨某担任项目经理。经过初步调研，杨某发现该项目时间紧、任务重，用户需求模糊，存在较大的风险。但领导要求先签下项目，其他问题在项目实施中解决。随着项目的推进，杨某发现 A 公司某些业务部门的用户需求大大超出了当初所称的需求范围。杨某就此和 A 公司沟通，要求 A 公司追加预算并延长工期。而 A 公司认为这些需求已经包含在合同条款中，不可能追加预算和延长工期。杨某和 A 公司工作人员对照合同条款逐条分析，才发现合同条款的内容不仅粗疏，而且用语模糊，要么对很多重要事项没有约定，要么双方在理解上存在巨大差异。杨某将上述情况汇报给了 B 公司主管领导，主管领导认为 A 公司为非常重要的大客户，杨某应尽力满足其要求，保持预算和工期不变。

通过本案可发现 B 公司在合同管理方面存在诸多问题。

📚 基本理论

一、企业合同管理概述

（一）企业合同管理的概念

市场经济是法治经济，或者说是契约经济，因此，企业的生产经营和交易往来中很多活动都需要通过合同展开。例如，原料采购、产品销售、提供服务等活动都需要通过订立合同来确定双方或各方的权利和义务关系。可以说，合同是企业对外进行业务往来、开展经济活动不可或缺的重要载体。

企业合同管理是指企业为了经营和业务开拓的需要，对以自身为当事人的合同依法进行洽谈、起草、订立、履行或者变更、解除、转让、终止以及审查、监督、控制等一系列行为的总称。其中，洽谈、起草、订立、履行或者变更、解除、转让、终止是合同管理的内容，审查、监督、控制是合同管理的手段。

（二）企业合同管理的特点

1. 合同管理是全过程的

以往人们的传统做法是注重合同订立前的审核、把关，对合同的履行和救济没有给予足够重视。企业应当在合同的洽谈、起草、订立、生效等环节就进行合同管理，直至合同履行完毕或者终止。企业不仅要重视合同签订前的管理，而且要重视合同签订后的管理。

2. 合同管理是系统性的

企业合同管理应当坚持"预防为主、分级管理、统一授权、分工负责、归口把关"的基本原则。企业中凡是合同条款涉及的各个部门都要参与到合同管理中。例如，法务部门为合同归口管理部门，负责合同文本；计划财务部门负责审核合同金额，追踪合同付款及收款；业务部门负责合同履行。

3. 合同管理是动态的

合同从订立到履行完毕是一个动态的过程。合同履行的环境时刻处于变化之中，因此对合同的管理必须相应地跟进。合同管理要求随时关注合同履行的情况，注意合同履行过程中出现的情况变化，特别要掌握不利于己方的情况，随时与对方沟通，及时对合同进行修订、变更、补充或者中止、终止。

（三）企业合同管理的意义

1. 合同管理是规范企业生产经营行为的需要

合同管理应当贯穿企业生产经营的每一个环节。企业如果不重视合同管理，很可能会造成战略上的失误，导致行动与目标脱离，使企业的经济效益和社会效益遭到损失，甚至破产或被兼并。因此，企业不仅应重视合同订立，更应抓好合同管理，切实履行合同。

2. 加强合同管理是法治经济的需要

社会主义市场经济的发展与进步，一个重要的前提是保证市场竞争的有序性、公平性、合理性，而健全的法制是实现这一目标的根本保证。法治经济要求企业间的交易和竞争必须遵守法律法规。强化合同管理，规范合同行为，通过合法经营获得经济效率与竞争优势，降低或者消除违法成本。合同管理能够为企业长远发展提供基础性保障，间接实现企业利润的增长。

二、企业合同管理体制

（一）建立合同管理组织体系

既然合同管理是一项系统性工作，企业就应当建立合同管理组织体系。合同管理的主体较为多元，既需要法务部门等专业部门主导，又需要业务部门、行政部门等的配合。可以遵循统一管理、分工负责、协同操作的原则，建立一套由企业法定代表人或者负责人主管、专职法律事务部门统管、各职能部门分管、具体承办人专管的精简节约、运作有效的合同管理组织体系。例如，有的企业就设立了合同承办部门、合同审核会签部门和合同归口管理部门。

（二）明确管理职责

合同管理组织体系建立之后，还需要以制度的形式明确各部门在合同管理方面的职责。各部门分工协作、各司其职，才能有序地衔接合同管理的各个环节，降低合同法律风险的发生概率。例如，合同承办部门负责调查核实合同主体的资格和资信状况、合同谈判等；合同审核会签部门主要对合同的订立和履行进行审核会签、参加合同项目论证；法务部门负责重大合同的尽职调查、可行性研究、专家论证、谈判和签约，对合同承办部门送审的重大合同进行审查、登记和备案，起草、制订及推广标准合同范本或合同框架文本等。如果企业没有独立的法务部门，应该设立专门的合同归口管理部门，配备专门的合同管理人员。

（三）企业合同管理制度建设

1. 合同法律风险动态管理机制和合同预警制度

企业有必要建立切合企业实际和长远发展的合同法律风险动态管理机制和合同预警制度。这就要求企业法务部门学会从外部经营环境和自身发展战略的变化中发现合同法律风险点，并通过合法的方式预防或化解。

合同法律风险动态管理有两个方面的含义：一是企业所面临的合同法律风险的种类、性质、影响范围、表现形式等会随着外部环境、企业的战略规划和业务范围等因素的变化而变化。因此，对风险的管理和防范也不是一成不变的，应在总结合同实践的同时，审时度势，及时发现，主动预防。二是对合同法律风险的管理，不是对合同文本内容的静态审查，而是涵盖合同洽谈、订立、履行等全过程。

合同预警制度包括证据预警、时效预警、质量预警、偿债预警等。①证据预警，例如，核查有无收发货物的记录或者收发记录是否有瑕疵。②时效预警，例如，核查是否存在距离最后一次付款接近三年、此后无书面催收记录也未达成书面还款协议的情况。③质量预警，例如，定期提醒业务部门在合同约定检验期限内，或在合理期限内、质量保证期内，对货物质量进行检查，以利于及时提出质量异议，并保留好相关证据。④偿债预警，例如，当存在对方当事人逾期付款，或者破产、隐匿财产等情形时，企业要及时采取诸如保全、提起诉讼等措施来确保自己的利益不受损失。

2. 建立企业合同管理的全套制度

企业合同管理的全套制度包括合同审查制度、合同专用章制度、授权委托管理制度、合同履行监督制度、合同档案制度、合同交接制度、合同管理评价制度等，确保合同从订立到履行或终止的每一个环节都被纳入实际的管理中，从而避免因监管的缺失而导致合同违约、权利受损或者档案丢失等不利结果。

3. 建立量化考核制度

在定岗定编定责基础上，量化考核相关部门的合同管理工作，设置各类量化考核指标，加强各部门的岗位责任和意识。例如，有的企业设置"合同漏审率"以考核法务部门对合同的审查情况，有的企业设置"合同审批效率"以考核法务部门在审查合同时有无拖延的情况。

4. 建立合同管理后评价制度

合同管理后评价制度是企业为加强合同管理，规范签约程序，对合同管理情况进行评估并提出改进意见的制度。例如，对合同管理制度建立状况、合同档案管理情况、合同管理机构设立及合同管理人员配备落实情况、合同签订情况、合同履行情况等进行评价。评价后，如果发现合同存在严重问题，或履行过程中发现合同有不妥之处，应建议有关主管人员及时采取补救措施；如果发现合同承办人员不适合承办合同，应提请有关主管人员更换；如果发现合同管理制度、机构不健全，措施不完备，应提出整改方案，限期整改落实。

三、企业合同管理的信息化建设

在现代市场经济环境下，市场分工日益精细，企业间的联系日趋紧密，企业间的交易数量和频率日益增加，合同订立和管理的复杂程度不同于以往。在互联网、云计算、大数据等技术日益普及的当下，企业合同管理的信息化已经成为必然趋势。企业合同管理信息化，首先是要搭建一个适合企业自身特点，从合同准备到合同订立、履行直至终止的全方位、系统化的合同管理信息平台。该平台通过设置人员职责、管理层级、审查审批权限等后台数据，使合同管理层次明晰、权责明确，从而节省了合同审批、修改所需耗费的时间和精力，彻底解决了手工查询和归档等难题。图 4-1 是某企业使用的"全生命周期的合同管理体系"界面。

图 4-1　某企业使用的"全生命周期的合同管理体系"界面

导入案例分析

本案中 B 公司在合同管理方面存在的问题有：①没有做好合同签订前的调查工作；②合同签订过程过于草率；③合同缺乏明确、清晰的工作说明或更细化的合同条款；④没有采取措施，确保合同签订双方对合同条款的一致理解；⑤对于签订总价合同的风险认识不足。从本案可知，企业要想实现合同目的，不能仅凭一份好的合同文本，更应关注合同从签订到履行的全过程。

知识点 2　与合同订立有关的法律事务

导入案例

2020 年 4 月，广东省深圳市腾讯计算机系统有限公司（简称腾讯公司）以拖欠广告费为名，起诉贵州省贵阳市南明老干妈风味食品有限责任公司（简称老干妈公司）。4 月 24 日，广东省深圳市南山区人民法院发布民事裁定书，查封、冻结老干妈公司名下价值 16 240 600 元的财产。6 月 30 日，老干妈公司发布公告称，从未直接或者授权委托他人与腾讯公司达成市场推广合作，为维护自身的合法权益，已报案处理。7 月 1 日，贵阳警方发布通告，有 3 人伪造老干妈公司印章、冒充市场部经理，与腾讯公司签订合作协议，目的是获得游戏推广活动中的游戏礼包码并倒卖，以获取经济利益。7 月 1 日晚间，腾讯发布自嘲视频——《我就是那个吃了假辣椒酱的憨憨企鹅》。至此，腾讯、老干妈事件落下帷幕。这一事件也被网友戏称为"逗鹅冤"。

基本理论

一、概述

合同订立是指希望缔约的双方当事人相互通过意思表示就合同的条款或主要条款达成合意。合同订立是合同成立的前提和基础，没有合同订立，就不会有具体合同的成立和履行。依照《民法典》第四百七十一条的规定："当事人订立合同，可以采取要约、承诺方式或者其他方式。"因此，要约和承诺就构成自主性合同订立的两个必经阶段。要约是指一方当事人以缔结合同为目的，向对方当事人提出合同条件，希望对方当事人接受的意思表示。承诺是指受要约人同意接受要约的全部条件而缔结合同的意思表示。

因此，合同订立是一个过程，既包括缔结合同各方在达成协议之前接触和洽谈的过程，也包括双方最终达成合意、商定合同条款后，签署合同文本的行为及后果。有意向的双方，为了各自的利益，有可能在"订"的过程中经过多次洽谈，走到最后"立"的阶段，达成合意，形成条款，签署协议。

订立合同可以采用口头形式、书面形式或者其他形式。①口头合同只要具备合同的基本条件就是有效的合同。需要注意的是，口头合同没有书面的载体，一旦发生纠纷，在证明双方存在合同关系方面会有些不利，但不能因此说口头合同就是无效的。②书面合同的形式有很多种，包括合同书、信件、电报、电传、传真、电子数据交换、电子邮件等。① ③其他形式的合同，是指当事人没有用语言或文字明确地表达意思表示，而是用行为表达意思表示的合同。例如，消费者在自动售货机上购物、乘客刷卡乘坐公交车等行为完成后，都属于合同已经订立。

二、法务人员在合同订立过程中的常规法律事务

在合同订立过程中，除《民法典》第三编"合同"所要求的双方或多方当事人、要约和承诺等外，具体的合同订立实践更强调合同风险的事前防范，主要有合同相对人的资信调查、合同文本的审核、印章管理等方面。

（一）合同相对人的资信调查

在合同订立以前，应当认真调查合同相对人的背景、签约资格、诚信意愿、履约能力等事项。

1. 调查合同相对人的背景

现在，国内企业一般通过"企查查""天眼查"等企业工商信息查询平台就可以查询企业相关的工商登记信息，包括：年报，股东信息，投资人信息，是否涉诉以及涉及哪些诉讼，是否被列入失信被执行人名单，企业拥有的商标、专利及其他知识产权，企业证书，主要人员信息，变更记录等。企业也可以登录合同相对人所属地市场监管局（委）网站查询，国内很多市场监管局（委）已经按照《政府信息公开条例》和《行政许可法》的有关规定将企业注册信息在网上公开。如果在企业工商信息查询平台无法查证有关信息，可以直接或委托信用公司、律师事务所到工商部门查证注册信息。

2. 调查合同相对人是否具有签约资格

合同相对人为自然人的，看其是否有完全民事行为能力以及对合同标的是否有处分权。

---

① 《民法典》第四百六十九条。

只有具有完全民事行为能力的自然人才具有签约资格。无民事行为能力的自然人没有签约资格。限制民事行为能力人订立的合同，法定代理人不追认的，是无效合同，但纯获利的合同或者与其年龄、智力、健康状况相适应而订立的合同，不需要法定代理人追认。

合同相对人为企业的，要看其主体资格、资质和经营范围。如果对方公章为企业的分支机构或内设机构，应当要求其提供企业的授权书或相关文件。尽管依照我国法律的规定，签订合同，印章和签字有一个就可以，但鉴于现实生活中"萝卜章"引发的纠纷很多，所以对方在合同上加盖公章，并不能保证是真实的，最好还要有法定代表人或经法定代表人授权的经办人的签字。

实践中，有些骗子，使用假身份证或借用身份证注册公司。虽然营业执照是真的，但法定代表人是假的。因此，如果对方签字人是企业的法定代表人，应要求其提供法定代表人身份证和营业执照副本；如果对方签字人是业务人员，除前两项材料外，还应让他提供企业及其法定代表人的授权委托书、业务人员自身的身份证等相关证明材料。授权委托书要有法定代表人的签名且加盖公章，而不是部门或财务专用章。对签字人或经办人身份的核实能够增加合同的保险系数。当法定代表人、签字人、经办人提供了身份信息后，要登录公安部公民身份信息核查网对他们个人的身份信息进行核查。

除对个人身份信息进行核查外，还需要对签约人的权限进行审核。对于法定代表人，主要审核权限范围，对于经办人、签字人，还要审核其是否有代理权、代理权是否已经终止。没有代理权或者代理权终止后，以被代理人名义订立的合同，也是需要追认的合同。

3. 调查合同相对人是否有诚信意愿

企业可以通过各类查询平台搜索合同相对人的信用记录，并进行分析，通过其过往经历判断其信用程度。企业也可以委托专业的信用公司进行调查。

4. 调查合同相对人是否具备履约能力

调查合同相对人是否具备履约能力就是要查清合同相对人现有的、真实的经营情况。例如，可以要求合同相对人提供财务报表等资料，然后通过专业的信用分析，判断合同相对人的履约能力；也可以通过合同内容、合同相对人对待合同的态度等来判断。如果洽谈时合同相对人对己方提出的任何要求都痛快答应，合同用语明显夸大其词、合同要求明显不可实现等，对于这种情况，就要小心。[1]

（二）合同文本的审核

1. 审核合同形式是否适当

尽管法律承认口头合同的效力，但合同还是要尽量采用书面形式，否则，一旦发生纠纷，在提供证据方面就会非常不利。如果时间紧迫只能达成口头合同，那么在事后也要尽量补签书

---

[1] 例如，在一起合作办学引发的纠纷中，合同签订前，校方询问投资方进入教育领域的动机，投资方给出的理由是"情怀"。校方深受感动，立即签约。合同签订后，投资方支付了第一笔款项后不再履行付款义务。校方却按照合同的约定每年给付投资方应得的利润。校方多次催付后续投资款未果，诉至法院。经法院审理，双方解除合同。

面合同。若法律对合同形式有明确规定，合同应当采用书面形式。例如，金融机构的借款合同必须采用书面形式，口头合同就是无效的。书面合同的签订包括面签和函签两种方式，对于重要的合同（如赊销合同），应尽可能采取面签的方式。尽管传真和电子邮件签订合同的方式本身是合法的，但在司法实践中，作为电子数据的传真和电子邮件的真实性很容易被质疑，法官对此类证据的认定比较谨慎。有些合同会有很多附件，但附件太多，难免前后出现歧义。

2. 审核合同内容是否合法

合同订立手段如果不合法或约定内容不合法，将会导致合同无效或者被撤销。例如，依照《民法典》第一百四十八条的规定："一方以欺诈手段，使对方在违背真实意思的情况下实施的民事法律行为，受欺诈方有权请求人民法院或者仲裁机构予以撤销。"因此，如果合同中存在欺诈行为，合同就有可能被撤销。在实践中，欺诈的行为种类很多，例如，出售假冒伪劣产品，伪造产品产地或质量证明，提供虚假的商品说明书，在毫无履行能力的情况下对外签订合同以骗取定金或贷款等，因此需要认真审核合同文本。合同内容的合法性审核主要核查合同条款是否违反了法律和行政法规的强制性规定，以及公序良俗。上述情形都可能导致合同存在瑕疵，产生合同无效、被撤销等不利后果。

3. 审核合同的重要条款是否完备、用语是否准确、表达是否清晰和完整

合同的重要条款一般包括名称、品牌、型号、质量标准、价格、技术参数、产地信息、原料材质、履约时间、履约地点、履约方式（如交货凭证签字、验货时间）、付款方式（包括现金、转账、汇票）、付款频次（包括一次性付款、分阶段付款、按月或季度还是按履行进度结算）、发票开出时间（是付款前开出发票还是付款后开出发票）以及出现质量争议时如何委托第三方检测等。除具备这些条款外，用语准确、不会产生歧义也很重要。含混不清或者模棱两可的表述会给合同的履行埋下隐患。如果合同相对人因合同内容过于复杂而拒绝签订合同，该合同相对人的交易诚信就值得怀疑。

4. 审核合同是否存在附条件、附期限生效等情况

这种情况大致有两种：一是法定的，即依照法律规定必须办理批准、审批、登记等手续，合同才能生效，如土地使用权、房产、机动车辆的买卖与抵押合同。二是当事人设定的，这有可能是双方明确约定的，如"合同未经公证不发生效力"；也有可能是单方明确要求的，但这种要求有可能是对方悄悄设置的"陷阱"，需要仔细甄别。设置了生效条件的合同在条件成立前是属于虽然成立但未生效的合同。

5. 审核合同是否约定了纠纷解决方式和管辖权条款

管辖权条款的约定可以避免对方在管辖问题上做文章。合同当事人都希望在自己单位所在地起诉，如果双方在这方面实在无法达成一致意见，就约定双方所在地的人民法院都有管辖权。如果将来发生争议，尽快向本地人民法院提起诉讼。否则，一旦对方抢先起诉立案，就不得不到对方所在地打官司，财力与精力消耗都比较大。能够约定管辖权的，可在合同中写明："本合同未尽事宜，双方协商解决。协商不成的，任一方均有权向×方所在地人民法院进行起诉/任一方均有权向其所在地人民法院进行起诉。"如果合同当事人不愿约定法院

来管辖双方的争议，也可以约定某一个公信力高的仲裁机构进行裁决。

6. 审核合同是否注明了签订地

随着合同诈骗案件的增多，签订合同时也应当对诈骗风险有所警醒。我国刑事案件一般由犯罪地的公安机关管辖。合同诈骗的犯罪地包括合同签订地、合同履行地。由于合同履行地往往在对方的所在地，对己方很不利，因此只有将合同签订地约定在己方所在地，万一遭遇合同诈骗，才有利于及时报案，挽回损失。

7. 审核是否对可能影响合同履行的因素有一定的预见

合同的履行除与自身履约意愿和履约能力有关外，还会受到外部环境的影响。签订合同时，应对影响合同履行的因素如市场波动、雷雨、洪水、疫情等进行充分的考虑。尽量扩大对自己有利的不可抗力或正当事由的因素，减少违约责任承担的可能性。

8. 审核违约条款及违约金的数额

通过违约条款明确违约责任，可以在一定程度上弥补因对方违约而造成的损失。违约条款中可以明确约定违约金的比例或者如果不按时履行资金给付义务的利息。但违约金约定的比例不宜过高。过高的违约金和利息，将不会受到法律的保护。《民法典》第五百八十五条规定，约定的违约金过分高于造成的损失的，当事人可以请求人民法院或者仲裁机构予以适当减少。

9. 审核合同文本内容的一致性

合同内容如有修改，应在修改处盖章注明。合同订立后，还要检查双方所持文本的内容是否完全一致。如果合同文本内容一致，双方各执一份，并将合同正式文本复印若干份，将原件存档，平时应尽量使用复印件，以免原件丢失带来麻烦。

三、法务人员在合同订立过程中的其他法律事务

（一）协助企业建立重大合同法律审查制度

企业生产经营中的合同很多。有些合同是常规性合同，企业法务人员凭经验和常识就可以完成审查。同时通过对业务人员的培训，也可以做到事前的防范。但是，对于涉及企业重大利益的合同，相关的责任也非常重大，应建立有效的重大合同法律审查制度，构建严格的审批流程，不可一人做主。合同承办部门应严格按照合同审核、审批、用印的规定对合同履行法律审查程序；应重点关注合同中涉及数量、价格、风险转移、交货方式、结算方式、争议管辖、授权签字人等的重要条款；对专业性较强的重大合同，应当邀请相关部门（如财务部门、生产技术部门等）履行会审程序；对于格式合同文本，应结合法律法规与外部政策的变化，对相关条款及时进行更新与修正。在合同审查中，企业法务人员应当平衡企业经济效益与经营安全的价值冲突，兼顾合同法律风险控制与企业业务开展的同步进行，最终实现企业各项业务交易的安全达成。

（二）协助企业完善印章管理制度

企业印章是指企业刻制的以文字、图记表明主体同一性的公章及专用章，是企业从事法律活动的符号和标记。在中国法律环境下，企业印章是企业身份和行使职权的重要凭证和工具。盖章即是做出意思表示，加盖企业印章的文件受法律保护，也是企业就文件内容承担义务的依据。证明合同当事人与印章所代表的主体的一致性是合同管理与合同纠纷处理的重要内容。司法实践中，存在大量因印章管理不当而给企业造成损失的案例。为此，企业的印章管理制度尤为重要。这些制度包括：

1. 明确各印章的适用事项

企业印章主要分为以下五种：

（1）公章，用于企业对外事务处理，例如，与工商、税务、银行等部门联系，以企业名义对外发文、开具介绍信、报送报表等。

（2）法定代表人章，也称银行小印鉴，用于特定的用途，如代替法定代表人签字、签发支票、单位账户操作等。因为使用频率较高，法定代表人章一般由财务人员保管。法定代表人章若要在银行达到见章如见人的效果，必须要在开户时进行备案。

（3）财务专用章，也称银行大印鉴。

（4）合同专用章。

（5）发票专用章[①]，属于税务专用章。

除上述五种之外，企业也可以根据需要选择刻制业务专用章和部门专用章。企业在从事民事活动时，应视文件的种类和性质而加盖相应的印章。例如，发票只能加盖发票专用章，授权委托书应加盖公章或法定代表人的个人印章，而书面合同应加盖合同专用章或公章。

2. 刻制印章备案

企业成立后、开展业务前，需要刻制印章。企业刻制印章的经办人应当准备企业营业执照副本、企业组织代码、刻章申请书、授权证明等材料到公安局领取备案单，之后到公安局指定的刻章厂办理刻章。[②] 每一枚印章里都嵌有一张标识身份的芯片。印章刻制完成后，刻章机构要将印章图案留存，并备案至公安机关，以备将来核验印章图案的真伪。刻制的印章在交付使用后还需要按照规定进行年审。

3. 建立印章保管制度

印章必须由专人保管。这样做的好处是不仅可以增强保管人的责任感，而且一旦发现问题，有利于查找原因和追究责任。财务专用章和向银行预留印鉴的私人印章，应当由出纳和

---

① 《国家税务总局关于发票专用章式样有关问题的公告》规定，我国发票专用章的形状为椭圆形，并对章的长轴、短轴、边宽，印色、所刊内容、名称、位置，以及汉字和数字的字体、字高和字宽做了规定。发票专用章自 2011 年 2 月 1 日起启用。

② 《国务院关于国家行政机关和企业事业单位社会团体印章管理的规定》对印章的形状、大小、所刊内容、汉字字体等事项做了规定。

会计分别保管，不能由一人统管。

4. 建立印章使用审批登记制度

企业应当根据印章的类型、使用事项等制定审批登记制度，明确审批权限，印章保管人建立使用登记簿，详细记载印章申请人、用印事项、用印时间。各方应妥善保存印章申请、审批、使用的记录。例如，严禁将印章带出企业，情况特殊必须在保管场所之外使用的，印章必须由保管人员掌握，不能交由申请用印人员；严禁在空白合同或协议或纸张上加盖印章，严禁将印章外借他人使用等；杜绝企业印章外借；加强挂靠企业用章管理。

5. 定期检查印章使用情况

企业印章管理部门应按照印章管理规定组织法律、监察等部门对所属单位印章使用情况进行检查，发现问题，及时采取相应措施防范风险或者弥补损失。同时，针对问题，修正完善已有的管理制度与管理流程，使印章管理制度良性运行。

6. 印章被盗或被抢的补救

（1）报案。事件发生后，法定代表人应当立刻带着自己的身份证原件及复印件、营业执照副本的原件及复印件到辖区派出所报案，领取报案证明。

（2）声明作废。事件发生后，法定代表人应当持报案证明的原件和复印件、营业执照副本的原件和复印件在法定的公开媒体发布公告，声明被盗或被抢印章作废，提醒公众注意。具体在哪些媒体刊登作废声明，要看当地的规定。

（3）重新刻制印章备案。按照初次刻印时所需准备的材料和流程进行。

7. 印章的注销

根据《国务院关于国家行政机关和企业事业单位社会团体印章管理的规定》第二十四条的规定，印章如因单位撤销、名称改变或换用新印章而停止使用时，应及时送交印章制发机关封存或销毁，或者按公安部会同有关部门另行制定的规定处理。

🔍 导入案例分析

本案是企业合同印章管理方面的典型案例。合同法律风险、印章法律风险占据了商业交易风险的很大比例。企业印章作为企业身份的象征，是企业在从事民事交易、行政活动中，用于证明自己真实意思表示的标志。腾讯公司的过错在于：①无视司法实践中诸多因"萝卜章"上当受骗的案例，过于自信，轻率地认为这种事情不会发生在自己身上，缺乏必要的风险与警惕意识。②在签订合同时，没有进行基本的背景调查。老干妈公司与腾讯公司的业务没有交集，合同签订的目的是在腾讯公司提供的网络游戏"QQ飞车"上加入有老干妈元素的游戏装备。但是，老干妈公司的市场群体与"QQ飞车"的玩家重合度不高，这有违广告投放的基本要求。③腾讯公司法务部在坊间素有"南山必胜客"的称号，这表明它擅长处理诉讼业务。但纠纷的预防与诉讼是两种不同的思路。至少在本案中，看不出腾讯公司法务部兼具了这两种意识。④在未与老干妈公司进行沟通协商的前提下，腾讯公司贸然地、轻率地提起诉讼，而不是选择有缓和余地的沟通、协商、和解方式，这不仅使自己失去了查明真相的机会，也使自己陷入被动。以上种种，说明腾讯公司对合同法律风险的管理以及纠纷解决的策略存在问题。

知识点 3 与合同履行有关的法律事务

导入案例

华泰公司起诉称：2014 年 10 月 24 日，华泰公司与银利公司签订产品供货合同一份，约定华泰公司购买银利公司生产的 WS11K-160/240×3200 液压水平下调式卷板机一台，总价款 320 万元，交货时间为 2015 年 3 月 4 日，若供方迟延交货，每天扣除货款总额的 1%。银利公司实际交货时间为 2015 年 9 月 6 日，迟延交货187 天，应支付违约金 1 795 200 元。

银利公司答辩称：①本案确实存在迟延交货的情况，但原因是华泰公司的设备安装配套工程一直未完成。华泰公司曾多次电话要求推迟交货。②违约金约定明显过高，应依法予以调整。

法院经审理后认为：银利公司构成迟延交付，应承担违约责任；违约金约定明显过高，根据本案双方履行合同的实际情况，酌定以年利率 24% 计算被上诉人的逾期交货违约金。终审判决银利公司应支付华泰公司违约金 118 040.55 元。

基本理论

一、概述

（一）合同履行的基本原则

合同履行关涉合同目的之实现与交易之完满，因此合同履行处于整个合同法律制度的核心位置。我国《民法典》第五百零九条确定了合同履行的基本原则，即全面履行原则、诚信原则及"绿色"履行原则。

（1）全面履行原则，是指"当事人应当按照约定全面履行自己的义务"。一般认为，全面履行还包括亲自履行、实际履行等内容。

（2）诚信原则，是指当事人"根据合同的性质、目的和交易习惯履行通知、协助、保密等义务"。诚信原则是一切民事法律行为的基本原则，也是合同通知、协助、保密、照顾、保护、保管、注意及不作为等附随义务产生的基础。

（3）"绿色"履行原则，是指当事人在履行合同过程中，应当"避免浪费资源、污染环境和破坏生态"。"避免浪费资源"意为当事人应以最小的成本取得最大的经济利益，包括选择最为合理的运输方式、履行期限、包装方式，变更合同应考虑成本及经济效益，在可能的范围内尽量减小债权人损失以避免浪费等；"避免污染环境、破坏生态"则要求当事人不仅应考虑经济效益，还应考虑合同履行行为的社会效益，将对环境的影响降到最低限度。

（二）合同履行的特殊规则

1. 合同内容约定不明确时的补充规则

《民法典》第五百一十一条规定了合同内容约定不明确时的补充规则，涉及质量要求、价款或者报酬、履行地点、履行期限、履行方式、履行费用等事项约定不明确的情形。

2. 履行抗辩权规则

履行抗辩权是指在对方当事人违反法定或约定义务，可能危及自己合同利益的情况下，当事人可以采取一定的自救措施来对抗，包括同时履行抗辩权、不安抗辩权与先履行抗辩权。抗辩权的恰当行使，不仅能够保障当事人的合法权利，还能督促对方当事人履行其合同义务。

3. 履行中止与提存规则

先履行债务的当事人有证据证明对方有下列情形之一的，可以中止履行：经营状况严重恶化；转移财产、抽逃资金，以逃避债务；丧失商业信誉；有丧失或者可能丧失履行债务能力的其他情形。当债务人因债权人合并、分立或者变更住所没有通知债务人，致使债务人不知应向何人履行时，法律允许债务人暂时中止履行或对标的物进行提存。

4. 情势变更规则

情势变更是指合同订立后、履行前，由于不可归责于双方当事人的原因发生了不可预见的情势变更，致使合同的基础丧失或动摇，若继续维持合同原有效力，则显失公平，应当允许变更或解除合同。

二、法务人员在合同履行过程中的职责

（一）建立合同履行动态管理制度

现实中，企业合同的签订与履行通常是由企业内部不同部门完成的：业务部门负责签订合同，财务部门负责履行合同的付款义务，生产部门负责生产标的物，法务部门负责审查合同并处理合同纠纷。也就是说，合同的实际履行，如收货和付款，都不会直接经过法务部

门，履行合同产生的单据等资料也不会由法务部门保管。这使得法务部门很难及时发现合同的违约问题，也给法务部门对合同履行的监管带来难度。因此，必须强化企业管理层对合同履行动态管理的意识，明确各部门责任，加强各部门之间的协调配合，确保合同顺利履行。

（二）树立合同履行的风险意识和证据意识

合同履行的风险既包括自身违约的风险，也包括对方当事人违约给自己造成损失的风险。法务部门应强化合同履行中的检查和监督机制，及时披露合同履行中的风险，建立客户定期走访制度，及时跟踪客户动态，发现异常立即采取补救措施；根据履约能力、履约情况等，建立科学、完善的信用等级评价体系。妥善保存合同履行过程中的表单、信函、验收结算材料等相关原件；合同履行中的任何送达、变更都要保留书面留痕；等等。

（三）细化合同履行的工作流程与要求

建立货款支付与监督流程规则，对银行承兑汇票的收取应进行跟踪，及时与客户进行核实；明确定期对账工作制；加强应收账款管理制度，当客户发生逾期支付时，及时预警并采取担保等措施；及时、准确、真实地记录合同履行状态等信息；等等。

（四）及时行使合同撤销权和解除权

法律虽然赋予民事主体在发现对方当事人存在欺诈、胁迫或重大误解、显失公平时的撤销权，但是民事主体一定要把握好法律规定的权利行使期限。依照《民法典》第一百五十二条的规定，撤销权行使的期限是当事人自知道或者应当知道撤销事由之日起一年内，否则将失去撤销权。此外，在某些特殊情形下，例如，由于不可抗力导致合同目的不能实现，或者当事人一方在履行期限届满之前明确表示或者以自己的行为表明不履行主要债务等，企业应及时解除合同，将企业从消耗性合同关系中解脱出来。

🔍 导入案例分析

合同生效后，合同双方当事人都有依照合同的约定全面履行合同的义务。本案中，双方当事人对于交付货物的时间和违约金的数额进行了明确约定。在合同履行过程中，被告交付货物的时间明显晚于约定的交货期限。尽管被告提出迟延交货的原因是原告的设备安装配套工程未完成，但它既没有提出相关证据，也没有提出原告电话要求迟延交货的证据，反而是原告提交了催促交货而被告仍未及时交货的证据。因此，被告应承担迟延交货的违约责任。至于违约金的数额，被告虽然存在逾期交货的事实，但除了占用原告的预付货款之外，对原告没有造成其他损失，合同中约定的违约金比例过高，法院有权予以调整。

📖 法律法规索引

1.《中华人民共和国民法典》

2.《国务院关于国家行政机关和企业事业单位社会团体印章管理的规定》

3.《中华人民共和国印章管理办法》

4.《民办非企业单位印章管理规定》

思考题

1. 企业签订合同前应对合同相对人做哪些资信调查？

2. 合同文本的审核包括哪些内容？

3. 法务人员在合同履行过程中的职责有哪些？

案例实训

甲公司拟购买一批建筑材料。经询价、对比、洽谈，甲公司与乙公司签订合同。合同约定，甲公司购买乙公司的钢管，每吨 5 600 元，双方对货物的名称、型号进行了约定，但没有对钢材的质量标准进行详尽的约定。合同文本中，乙公司的名称和印章均为"某某材料有限责任公司"。合同订立后，甲公司如约向乙公司提供的账户支付了首批货款，乙公司也给甲公司发出了货物。甲公司收货后立即投入使用，但生产出大量的残次品。甲公司要求乙公司赔偿损失，遭到乙公司的拒绝。甲公司准备起诉，但在对乙公司进行工商登记信息查询时发现"某某材料有限责任公司"早在 2012 年就注销了，对方签订合同时的经办人也已经从乙公司离职。

问题：请指出本案中的法律风险。

思考题与案例实训

参考答案

Unit 5 单元五

企业在劳动用工方面的法律事务

学习目标

完成本单元的学习之后，你将可以：

1. 了解企业的用工形式。

2. 熟悉员工招录的程序。

3. 熟悉劳动合同的主要条款。

4. 熟悉员工离职的程序。

要点提示

1. 全日制用工、非全日制用工和劳务派遣用工。

2. 员工招录过程中的法律问题。

3. 劳动合同的主要条款。

4. 劳动合同的解除。

知识点 1 企业的用工形式

导入案例

Z 公司与 F 公司签订劳务外包合同、外包补充协议及技术服务外包合同，Z 公司将部分招标代理业务交由 F 公司代理，F 公司派人员到 Z 公司服务场所，利用 Z 公司的服务工具和设备为其提供相应劳务，Z 公司向 F 公司支付劳务外包服务费用。F 公司委托 Z 公司对外包岗位人员进行考核管理。2016 年 6 月 1 日，张某与 F 公司签订劳动合同，由 F 公司安排至 Z 公司工作，工资、社会保险费均由 F 公司支付。2019 年 9 月 8 日，Z 公司对包括张某在内的 10 名员工进行调岗，同时薪资每月上浮 300 元。张某拒绝调岗。Z 公司将张某退回 F 公司。2019 年 9 月 27 日，F 公司以张某不服从工作安排为由向张某发出解除劳动合同通知书。张某申请仲裁，要求 Z 公司支付违法解除劳动合同的赔偿金××元。本案经劳动仲裁、人民法院两审终审后驳回张某的请求。

基本理论

一、概述

企业用工有劳动合同用工和劳务派遣用工两种形式，劳动合同用工是基本用工形式，劳务派遣用工是补充形式。劳动合同用工又分为全日制用工和非全日制用工两种，全日制用工是基本形式，非全日制用工是特殊形式。

现实生活中，我们经常会听到临时工、兼职工的说法，但这些并不是法律上的概念。

临时工是我国计划经济体制下区别于固定工、长期工的概念，专指企事业单位聘用的没有固定编制的工作人员。"临时"不一定时间短。有些临时工可能在同一个单位工作 10 年甚至更长的时间，只要没有"转正"，就一直是临时工。没有编制就没有保障，不能同工同酬，没有培训、晋升的机会，也不能享受荣誉，还要面临随时被解聘的风险。《中华人民共和国劳动合同法》（简称《劳动合同法》）施行后，法律上已经没有临时工和正式工的区分。

兼职工同样不是一个法律上的概念，它的情形更加复杂。兼职的本意是同时兼任两份以上的工作。但事实上的兼职工作，有的是在本职工作之外从事第二份职业，如法学教师利用业余时间做兼职律师；有的是在本职工作之外完成一定的任务，如有些人利用业余时间接一些手工制作的工作；有的并没有一份明显的本职工作，如有些财务人员同时兼任几家公司的会计，这些公司也不聘任固定的财务人员。所以，兼职工与用人单位之间用工关系的性质，需要根据具体情形来判断。

二、劳动合同用工

（一）全日制用工

全日制用工就是实行每天工作时间不超过 8 小时、每周工作时间不超过 44 小时标准工时的用工形式。全日制用工是我国主要的用工形式。如果没有特殊说明，劳动合同都是指全日制用工劳动合同。

（二）非全日制用工

非全日制用工是指以小时计酬为主，劳动者在同一用人单位一般平均每日工作时间不超过 4 小时，每周工作时间累计不超过 24 小时的用工形式。非全日制用工虽然是按照小时来计算工资报酬，但不同于日常生活中为个人提供劳务的小时工、钟点工。非全日制用工劳动报酬结算支付周期最长不得超过 15 日。在司法实践中，有些按月薪计算和按月支付的工资形式也会被认定为非全日制用工。[①] 所以，对非全日制用工的判断主要还是看工作的时长。

判断用工形式是全日制用工还是非全日制用工很重要。因为对于非全日制用工，法律并不强制要求签订书面劳动合同。这样，劳动合同解除时用人单位就无须支付未签订书面劳动合同的 2 倍工资差额。此外，非全日制用工双方当事人不得约定试用期，双方当事人任何一方都可以随时通知对方终止用工。终止用工，用人单位不需要向劳动者支付经济补偿。

从事非全日制用工的劳动者可以与一个或者一个以上用人单位订立劳动合同；所订立的两个合同，可以一个是全日制用工劳动合同，另一个是非全日制用工劳动合同，也可以两个都是非全日制用工劳动合同，但后订立的劳动合同不得影响先订立的劳动合同的履行。

---

① 例如，湖北省高级人民法院民事判决书（2018）鄂民再 83 号："郑××的报酬是以其授课时间按照相应的课酬标准，按月进行结算，故郑××与黄冈科技学院的用工形式应当属于非全日制用工。"（2019）湘民申民事裁定书 2602 号："双方签订的劳动合同工资为 3 000 元每月，而王×实际领取的工资高于合同约定，同富公司主张以王×的实际劳动量发放工资的主张更具有说服力，故原审法院认定王×与同富公司的用工形式属于非全日制用工并无不当。"

三、劳务派遣用工

（一）劳务派遣的概念和特征

劳务派遣是指劳动者与专门的劳务派遣机构签订劳动合同后，被派遣到第三方单位，按照第三方单位确定的工作组织形式和工作时间安排进行劳动，为第三方单位提供劳务，并接受第三方单位的指挥、监督，劳动者的工资、社会保险费等由劳务派遣机构负责的用工形式。在劳务派遣法律关系中，劳务派遣机构为劳动合同中的用人单位，第三方单位被称为用工单位。劳务派遣的特征如下：

（1）存在三方主体。劳务派遣涉及的三方主体分别是劳动者、劳务派遣机构和用工单位。劳动者和用工单位通过劳务派遣机构发生联系。劳务派遣机构"一手托两家"，一方面与劳动者签订劳动合同，另一方面与用工单位签订劳务派遣协议。

（2）聘用和使用分离。"用工不养工，养工不用工"是劳务派遣的基本特征。用工单位只向劳务派遣机构支付费用，这些费用包含了劳动者的工资报酬。劳务派遣机构再向劳动者支付劳动报酬。

（3）同工同酬。同工同酬不能简单地理解为只是工资方面。用工单位还应当为被派遣劳动者提供相应的劳动条件和劳动保护，支付加班费、绩效奖金，提供与工作岗位相关的福利待遇，进行工作岗位所必需的培训，进行正常的工资调整，以及不得将被派遣劳动者再派遣到其他用人单位等。[①] 但是，现实生活中，同工不同酬的现象比较严重。

（4）接受用工单位的管理。在劳务派遣中，被派遣劳动者必须按照用工单位确定的工作组织形式和工作时间安排进行劳动，遵守用工单位的规章制度。如果被派遣劳动者不服从用工单位的管理，用工单位可以将其退回劳务派遣机构，但无权解除劳动合同。

（二）劳务派遣用工的主要内容

1. 法律对劳务派遣用工的要求

（1）劳务派遣机构的资质。《劳动合同法》第五十七条对劳务派遣机构的资质从资金、经营场所和设施、劳务派遣管理制度等方面进行了规定。经营劳务派遣业务，必须向劳动行政部门依法申请行政许可。未经许可，任何单位和个人不得经营劳务派遣业务。用工单位不得设立劳务派遣机构向本单位或者所属单位派遣劳动者。

（2）劳务派遣用工的适用领域。劳务派遣用工只能在临时性、辅助性或者替代性的工作岗位上实施。临时性是指存续期间不超过 6 个月；辅助性是指为主营业务岗位提供服务；替代性是指用工单位的劳动者由于脱产学习、休假等原因无法工作的一定期间内，可以由其他劳动者替代工作。但是，现在有一些长期性、专业性的岗位也出现了劳务派遣用工，劳务

---

① 《劳动合同法》第六十二条。

派遣人员中高学历、高职称的人员越来越多。

（3）劳务派遣用工的比例。我国法律规定劳务派遣用工的比例不得超出用工总量[①]的10%。外国企业常驻代表机构和外国金融机构驻华代表机构等使用被派遣劳动者的，以及船员用人单位以劳务派遣形式使用国际远洋海员的，不受上述岗位和比例的限制。但是，现实生活中，很多单位劳务派遣用工的比例已经超出10%的限定要求。

2. 劳务派遣用工的协议

劳务派遣用工的协议包括劳动合同与劳务派遣协议。劳动合同是劳务派遣机构与被派遣劳动者签订的、至少两年以上固定期限的全日制用工的书面劳动合同。劳务派遣协议是劳务派遣机构与用工单位签订的协议，内容主要包括工作岗位名称、性质，工作地点，派遣人员数量和派遣期限，劳动报酬的数额和支付方式，社会保险费的数额和支付方式，工作时间和休息休假事项，劳动者工伤、生育或者患病期间的待遇，劳动安全卫生以及培训事项，经济补偿等费用，劳务派遣协议期限，劳务派遣服务费的支付方式和标准，违反劳务派遣协议的责任等。

3. 劳务派遣机构和用工单位对被派遣劳动者的义务

劳务派遣机构对被派遣劳动者的义务主要有：说明和告知、培训和教育、支付劳动报酬和相关待遇、缴纳社会保险费并办理社会保险相关手续、督促用工单位为被派遣劳动者提供劳动保护和劳动安全卫生条件、出具解除或者终止劳动合同证明、协助处理被派遣劳动者与用工单位纠纷，以及法律法规和规章规定的其他事项。对于跨地区劳务派遣的劳动报酬和劳动条件按照用工单位所在地的标准执行。在用工单位所在地为劳动者参保，按照用工单位所在地的规定缴纳社会保险费。

用工单位对劳动者的义务主要有：执行国家劳动标准，提供相应的劳动条件和劳动保护；告知被派遣劳动者的工作要求和劳动报酬；支付加班费、绩效奖金，提供与工作岗位相关的福利待遇；对在岗被派遣劳动者进行工作岗位所必需的培训；连续用工的，实行正常的工资调整机制。用工单位不得将被派遣劳动者再派遣到其他用人单位。派遣员工一旦出现工伤事故，工伤保险待遇赔偿不足部分应由用工单位承担。

4. 劳务派遣用工中的劳动合同解除

劳务派遣用工中的劳动合同解除只能发生在劳务派遣机构与被派遣劳动者之间。用工单位遇到法律规定的情形时，只能将被派遣劳动者退回劳务派遣机构，由劳务派遣机构发出解除劳动合同通知书。被派遣劳动者符合领取经济补偿金或者违法解除劳动合同赔偿金情形的，劳务派遣机构应当支付。

Q 导入案例分析

Z公司与F公司签订了劳务外包合同，实际上要对F公司安排至其公司上班的

---

① 用工总量是指用工单位订立劳动合同人数与使用的被派遣劳动者人数之和。

员工进行监督管理、岗位调整、绩效考核，符合劳务派遣用工的特征。依照《劳务派遣暂行规定》第二十七条的规定："用人单位以承揽、外包等名义，按劳务派遣用工形式使用劳动者的，按照本规定处理"，Z 公司与 F 公司之间应为劳务派遣关系。因此，张某与 F 公司之间存在劳动关系。Z 公司作为用工单位以张某不服从工作安排为由将张某退回 F 公司并未违反《劳动合同法》有关劳务派遣的规定，F 公司作为用人单位解除与张某的劳动关系，Z 公司作为用工单位并无过错，无须承担连带赔偿责任。

知识点 2 劳动关系的形成

导入案例

某经营酒水饮料销售的公司发布广告招聘运输货物人员。刘某看到广告后于 2018 年 5 月应聘到该公司工作，每日接受公司的指派并驾驶公司车辆为客户送货。双方未签订任何书面协议。后来，刘某在工作中受伤，就赔偿问题与公司协商不成，双方发生争议。刘某向仲裁机构申请仲裁，请求确认双方存在劳动关系。刘某提出，当初的约定是薪酬按照底薪加提成的方式计算，且上班打考勤；公司提出刘某的薪酬是按送货件数提成。对于考勤，由于刘某不是公司的正式员工，因此不需要考勤，公司没有他的考勤记录。根据双方的陈述，仲裁庭认为本案的焦点是双方是否构成事实劳动关系。

基本理论

一、员工的招录

（一）员工招聘的方式

企业招聘员工的方式有很多，大致可以分为外部招聘和内部招聘两种。外部招聘包括刊登广告、市场招聘、熟人推荐、校园招聘及其他方法招聘等。内部招聘是指在单位出现职务空缺后，从单位内部选择合适的人选来填补这个空缺。内部招聘包括提拔晋升、工作调换、工作重换和人员重聘等。还有一些情形，如企业因更名、重组、兼并、分立、注销后新设等而引起的工作岗位变动等，也符合内部招聘的特点。

（二）员工招录的程序

1. 录用前的如实告知义务

（1）企业的如实告知义务。无论应聘者是否主动询问，企业都应如实告知应聘者关于工作内容、工作条件、工作地点、职业危害、安全生产状况、劳动报酬以及应聘者要求了解的其他情况。

（2）应聘者的如实告知义务。企业有权了解应聘者的信息，但法律并没有明确规定应聘者必须告知企业哪些信息。实践中，企业一般会对应聘者的劳动能力、从业经历、劳动经验、劳动态度、人际关系、身体状况及未来规划等进行了解。例如，通过询问应聘者的从业经历以及离职的原因，帮助招聘企业判断应聘者入职的真实意图和入职后的工作状态，也可以避免因双重劳动关系或者竞业限制等而导致的麻烦。

2. 发出录用通知

企业如果决定录用应聘者，应向其发出录用通知。录用通知可以通过电话、短信、微信、电子邮件、书面通知等方式发出。对于录用通知的内容，《劳动合同法》并没有明确的规定，相关政府部门也没有给出示范文本。

3. 签订书面劳动合同

应聘者接到录用通知后，如果愿意到企业工作，应当与企业签订书面劳动合同。《劳动合同法》对劳动合同的主要内容做了规定，人力资源和社会保障部网站上也有劳动合同的示范文本供用人单位下载使用。用人单位和应聘者可在此文本的基础上对有关内容进行协商。

4. 办理入职手续

各企业的入职手续并不完全相同，但一般都包括填写《入职登记表》、建立员工名册、培训及发放员工手册和企业规章制度、签署《入职承诺书》等环节。《入职登记表》应写明入职日期、上班日期、紧急联系人以及电话、信件邮寄地址等事项。

（三）员工招录阶段应注意的法律问题

与大型企业相对固定的、批量的、系统性的员工招录相比，大多数中小企业没有固定的、长期的用工规划，员工招录往往是随机进行的。这样的招录难免带有随意性，在招录的规范性方面就很容易出现问题，为将来的用工关系埋下隐患。尽管招聘和录用由人力资源部负责，但作为法务人员，应当尽力协助人力资源部，避免将来产生纠纷。

1. 招聘信息要合法、明确、诚信，不得有歧视性要求

招聘信息应当包括任职资格、工作岗位、工作待遇、工作条件等内容，这样既有利于应聘者根据自身条件决定是否应聘，也可以节省用人单位审查应聘材料的时间。有时用人单位急于用人，会在招聘广告中许诺一些兑现不了的福利待遇，这样的做法不仅容易引起纠纷，

还可能因发布虚假招聘广告而被应聘者投诉、被主管部门处罚。有些用人单位基于工作岗位的特殊性会设置一些岗位条件，除应避免引起身高、健康、性别、地域、民族、年龄、婚育等就业歧视外，还应考虑其他的合法性问题。[1]

2. 审查应聘者的主体资格

根据我国法律的规定，合法的劳动者必须具备三个条件：

（1）原则上应当在法定的劳动年龄内。法定的劳动年龄一般是指年满16周岁至国家规定的退休年龄。根据国务院《禁止使用童工规定》第二条和第十三条的规定，在我国除文艺、体育单位之外，其他单位均不得招用未满16周岁的未成年人。招录已过退休年龄的职工，根据最高人民法院《关于审理劳动争议案件适用法律若干问题的解释（一）》第三十二条的规定："用人单位与其招用的已经依法享受养老保险待遇或者领取退休金的人员发生用工争议而提起诉讼的，人民法院应当按劳务关系处理。"

（2）具有劳动能力。是否具有劳动能力，可以通过劳动者的精神状况和身体机能来判断。无民事行为能力人就没有劳动能力，完全丧失劳动能力的残疾人也不能成为劳动者。此外，有些职业或者工种有准入要求的，还应该满足特殊的要求。[2]

（3）必须是自然人。一般情况下应为中国公民。根据《外国人在中国就业管理规定》第五条，外国人、无国籍人在我国就业须经就业许可并办理就业证后才能成为劳动者。对于在校大学生利用业余时间勤工俭学的，不视为就业，不是劳动关系。[3]

3. 做好背景调查

对拟录用员工，尤其是重要岗位的员工进行背景调查是每个企业应当做的工作。这样可以避免企业的用工风险，也可以减少企业的用工成本。背景调查的信息包括应聘者的身份信息、社会关系、学历证书、资质证书、工作时间、工作经历、以往职位、工资待遇、工作表现、是否离职、离职原因、健康状况、有无经济纠纷、有无犯罪记录等。对于高级管理人员和敏感岗位，还要调查有无保密协议、竞业限制协议、专项培训协议等。对于有职业病风险的岗位，还应做职业病体检。

背景调查应征得应聘者同意或者采取其他合法、正当的途径进行。例如，让应聘者签署《背景调查授权书》；要求应聘者出示身份证、学历证书、资质证书等原件，到专门的网站或部门核查证书的真实性；要求应聘者签署确保信息和材料真实的承诺书；要求应聘者出具近期的体检报告或者到指定的医院体检；要求应聘者出具上一家单位的离职证明或者打电话向应聘者原单位进行了解；等等。为了消除应聘者的顾虑，如果应聘者尚未从原单位离职，

---

① 例如，某集团的招聘广告要求应聘者签订承诺书，保证顾事业不顾家、终身在该集团服务，并且以房产作为抵押，要求员工"离开集团时以房产偿还"。这则招聘广告因违反《劳动合同法》第九条的规定而被当地人社部门确认违法并要求做出调整。

② 《中华人民共和国就业促进法》第三十条规定，用人单位招用人员，不得以是传染病病原携带者为由拒绝录用。但是，经医学鉴定传染病病原携带者在治愈前或者排除传染嫌疑前，不得从事法律、行政法规和国务院卫生行政部门规定禁止从事的易使传染病扩散的工作。

③ 《关于贯彻执行〈中华人民共和国劳动法〉若干问题的意见》第十二条。

在应聘者接受本单位的录用通知前，暂时不要向原单位做背景调查。

4. 注意录用通知的内容和表达

录用通知可以通过电话、短信、微信、电子邮件、书面通知等方式发出。如果发出书面录用通知，建议使用"录用意向书"而非"录用通知书"的标题。当然，如果应聘者坚持要求录用通知书，企业还是应当发出录用通知书。为了避免因录用通知书中的事项与将来劳动合同中的表述不一致，企业对一些关键信息可以模糊处理，如薪酬可以写为某个范围区间。录用通知应当明确需要应聘者回复确认的时间、报到的时间以及逾期不回复和不报到的后果。例如，对于不按期确认的，公司有权取消此职位或另招新人；对于未在规定的时间内报到的，公司可要求应聘者承担相应的违约责任。

5. 及时签订书面劳动合同

企业如果决定录用应聘者，要及时与应聘者签订书面劳动合同。签订书面劳动合同的时间最晚不要超过自用工之日起一个月。与劳务关系、雇佣关系相比较，企业在劳动关系中承担了较重的义务。因此，有些企业不愿意与劳动者签订书面劳动合同。但是，没有书面劳动合同并不影响对劳动关系的认定。

6. 填写《入职登记表》，确认关键事项，留存证明材料，及时展开培训

完善的员工《入职登记表》能够在一定程度上帮助企业规避用工风险。例如，如果企业在规章制度中明确规定，员工入职时提供虚假信息或材料的属于严重违纪行为，企业有权解除劳动合同且无须支付经济补偿。

《入职登记表》是对员工信息的固定，这些信息通常与企业决定录用员工的条件相关，包括姓名、身份证明、通信信息、居住地址、紧急联系人、学历证书、学位证书、工作经历、健康状况等。《入职登记表》应由员工现场亲自填写并签名。对于有书面材料的关键信息，如身份证、学历证书、学位证书、职业资格证书等，企业还应当在查看原件后将复印件让员工签名后留档。

为了规避风险，企业应要求员工对《入职登记表》中的关键事项（如所提供信息和材料的真实性、送达地址和岗位职责等）进行确认。确认的方式可以是单独签署一份确认文书，也可以是由员工在《入职登记表》上直接抄写表格中的一段话，例如，"本人确保以上填写事项全部属实。如有弄虚作假或隐瞒的情况，应视作严重违反公司规章制度的行为，公司有权解除劳动合同并无须支付经济补偿金。公司因此遭受的损失，有权向本人追偿。"需要注意的是，确认、承诺的内容不能违反法律的规定。例如，有些单位在录用女员工时要求其承诺多长时间内不结婚、不生孩子等，就是违法的。

除要求员工认真填写《入职登记表》、建立员工名册外，企业还应尽快安排新入职员工培训，发放员工手册、规章制度等，并做好培训签到、资料领取签名等工作，避免日后员工以"不知道""没听说过"等为借口违反企业的规章制度。

7. 为员工缴纳"五险一金"

有些企业为了节约支出，不愿意给员工缴纳"五险一金"；有些企业应员工的要求，将

企业应缴纳的社会保险费部分以现金的方式直接给员工本人，但这样会给企业带来法律风险。缴纳社会保险费是企业的法定义务。如果没有履行，当员工怀孕、生产或者出现工伤事故时，企业就必须承担本该由社会保险基金支付的一切费用；如果员工要求解除合同，企业还得支付经济补偿，并承担有关部门的罚款，得不偿失。

二、劳动合同的订立

（一）签订书面劳动合同

劳动合同应当采用书面形式。劳动关系自用工之日起成立。用工之日起1个月内，用人单位应当与劳动者订立书面劳动合同。[①] 用人单位自用工之日起超过1个月不满1年未与劳动者订立书面劳动合同的，应当向劳动者每月支付2倍的工资。[②] 用人单位自用工之日起满1年不与劳动者订立书面劳动合同的，视为用人单位与劳动者已订立无固定期限劳动合同。[③]

尽管法律有此强制性要求，但仍然有许多企业或者劳动者不愿意签订书面劳动合同。这样，发生纠纷时就必须先确定双方是事实劳动关系还是劳务关系。因为劳动关系更强调对劳动者的倾斜保护，劳动者在劳动关系中能享有更多的利益，除劳动报酬外，还有社会保险、加班费、奖金、福利待遇、未休假加倍工资、经济补偿或经济赔偿等。而劳务关系属于民法调整，强调平等、自愿、对价，用人单位在劳务关系中只需要支付劳动报酬。

用人单位和劳动者是事实劳动关系还是劳务关系的判断，根据《关于确立劳动关系有关事项的通知》第一条的规定，需要考虑三个方面：①用人单位和劳动者是否符合法律法规规定的主体资格。我国法律要求劳动关系的一方主体只能是单位，另一方只能是自然人。而劳务合同的用工单位可以是自然人。②用人单位依法制定的各项劳动规章制度是否适用于劳动者，劳动者是否受用人单位的劳动管理，从事用人单位安排的有报酬的劳动。③劳动者提供的劳动是否是用人单位业务的组成部分。根据《关于确立劳动关系有关事项的通知》第二条的规定，可以通过提供用人单位发放的"工作证""服务证"等能够证明身份的证件和其他劳动者的证言等来证明劳动关系的存在。用人单位应提供工资支付凭证或记录（职工工资发放花名册）、缴纳社会保险费的记录，劳动者填写的用人单位招聘"登记表""报名表"等招用记录，考勤记录。如果用人单位拒绝提供或者无法提供，就推定为劳动关系存在。

（二）确定劳动合同的种类

我国法律将劳动合同分为固定期限劳动合同、无固定期限劳动合同和以完成一定工作任务为期限的劳动合同。签订劳动合同，只能在这三种合同中选择一种，不能重复选择。

---

① 《劳动合同法》第十条。
② 《劳动合同法》第八十二条；《劳动合同法实施条例》第七条。
③ 《劳动合同法》第十四条第三款。

1. 固定期限劳动合同

固定期限劳动合同是指用人单位与劳动者签订的明确约定了合同起止时间或期限的劳动合同。例如，"本合同为固定期限劳动合同。本合同于×年×月×日生效，×年×月×日终止。其中，试用期3个月"。固定期限劳动合同的时间可以较短，如半年、1年，也可以较长，如5年、10年，甚至更长时间。不管时间长短，合同的起止时间都是固定的。合同期满，劳动关系解除。合同期满后，经双方协商一致，可以续订劳动合同。

2. 无固定期限劳动合同

无固定期限劳动合同是指用人单位与劳动者签订的无确定终止时间的劳动合同。这种合同具有很强的稳定性。对用人单位来说，可以享受熟练工带来的好处，减少频繁更换人员而带来的损失，但可能需要支付较高的薪资；对劳动者来说，职业稳定性好，可以减少后顾之忧，避免劳动力价值黄金时期过去之后失业的风险。但是，无固定期限并不是说合同没有终止时间或者一直有效，只能说，如果没有出现法律规定的情形或者双方约定的条件，合同效力就会持续到劳动者退休。一旦出现法律规定的情形或者双方约定的条件，如劳动者严重违反用人单位的规章制度，用人单位也可以解除无固定期限劳动合同。

用人单位和劳动者协商一致，可以订立无固定期限劳动合同。根据《劳动合同法》第十四条的规定，有下列情形之一，劳动者提出或者同意续订、订立劳动合同的，除劳动者提出订立固定期限劳动合同外，应当订立无固定期限劳动合同：①劳动者在该用人单位连续工作满10年的；②用人单位初次实行劳动合同制度或者国有企业改制重新订立劳动合同时，劳动者在该用人单位连续工作满10年且距法定退休年龄不足10年的；③用人单位和劳动者连续订立两次固定期限劳动合同，且劳动者没有《劳动合同法》第三十九条和第四十条第一项、第二项规定的情形，续订劳动合同的。用人单位自用工之日起满1年不与劳动者订立书面劳动合同的，视为用人单位和劳动者已订立无固定期限劳动合同。

3. 以完成一定工作任务为期限的劳动合同

以完成一定工作任务为期限的劳动合同是指用人单位和劳动者以书面形式约定以某项工作的完成为合同终止条件的劳动合同。在这种合同中，工作开始则合同开始，工作完毕则合同终止。由于此类合同期限比较短，因此不得约定试用期，但用人单位仍然要为劳动者缴纳社会保险费。

（三）用人单位和劳动者协商确定劳动合同的主要条款

1. 试用期

合同期限确定之后，用人单位和劳动者通常需要约定一个试用期。用人单位通过试用期来考核劳动者能否胜任岗位，劳动者也可以通过试用期来了解用人单位是否适合自己。试用期包含在劳动合同的期限内。对于试用期，用人单位需要注意以下几点：

（1）不能超过约定或法定的最长期限。劳动合同期限3个月以上不满1年的，试用期不得超过1个月；劳动合同期限1年以上不满3年的，试用期不得超过2个月；3年以上固定期限和无固定期限的劳动合同，试用期不得超过 6 个月。以完成一定工作任务为期限的劳动合同或者劳动合同期限不满 3 个月的，没有试用期。违法约定试用期的，用人单位要承担赔偿责任。[①]

（2）不能多次试用。同一用人单位与同一劳动者只能约定一次试用期。双方合同期满续签合同时，就不再有试用期了。现实生活中，有些员工在试用期表现平平，用人单位想通过延长试用期继续观察。对于此种行为，法律没有明确规定，各地的认识也不统一。我们认为，如果当初约定的试用期少于法定的最长试用期，就可以延长到最长期限。例如，劳动合同期限是 2 年，约定试用期是 1 个月，就可以在这个月期满前再增加 1 个月。

（3）不能单独订立试用期合同。单独就试用期订立合同的，该合同会被认定为正式的劳动合同。合同期限就是双方约定的期限。

（4）试用期也要给劳动者缴纳社会保险费。由于试用期包含在合同期限内，因此，一旦试用期发生工伤事故，即使上班第一天就出了工伤，用人单位也得承担责任。如果用人单位没有为试用期员工缴纳社会保险费，工伤产生的所有费用就得用人单位自己承担。因此，《中华人民共和国社会保险法》（简称《社会保险法》）第五十八条第一款规定："用人单位应当自用工之日起三十日内为其职工向社会保险经办机构申请办理社会保险登记。"

（5）不满足录用条件要及时解除合同。用人单位在试用期内解除合同，需要证明劳动者在试用期不符合录用条件。因此，对不符合录用条件的劳动者，企业一定要在试用期届满前发出解除合同的通知。实践中，有企业碍于情面或者一时招录不到其他人，抱着慢慢观察的态度，拖到试用期结束才下决心解除合同。可是，只要试用期届满，哪怕只超出一天，就可能需要支付较高的辞退成本。

2. 确定工作时间和休息、休假事项

（1）工作时间。工作时间简称工时，是指法律规定的劳动者从事生产或者工作的时间，包括工作日和工作周。我国有最高工时的限制。用人单位突破最高工时规定的，应当支付加班工资或者安排劳动者补休。

我国法律规定的工作时间有标准工作时间、缩短工作时间、不定时工作时间、综合计算工作时间、计件工作时间和非全日制工作时间等类型。用人单位和劳动者可以根据工作岗位特点等因素协商确定劳动者的工作时间。例如，夜班（当日 22 时至次日 6 时）工作者就需要适用缩短工作时间，外勤人员通常适用不定时工作时间，水运行业工作者多适用综合计算工作时间。需要注意的是，如果企业实行不定时工作制和综合计算工时工作制，应按照《关于企业实行不定时工作制和综合计算工时工作制的审批办法》的规定履行审批手续。如果用人单位和劳动者没有特殊规定，就采用标准工作时间。

（2）休息、休假。①休息。我国规定的休息包括工作日内的休息、两个工作日间的休

[①] 《劳动合同法》第八十三条规定："用人单位违反本法规定与劳动者约定试用期的，由劳动行政部门责令改正；违法约定的试用期已经履行的，由用人单位以劳动者试用期满月工资为标准，按已经履行的超过法定试用期的期间向劳动者支付赔偿金。"

息和休息日。工作日内的休息应在员工连续工作 4 个小时以后开始，休息时长由企业自行决定，一般是 1~2 小时，不能低于半小时，要确保员工有休息和进餐的时间。如果确实因生产需要不能间断工作，要确保员工有吃饭的时间。休息时间不计入工作时间。两个工作日间的休息，例如，欧盟要求旅游大巴车的司机一次行程最多工作 12 天，每晚必须驻车休息至少 11 小时。我国目前还没有强制休息时长的具体规定，但要求企业在调换班次时，不能让工人连续工作两班。休息日是指劳动者工作满一个工作周后至少应休息 1 天。休息日由企业自行安排，不一定是周六、日。②休假。我国的法定节假日包括全民放假的节日和部分公民放假的节日。全民放假的节日包括元旦、春节、清明节、劳动节、端午节、中秋节和国庆节，共 11 天。部分公民放假的节日包括妇女节、青年节、儿童节和建军节等。全民放假的节日涉及补假和支付节假日加班工资的问题。我国企业职工连续工作 1 年以上可享受带薪年休假。年休假的天数与劳动者的工龄相关。劳动者可以放弃年休假，以换取未休带薪年假的工资。劳动者还享有婚丧假。① 但是，国家对非国有企业职工婚丧假期的时间和待遇没有做出规定。实践中，各企业的做法并不一致。②

3. 明确延长工作时间事项

延长工作时间就是人们通常所说的加班、加点。加班是在休息日或法定休假日工作，加点是在工作日超过合同工时继续工作。除法律规定的需要及时抢修及其他情形③外，用人单位延长劳动者的工作时间，应注意以下几点：

（1）除不定时工作制和非全日制用工外，其他工作制均适用延长工作时间的规定。

（2）延长工作时间必须是用人单位安排的。员工自愿加班的，用人单位无须支付加班费。用人单位可以规定加班的审批程序。只有符合审批程序的加班，用人单位才支付加班费。考勤记录与加班审批程序的记录要保留。

（3）延长工作时间必须经劳动者同意。我国法律要求加班、加点必须与工会和劳动者协商同意。对于没有工会的企业，必须征得劳动者的同意。

（4）不能超过法律规定的延长时间。加点一般每日不得超过 1 小时，最长不得超过 3 小时，每月不得超过 36 小时。

（5）休息日加班的，应当先补休。不能补休的，才支付加班工资；法定节假日工作的，不能以补休替代支付加班工资。因为即使安排补休，节假日已经过去了。

4. 商定工资与福利

（1）工资。根据国家统计局《关于工资总额组成的规定》第四条的规定，工资总额包括计时工资、计件工资、奖金、津贴和补贴、加班加点工资和特殊情况下支付的工资。此外，财政部《关于企业加强职工福利费财务管理的通知》第二条规定，企业为职工提供的

---

① 《劳动法》第五十一条。

② 有的企业参照原国家劳动总局、财政部《关于国营企业职工请婚丧假和路程假问题的通知》；有的地区制定有相关的地方法规、行政规章；有的企业自己制定相关规定。

③ 《劳动法》第四十二条；《关于〈国务院关于职工工作时间的规定〉的实施办法》第七条。

交通、住房、通信待遇，已经实行货币化改革的，按月按标准发放或支付的住房补贴、交通补贴或者车改补贴、通信补贴，应当纳入职工工资总额管理。

我国对用人单位的工资自主分配权进行了一定的限制，设定了最低工资标准。最低工资标准分为月最低工资标准和小时最低工资标准，分别适用于全日制就业劳动者和非全日制就业劳动者。最低工资不包括延长工作时间的工资，中班、夜班、高温、低温、井下、有毒有害等特殊工作环境、条件下的津贴，法律法规和国家规定的劳动者福利待遇以及用人单位通过贴补伙食、住房等支付给劳动者的非货币性收入。

试用期的工资可以低于试用期满后的工资。具体标准是试用期的工资不得低于本单位相同岗位最低档工资的80%或者不得低于劳动合同约定工资的80%，并不得低于用人单位所在地的最低工资标准。尽管法律的表述是"不得低于"，但一般用人单位都会选择最低标准来发放，不会发放全部工资。

劳动合同中的工资部分除写明工资支付水平外，还应该写明工资支付项目、工资支付形式、工资支付时间以及特殊情况下的工资支付等事项。工资只能以法定货币的形式在约定的日期支付给劳动者本人，具体可以是现金支付、转账支付等，但不能以实物及有价证券替代货币支付。用人单位必须做好工资台账，书面记录支付劳动者工资的数额、时间、领取者的姓名以及签字，并保存2年以上备查。用人单位在支付工资时应向劳动者提供一份其个人的工资清单。

（2）福利。福利是企业给职工提供的除奖金、津贴、纳入职工工资总额管理的补贴、职工教育经费等以外的各种现金补贴和非货币性服务。福利越来越成为企业吸引人才、留住人才的主要激励方式。

企业福利分为法定福利与自设福利。法定福利包括社会保险与住房公积金。自设福利由企业根据自身情况自行决定是否发放。企业福利的性质是集体性福利，非个别人享有。福利待遇的项目、标准等事项应遵循一定的程序确定，并向企业内部职工公开，纳入企业财务预算。

5. 劳动保护、劳动条件和职业病危害防护

劳动保护、劳动条件和职业病危害防护是劳动合同的必备条款，但这些都属于其他法律、行政法规和各行业规章制度中的强制性规范，订立劳动合同时，用人单位和劳动者协商的余地很小。所以，这部分内容在合同中通常只做原则性规定，具体内容需要用人单位依照法律法规和规章制度的规定认真落实执行。

合同中的原则性规定包括用人单位的告知义务和职业病健康检查义务。如果用人单位未明确告知工作条件、职业病危害等事项，有可能被认定为欺诈，导致劳动合同无效。职业病健康检查，一方面是为了检查劳动者是否符合录用条件，另一方面有利于免除劳动者入职后本单位的医疗责任。如果劳动者入职后才发现其之前就患有职业病，在诊断或者医学观察期间，用人单位不能轻易解除劳动合同。

6. 社会保险

如前所说，企业应当依法履行为职工缴纳社会保险费的义务。这部分费用一定不能节省。

7. 其他事项

用人单位和劳动者还可以根据行业的特点、双方的要求等因素自行协商确定一些事项。这些事项通常包括培训、保密和竞业限制等。

（1）培训。《劳动法》第六十八条规定："用人单位应当建立职业培训制度，按照国家规定提取和使用职业培训经费，根据本单位实际，有计划地对劳动者进行职业培训。从事技术工种的劳动者，上岗前必须经过培训。"除入职培训和一般的业务培训外，企业还可能为特定的员工提供专项培训。由于专项培训并非企业的法定义务，企业因此而支付了培训费的，有权享有相应的服务回报。

（2）保密和竞业限制。劳动者应保守用人单位的商业秘密。对于能够接触到商业秘密的员工，用人单位可以要求他签订保密条款。保密通常和竞业限制联系在一起。签订这两类条款时，应注意：①要明确应保守的商业秘密的范围与事项。商业秘密在不同的时间和区域有不同的标准，用人单位应当对本单位商业秘密的内容及等级进行划分，并制定相应的保密制度。②针对不同的劳动者签署不同的、个性化的条款或协议，事项明确，法律责任具体、清晰。签署了保密协议，用人单位就要支付劳动者一定数量的保密费。对于那些接触不到本单位商业秘密的员工就无须签订保密协议。③保密期和竞业限制的期限最好与劳动合同的期限一致，甚至更长。根据《劳动合同法》第二十四条第二款的规定，在解除或者终止劳动合同后，用人单位的高级管理人员、高级技术人员和其他负有保密义务的人员到与本单位生产或者经营同类产品、从事同类业务的有竞争关系的其他用人单位，或者自己开业生产或者经营同类产品、从事同类业务的竞业限制期限，不得超过 2 年。在竞业限制期限内，用人单位应按月支付劳动者经济补偿。

导入案例分析

用人单位和劳动者是否构成事实劳动关系，应根据《关于确立劳动关系有关事项的通知》第一条和第二条的规定来判断。其中，该通知第一条规定："（一）用人单位和劳动者符合法律、法规规定的主体资格；（二）用人单位依法制定的各项劳动规章制度适用于劳动者，劳动者受用人单位的劳动管理，从事用人单位安排的有报酬的劳动；（三）劳动者提供的劳动是用人单位业务的组成部分。"本案中，某经营酒水饮料销售的公司是符合法律规定的用人单位，刘某是自然人，双方在主体资格上都符合成立劳动关系的条件；刘某接受公司的指派，驾驶公司车辆为客户送货，公司给刘某发放工资，这些都符合法律规定的构成事实劳动关系的条件。因此，双方构成事实劳动关系。

知识点 3　员工的在职管理

导入案例

　　2017 年，李某被某公司任命为矿山救护队副中队长，享受每月 1 000 元的职务补贴和 400 元的车补。2019 年 5 月，该公司以李某工作不负责任、乱报数据给公司造成重大损失为由，由救护队中队长徐某在救护队全体队员在场的情况下宣读了《关于处理到矿监测气体乱报数据的处罚报告》《关于免去李某副中队长的报告》《关于救护队机构改制补助申请的报告》，免去李某副中队长职务。李某多次向公司要求出具免职文件未果，故申请劳动仲裁。2020 年 10 月 28 日，县劳动争议仲裁委员会做出裁决，要求公司支付李某 2019 年 6 月至 2020 年 8 月期间的副中队长补贴及车补××元。公司在法定期间向法院提起诉讼，要求不支付上述费用。

基本理论

一、运用劳动合同进行管理

（一）全面履行劳动合同

　　劳动合同的履行是指劳动合同的双方当事人按照合同的约定完成各自义务的行为。《劳动合同法》第二十九条规定："用人单位与劳动者应当按照劳动合同的约定，全面履行各自的义务。"因此，劳动合同的履行既包括用人单位要按照合同约定的内容提供岗位和劳动条件、支付工资福利等，也包括劳动者提供相应的劳动义务。而全面履行，既包括实际履行，也包括亲自履行。

　　劳动者应当按照合同的约定提供劳动，完成劳动任务，提高职业技能，执行劳动安全卫生规程，遵守劳动纪律和职业道德，并履行一定的忠实义务，包括服从管理和保密义务两种。在履行了劳动义务之后，劳动者有权获得劳动报酬，有权享有社会保险和福利，有权休息和休假，有权获得劳动安全卫生保护等法律规定的其他劳动权利。

　　用人单位的权利包括要求劳动者提供劳动、对生产劳动发出指示命令、对违反规章制度的劳动者进行纪律处分等权利。用人单位履行合同义务的行为包括依法建立和完善规章制度，按时全额给付工资、提供劳动保护、使用劳动者提供劳动①、提供证明书、向劳动者说明劳动条件等。法律对于女职工有"四期保护"②的特别规定等，用人单位在履行合同时应注意这些规定。

（二）合法变更劳动合同

劳动合同的变更是指劳动合同依法订立后，在尚未履行或者履行完毕之前，由于一定事实的发生，经双方协商同意对劳动合同的部分条款进行修改的行为。劳动合同的变更有主体变更和内容变更两种。

1. 主体变更

劳动合同应当亲自履行。但是，有时候用人单位因生产经营的需要会发生合并、分立、重组等情形，为了保障劳动者的合法权益，由变更后的用人单位承接原用人单位的劳动合同，同时继续履行原劳动合同的内容。③需要注意的是，如果仅仅是企业名称、法定代表人、主要负责人或者投资人等事项变更，则不属于劳动合同主体变更，仍然属于原合同的履行。④

2. 内容变更

劳动合同应当全面履行。但是如果履行过程中客观环境发生了变化，导致合同内容无法履行，法律也会允许对劳动合同的部分条款进行适当的调整。引起合同内容变更的原因，既有用人单位的原因，也有劳动者个人的原因，还可能是有其他客观原因。例如，用人单位调整生产经营范围，导致某些岗位被取消；劳动者的身体状况发生变化。需要注意的是，升职、加薪等由低到高的变化，也属于劳动合同内容的变更。

劳动合同内容的变更必须经双方协商一致并签字盖章才能生效。未经对方当事人同意擅自改变合同内容是无效的。如果双方未能就变更劳动合同内容达成协议，用人单位在提前30日以书面形式通知劳动者本人或者额外支付劳动者1个月工资后，可以解除劳动合同。

二、运用规章制度进行管理

员工违反规章制度与劳动纪律而遭受处罚时很容易与用人单位发生矛盾。要想使规章制度成为解决劳动争议的依据，用人单位应注意以下问题：

---

① 有些企业为了减少经济补偿的计算标准，故意将劳动者安排待岗，按照最低工资标准支付工资，同时组织一些无关紧要的培训迫使劳动者到岗，否则就按旷工处理。这样一来，有些劳动者会主动提出辞职，尽快寻找薪水更高的工作。即使劳动者不主动辞职，待岗一年的月平均工资也远低于劳动者在岗时的月工资，降低了解除合同的经济补偿或经济赔偿的总数。这样的做法就属于违背使用劳动者提供劳动的义务。
② "四期保护"是指在女职工的经期、孕期、产期、哺乳期对女职工的劳动强度和待遇的保护。
③《劳动合同法》第三十四条。
④《劳动合同法》第三十三条。

（一）规章制度的制定必须合法

1. 制定程序合法

有些涉及员工重大利益的规章制度，法律要求必须经过平等协商或者提交职工代表大会等民主程序才能通过。因此，这些规章制度的制定必须履行法定的程序，否则，无法产生法律上的约束力。

2. 公示公告程序合法

现实生活中，有些用人单位的规章制度不向员工公开，只是在员工违反了规章制度时才告知，很容易被员工提出法律效力方面的质疑。还有一些用人单位不注意保留告知的证据，一旦发生纠纷，就会陷入非常被动的境地。因此，用人单位不仅应当在员工入职时组织他们学习规章制度，记录下学习的时间、内容，由到场人签名，还应当将规章制度制作成员工手册，人手一本，由领取人签名。平时要将规章制度张贴于企业的公告栏内。

3. 内容合法

规章制度的内容不能违反国家法律法规、政府规章的规定。

（二）规章制度的执行必须合法

1. 固定员工违反规章制度的证据

对于员工违反规章制度和劳动纪律的事实要有确凿的证据。这些证据可能是员工自己的陈述、其他员工的陈述、用人单位的监控录像、相关部门的处理意见等。例如，员工之间打架的报警、出警记录，或者事件发生后员工自己写的检查等。

2. 认真遵守规章制度中的处罚程序

一般对违反规章制度和劳动纪律的处罚都是循序渐进的，例如，连续旷工 3 天如何处理，连续旷工 10 天如何处理，或者同样的违纪事件（如上班时间玩手机），第一次发现批评教育，第二次发现扣奖金，第三次发现开除。那么，在处罚时也要遵守这个程序，不能在第一次发现员工上班时间玩手机时就直接将其开除。

3. 规范违纪处罚单

违纪处罚单要详细记录员工违纪的事实、处罚的理由和依据，并经过相关部门的审批程序，由相关部门领导签字，最后加盖用人单位的印章，以用人单位的名义发出。违纪处罚单应送达员工本人并签字确认。员工拒绝签字的，应注意保留证据，如可以现场录音、录像、拍照，也可以按照员工入职时提供的通信地址邮寄。如果是以扣工资、奖金的方式进行的处罚，员工签名的工资单也可以作为其认可处罚的证据。

导入案例分析

本案的争议焦点是某公司是否应支付李某 2019 年 6 月至 2020 年 8 月期间的副中队长补贴和车补。根据案情可知，这两项费用并非用人单位必须向劳动者发放的劳动报酬，而是属于用人单位提供的福利。是否发放及发放标准一定程度上属于用人单位自主经营权的范畴，除双方约定外，用人单位还可以自主决定。此外，原告是否任命被告为副中队长，或者任命后免除副中队长职务及工作内容的调整，用人单位也有权自主决定。由于刘某工作失误，公司在救护队全体队员在场的情况下宣布免除刘某的副中队长职务。免除职务后刘某不再享有副中队长补贴和车补，在法律关系上并无不妥。法院认为县劳动争议仲裁委员会的裁决缺乏法律依据，判决公司无须向刘某支付上述两项费用。

知识点 4　员工的离职管理

导入案例

张某向劳动仲裁机构申请仲裁称："本人于 2002 年 9 月 1 日入职被申请人处，工作岗位为招商部长，每月工资为 4 000 元。2020 年 4 月 1 日，被申请人与本人解除劳动关系。由于被申请人未给本人开具解除劳动合同的通知书，也未到劳动局办理退工手续，从而导致本人无法领取失业救济金。现请求被申请人赔偿本人未能享受失业保险待遇的经济损失，从 2020 年 4 月 1 日至申请仲裁时，共计××元。"被申请人答辩称："被申请人与申请人已经解除劳动关系。申请人办理失业保险并未告知被申请人，被申请人只有协助申请人办理失业保险的义务，并没有为其办理失业保险金的义务。所以，请求依法驳回申请人的仲裁请求。"

基本理论

一、确认员工离职的原因

员工离职的原因非常关键，因为它会涉及用人单位是否需要支付经济补偿或者经济赔偿的问题。员工离职一般由两种情形导致：劳动合同终止和劳动合同解除。

（一）劳动合同终止

劳动合同终止是指由于出现了一定的法定事由导致劳动合同自然结束或者不可能继续履

行而不得不结束的情形。劳动合同终止一般不涉及当事人的意思表示，只要法定事由出现，合同就自然终止。

劳动合同终止的情形包括：①劳动合同期满；②劳动者开始依法享受基本养老保险待遇；③劳动者死亡，或者被人民法院宣告死亡或者宣告失踪；④用人单位被依法宣告破产；⑤用人单位被吊销营业执照、责令关闭、撤销或者用人单位决定提前解散；⑥法律、行政法规规定的其他情形。[①]

当事人不能约定劳动合同终止的情形。但是，如果合同期满时劳动者正处于医疗期、孕期、产期和哺乳期内，除法律规定的情形外，用人单位不能终止劳动合同。劳动合同的期限应自动延续到期满为止。

（二）劳动合同解除

劳动合同解除比较复杂，它是劳动合同的提前结束。劳动合同解除不仅需要一定事实的发生，还需要有用人单位或者员工的意思表示。劳动合同解除包括以下情形[②]：

1. 用人单位和员工经协商解除

经协商一致，用人单位和员工可以解除劳动合同。但是，提出的主体不同，会影响经济补偿的支付。如果是由用人单位提出解除劳动合同，用人单位就要支付经济补偿[③]；如果是由员工提出解除劳动合同，用人单位就不需要支付经济补偿。[④]

2. 员工单方提出解除

员工在符合法律规定的情形下，可以单方解除劳动合同，无须用人单位同意，也无须支付违约金。

（1）预告解除。员工提前30日以书面形式、试用期内提前3日通知用人单位解除劳动合同。

（2）随时解除。当出现以下情形时，员工可以随时解除劳动合同：①用人单位未按照法律规定或劳动合同约定为员工提供劳动保护或者劳动条件；②用人单位未及时足额支付劳动报酬；③用人单位未依法为员工缴纳社会保险费；④用人单位的规章制度违反法律法规的规定，损害员工权益；⑤用人单位以欺诈、胁迫的手段或者乘人之危，使员工在违背真实意思的情况下订立或者变更劳动合同；⑥法律、行政法规规定劳动者可以解除劳动合同的其他情形；等等。

（3）立即解除。当出现以下情形时，员工可以立即解除劳动合同：用人单位以暴力、威胁或者非法限制人身自由的手段强迫员工劳动，或者违章指挥、强令冒险作业危及员工人身安全。

---

① 《劳动合同法》第四十四条。
② 《劳动合同法》第三十六条至第四十一条；《劳动合同法实施条例》第十八条和第十九条。
③ 《劳动合同法》第四十六条第二款。
④ 《劳动合同法》第四十六条第（二）项。

3. 用人单位单方提出解除

（1）预告解除。这种解除是由于客观情况变化引起的，并非由某一方的过错所导致。当出现以下情形时，用人单位可以预告解除劳动合同：①员工患病或者非因工负伤，在规定的医疗期满后不能从事原工作，也不能从事由用人单位另行安排的工作；②员工不能胜任工作，经过培训或者调整工作岗位，仍不能胜任工作；③劳动合同订立时所依据的客观情况发生重大变化，致使劳动合同无法履行，经用人单位与员工协商，未能就变更劳动合同内容达成协议。由于用人单位和员工都没有过错，解除时就要兼顾双方的利益。用人单位应提前30日以书面形式告知员工解除合同，或者额外给员工支付1个月的工资。

（2）随时解除。随时解除适用于员工有过错的情形，所以无须提前通知员工。当出现以下情形时，用人单位可以随时解除劳动合同：①试用期不合格；②严重违反规章制度；③严重失职，营私舞弊，给用人单位造成重大损失；④与其他单位建立劳动关系，对完成本单位的工作任务造成严重影响，或者经用人单位提出拒不改正；⑤员工以欺诈胁迫手段或乘人之危订立合同；⑥被追究刑事责任。如果用人单位未能证明员工有过错却解除劳动合同，员工有权要求恢复劳动关系或者主张违法解除的赔偿金。

（3）经济性裁员。如果用人单位经营出现了严重的困难并且不得不裁员，用人单位和员工也会解除劳动合同。但这种解除牵扯的因素比较多，社会影响大，轻易不能使用。即使解除，对员工的补偿通常也是由统一的政策来确定，不会只考虑法律的因素。

（4）不得解除的情形。为了保护劳动者的利益，法律规定了用人单位不得解除劳动合同的情形：①从事接触职业病危害作业的劳动者未进行离岗前职业健康检查，或者疑似职业病病人在诊断或者医学观察期间；②在本单位患职业病或者因工负伤并被确认丧失或者部分丧失劳动能力；③患病或者非因工负伤，在规定的医疗期内；④女职工在孕期、产期、哺乳期；⑤在本单位连续工作满15年，且距法定退休年龄不足5年；⑥法律、行政法规规定的其他情形。

二、分析双方可能承担的责任

确定员工离职的原因，有利于判断因员工离职而产生的法律责任。如果是员工自己提出离职，用人单位应进一步询问员工离职的原因，检查自身是否有过错，是否需要支付经济补偿或者经济赔偿，是否需要支付未签书面合同的2倍工资，是否会引发因为拖欠工资、未缴纳社会保险费、未提供相应的劳动保护等法定义务而承担行政罚款等责任。

如果是用人单位提出解除合同，要进一步确定是哪种理由，员工是否有过错，是否有证据证明员工存在过错，是否属于法律规定的不得解除的情形，解除决定做出的程序以及通知程序是否合法，是否需要员工支付违约金或者赔偿损失。

用人单位将员工离职的原因和法律规定做对应性的检查之后，收集相关证据。根据不同的情形，用人单位与员工协商不同的处理方案。

三、规范员工离职的程序

员工的离职程序，尤其是因用人单位单方解除合同而使员工离职的，稍有不慎，就会导致解除程序违法，让用人单位不得不承担赔偿责任。

（一）合同终止时的离职程序

我国法律没有明确规定合同终止时的离职程序。在实践中，因合同期满不再续约的，一般参照合同解除的规定，用人单位提前 30 日告知劳动者。

（二）合同解除时的离职程序

1. 员工单方解除劳动合同时的离职程序

用人单位无过错的，员工应提前 30 日告知用人单位。用人单位有过错的，员工可以随时提出解除合同。由于员工提出离职时，用人单位无从判断自己是否有过错，因此，无论是由于哪种原因提出的离职，用人单位都应当要求员工提出书面申请或填写单位制作的表格，履行内部的审批程序后才能解除合同。离职申请或表格中应详细写明员工离职的原因。

2. 用人单位单方解除劳动合同时的离职程序

（1）如果用人单位有工会，人力资源部应当先将解除的理由通知工会。工会提出反对意见的，人力资源部应当认真考虑并将处理意见告知工会。

（2）用人单位制作书面的解除通知送达员工。送达可以是直接送达，也可以是邮寄送达。

（3）注意法律要求的特殊程序。例如，如果员工无过错，用人单位必须提前 30 日告知员工；如果员工不能胜任工作，必须要先经过"为员工培训或调岗""与员工协商变更劳动合同"等环节，没有履行这些环节直接解除合同，就属于违法解除。

（4）员工违反规章制度被开除、除名的，要注意处罚决定程序和办理解除劳动合同的手续。有些单位在员工违反纪律的当下就宣布除名，既没有经过内部做出处罚决定的程序，也没有给员工送达书面的解除通知，这就面临很大的法律风险。

（三）履行法定的义务

1. 交接工作，结清费用

用人单位应与离职员工在规定的时间内做好工作交接，人力资源部和员工都在交接清单上签字。人力资源部凭交接清单，结算工资，需要支付经济补偿的，支付经济补偿，为员工办理正式离职手续。

2. 出具离职证明，办理档案和社会保险关系转移手续

用人单位应及时出具解除或者终止劳动合同的证明，并在解除或终止劳动关系之日起

15 日内告知社会保险经办机构，为劳动者办理档案和社会保险关系转移手续。实践中，有些用人单位会以双方还存在纠纷为由扣留劳动者的档案和社会保险，这不仅会使企业面临罚款，如果给劳动者造成损失，还需要承担赔偿责任。有些企业由于疏忽，未及时给劳动者办理退工手续，导致劳动者无法领取失业救济金，也要承担相应的赔偿责任。[①]

🔍 导入案例分析

  本案的争议焦点是用人单位是否有过错。根据《社会保险法》第五十条的规定："用人单位应当及时为失业人员出具终止或者解除劳动关系的证明，并将失业人员的名单自终止或者解除劳动关系之日起十五日内告知社会保险经办机构。失业人员应当持本单位为其出具的终止或者解除劳动关系的证明，及时到指定的公共就业服务机构办理失业登记。失业人员凭失业登记证明和个人身份证明，到社会保险经办机构办理领取失业保险金的手续。失业保险金领取期限自办理失业登记之日起计算。"根据上述规定可知，失业人员申领失业保险金必须以原单位在法定期限内向相关社会保险经办机构上报失业名单为前提。只有经过这一环节，社会保险经办机构才有可能核对确认申领人的身份，并在核对真实之后发放失业保险金。上报名单的行为不能由申请人自行完成，也须在法定期限内办理。原单位未能履行该义务，导致申请人无法享受失业保险的待遇，应当承担赔偿责任。

📕 法律法规索引

  1.《中华人民共和国劳动法》

  2.《中华人民共和国劳动合同法》

  3.《中华人民共和国劳动合同法实施条例》

  4.《最高人民法院关于审理劳动争议案件适用法律若干问题的解释（一）》

📄 思考题

  1. 企业招录阶段应注意哪些法律问题？

  2. 劳动合同用工和劳务派遣用工有什么区别？

  3. 企业在解除劳动合同时可能承担哪些责任？

📄 案例实训

  毕某 2005 年 1 月 5 日入职某集团公司下属 A 分公司，书面合同中约定了工作岗位、工作时间和工资标准。2014 年 10 月 11 日，集团公司因业务需要将毕某调

---

  ① 例如，《天津市失业保险条例》第二十五条规定："用人单位未向失业人员出具解除或者终止劳动关系的书面证明的，由人力资源和社会保障行政部门责令改正；给失业人员造成损害的，用人单位应当承担赔偿责任。"

至下属 B 分公司，工作时间不变，工资标准进行了相应的调整，但双方并未签订书面劳动合同。2018 年 7 月 31 日，B 公司通知毕某调换工作岗位，毕某不同意公司的安排，公司遂宣布将毕某待岗处理。毕某于 2018 年 8 月 31 日不再到 B 公司上班。B 公司于 2018 年 10 月 8 日向毕某发出到岗通知，要求其接到通知三天后去单位报到。毕某因为已经找到新工作不愿请假，未去 B 公司报到。2018 年 10 月 12 日，B 公司以连续旷工多日为由将毕某开除。毕某向劳动仲裁机构提出仲裁请求：①确认双方自 2005 年 1 月 5 日至 2018 年 10 月 12 日期间存在劳动关系；②被申请人应支付申请人在 B 公司工作期间延时加班费合计××元；③被申请人应支付申请人在 B 公司工作期间周六、日加班费××元；④被申请人应支付申请人在 B 公司工作期间法定节假日加班费××元；⑤被申请人应支付申请人在 B 公司工作期间未休年假工资××元；⑥被申请人应支付申请人在 B 公司工作期间每年防暑降温费××元；⑦被申请人应支付申请人在 B 公司工作期间每年采暖补贴××元；⑧被申请人应支付申请人在 2018 年 1 月 1 日至 2018 年 7 月 31 日期间奖金××元；⑨被申请人应支付代通知金××元；⑩被申请人应支付违法解除劳动关系赔偿金××元；⑪被申请人应支付未签订书面劳动合同的二倍工资差额××元。

　　问题：如果你是仲裁员，能支持申请人的哪些请求？为什么？

思考题与案例实训
参考答案

Unit 6 单元六

企业生产经营法律事务

🎯 学习目标

完成本单元的学习之后，你将可以：

1. 了解安全生产和环境保护方面的主要法律制度或法律规定。

2. 了解产品质量和广告营销方面的主要法律制度或法律规定。

3. 了解专利的种类与法律规定。

4. 具备处理相关纠纷的基本意识和方法。

💡 要点提示

1. 安全生产责任制。

2. 环境保护方面的主要法律制度。

3. 产品质量方面的主要法律规定。

4. 广告审查的内容。

5. 知识产权的内容与保护。

知识点 1　安全生产

不同类型的企业有关安全生产的法律规定不完全相同，本知识点以共性规定为主要内容。

导入案例

某公司生产负责人邓某某明知被害人关某某不具备锅炉操作资格，仍然安排其从事蒸汽锅炉司炉作业。入职后，关某某在进行蒸汽锅炉作业时，发现一台运行中的锅炉严重缺水，决定为其注水。关某某并不熟悉具体的操作规程，导致过热的锅筒钢板急剧快速冷却，钢板表面产生裂纹，内部高温带压的饱和水及水蒸气外泄并瞬间汽化，产生冲击波引起锅炉爆炸，造成被害人关某某当场死亡。事后，邓某某以重大责任事故罪被追究法律责任。

基本理论

一、概述

生产事故会造成人员伤亡、财产损失、环境破坏等结果。为了避免这种现象发生，企业必须确保生产安全，尽力消除或控制引发生产事故的各种危险和有害因素，确保生产经营的顺利进行。只有安全生产，工作有序，才可以减少人员伤亡，减轻财产损失，增加企业效益，实现企业的可持续发展。

二、我国法律对安全生产的主要规定

高速工业化往往伴随着安全生产事故的高发。近年来，我国发生了多起安全生产事故，其中不乏重大甚至特别重大的安全生产事故[1]，造成了巨大的生命和财产损失。[2] 事故的发生往

---

[1]　例如，2015年天津港"8·12"爆炸事故，165人遇难，8人失踪，798人受伤，直接经济损失近70亿元；山西临汾襄汾"8·29"农村饭店重大坍塌事故、太原"10·1"景区冰雕馆重大火灾事故，分别造成29人遇难和13人遇难；吉林省松原市连续发生"4·15"和"10·4"2起重大道路交通事故，分别造成12人遇难和18人遇难。

[2]　国家统计局《2019年国民经济和社会发展统计公报》：2019年全年各类安全生产事故共死亡29 519人。

往与相关人员对隐患和危险的忽视或者心存侥幸有关。[①] 为了强化企业的安全生产意识，《中华人民共和国安全生产法》（简称《安全生产法》）第三条明确规定："安全生产工作应当以人为本，坚持安全发展，坚持安全第一、预防为主、综合治理的方针，强化和落实生产经营单位的主体责任，建立生产经营单位负责、职工参与、政府监管、行业自律和社会监督的机制。"

（一）树立以人为本的理念

以人为本，要求企业在追求发展和生产效益时，要把人民的生命财产安全放到首位。当生产与安全发生冲突时，应当暂停生产、确保安全。例如，要确保员工的休息时间，不能疲劳作业；操作环节要严格符合科学规程，不能删减、跨越等。这样精细化的要求必定会影响生产经营的效率，因此很多企业就会心存侥幸。但劳动者是企业持续发展的关键。如果发生安全生产事故，不仅当下会遭受财产损失，也会影响企业的声誉。没有劳动者愿意在没有安全感的企业中工作。因此，企业的决策层与管理层一定要转变观念，树立以人为本的理念，把人的安全放在生产的第一位。

（二）坚持安全第一、预防为主、综合治理的方针

事故一旦发生，即使是在第一时间抢险救灾并追究相关主体的法律责任，也无法挽回已经造成的损失。因此，必须转变观念，以预防为主，消除隐患，防范事故发生。要全方位运用经济、法律和必要的行政手段，从监管体制、安全立法、经济政策、行业特点、企业规划、企业管理、科技进步、安全投入、教育培训、奖惩办法、社会监督以及追究事故责任、查处违法违纪等方面着手，建立安全生产的长效机制。

（三）建立、落实安全生产责任制

为了保证生产经营的有序进行，企业应建立安全生产责任制，用以明确各生产岗位和工作岗位的职能和责任。企业决策层、管理层、技术人员和管理人员、生产工人各自有自己的生产责任。安全生产责任制是生产责任制的重要组成部分，不同的主体承担不同的责任。违反安全生产的，相关责任人可能承担行政责任甚至刑事责任。

三、法务人员在企业安全生产事务中的职责

安全生产既是现代企业的管理原则，也是企业必须遵守的法律义务。确保企业在安全的状态下从事生产经营，不只是生产技术部门和安全部门的职责。法务人员在企业安全生产事务中的职责如下：

---

① 以"湖北'电梯吃人'案"为例。据官方通报，工作人员在事故发生前五分钟就发现电梯盖板有松动翘起现象，但并未采取停梯检修等应急措施。

（一）参与制定安全生产规章制度，明确安全生产责任制

建立、健全本单位的安全生产责任制与制定安全生产规章制度是企业主要负责人应履行的主要责任。但在生产实践中，通常是由具体的职能部门起草文件后，提交给企业权力机构讨论通过，企业主要负责人只负责最后的核签。在起草过程中，法务人员要积极参与，并做好与业务部门的沟通与协商，确保各项内容既符合《安全生产法》的强制性要求，又兼顾本企业的实际情况。为此，法务人员应注意做好以下工作：

（1）调研企业安全生产经营状况，与安全部门一同走访企业生产经营部门，了解各部门的基本生产流程和作业环节、技术特点，确定有安全隐患的工作、岗位及所需要的防护措施，查看工作场所、生产设施与劳动保护的基本情况。

（2）参与安全生产责任制、安全生产规章制度和操作规程等的制定。根据企业各级领导、职能部门、工程技术人员、岗位操作人员的工作内容，细化各岗位和人员安全生产方面的职责范围、考核标准、奖惩规定等。根据企业生产过程中的风险点制定安全生产规章制度，例如，会议制度，教育培训制度，检查和报告制度，劳动防护用品配备、管理和使用制度，危险作业管理和职业卫生制度，职业病防护设施，安全生产资金投入及安全生产费用提取、管理和使用制度，安全设施、设备管理和检修、维护制度，生产安全事故隐患排查治理制度，生产安全事故报告和调查处理制度，应急预案管理和演练制度和安全生产档案管理制度等。安全生产操作规程是劳动者在生产劳动过程中必须遵守的技术要求和工作程序，是对生产劳动过程中应该干什么、不应该干什么，先做什么、后做什么，什么阶段做什么等的科学、详细的规定，对规范员工操作、保证设备安全运行、预防事故发生都起着重要作用。法律对企业安全生产的要求很高，严格按照法律的要求做，必定会影响生产经营的效率，因而企业的生产部门和法务部门之间经常发生矛盾。法务人员要明确自己的职责，积极参与安全生产规章制度的制定，敢于坚持自己的意见，提出法律建议，积极争取企业领导的支持，擅于和相关部门沟通，确保企业的生产经营在安全生产的法律规定范围之内进行。

（二）督促执行安全生产规章制度，落实安全生产责任制

法务部门应保持与生产部门的日常联系，做好提醒、提示、定期检查、检测与维修工作，及时发现问题，反馈情况，督促落实改进；定期对员工进行安全生产方面的普法教育，不仅要组织员工学习相关的法律法规、规章制度，还要用现实的案例来教育员工，培养员工的安全意识，使其严格按照操作规程做事，认真落实安全生产责任制，做好内容细化，落实到人。

（三）协助相关部门和人员妥善处理安全生产事故

这方面的工作包括：①处理事故现场，了解事故发生的经过，找出事故发生的原因。如

果事故的发生是多种原因造成的，要搞清楚主要原因和次要原因以及各原因之间的关系。②严格按照法律法规、规章制度的规定对事故责任者进行处理，追究其行政或法律责任。③了解伤亡情况，依照法律规定对伤亡人员进行赔付。④提出防止相同或类似事故发生的切实可行的预防措施，并督促相关部门加以实施。⑤认真反思，总结教训，使企业员工尤其是管理层了解事故发生的原因及所造成的危害，深刻认识到搞好安全生产的重要性。

🔍 导入案例分析

根据《安全生产法》第九十一条的规定，生产经营单位的主要负责人未履行安全生产管理职责，导致发生安全生产事故的，给予撤职处分；构成犯罪的，依照刑法有关规定追究刑事责任；《刑法》第一百三十四条规定，重大责任事故罪是指在生产、作业中违反有关安全管理的规定，因而发生重大伤亡事故或者造成其他严重后果的行为。本案中，被告人邓某某身为公司生产负责人，未落实"管生产必须管安全"的职责，对单位生产安全管理制度执行不到位，对安全培训教育督促不到位，安排不具备锅炉操作资格的被害人关某某从事蒸汽锅炉司炉作业，导致发生重大伤亡事故，其行为构成重大责任事故罪。

知识点 2 环境保护

💼 导入案例

2005 年 11 月 13 日，中石化某分公司双苯厂一车间发生爆炸，约 100 吨苯类物质流入松花江，造成江水严重污染。国务院事故及事件调查组经过调查，认定该事件为一起特大安全生产责任事故和特别重大水污染责任事件。爆炸事故的直接起因是操作人员违反操作规程。污染事件的直接原因是消防人员用水冲洗爆炸现场时，制造苯原料的硝基苯与其他有机物一起被冲刷出来，并被当成污水通过排雨管线排放通道，流入松花江。污染事件的间接原因是：某分公司及双苯厂对可能发生的事故会引发松花江水污染问题没有进行深入研究，有关应急预案有重大缺失；市事故应急救援指挥部对水污染估计不足，重视不够，未提出防控措施和要求；集团公司和股份公司对环境保护工作重视不够，对分公司在环保工作中存在的问题失察，对水污染估计不足，重视不够，未能及时督促采取措施；市环保局没有及时向市事故应急救援指挥部建议采取措施；省环保局对水污染问题重视不够，没有按照有关规定全面、准确地报告水污染程度；环保总局在事件初期对可能产生的严重后果估计不足，重视不够，没有及时提出妥善处置意见。最终，中石化集团公司，某分公司、双苯厂、省环保局、市环保局的相关责任人员均受到了不同程度的党政纪处分。

基本理论

一、概述

环境问题可以分为两类：一类是人类排放的污染物超过了环境自身净化能力或承载能力而造成的污染，如大气污染、水体污染、土壤污染、噪声污染等；另一类是人类对自然的开发和利用超过了其恢复和增值能力，如水土流失、草原退化、土壤盐碱化、水源枯竭、物种灭绝等。企业是造成环境污染的绝对主体。随着国家对生态环境安全的重视，"环保风暴"呈常态化趋势。环保机关的监管力度不断加大，企业因环境污染而遭受的行政处罚、民事赔偿甚至刑事处罚的案例日益增多，且责任越来越重。[①] 为了避免触碰环保红线，企业在生产经营中一定要高度重视环保问题，积极控制污染，合理利用资源，承担起环境保护责任。

二、与企业环境保护义务有关的主要法律制度

（一）环境标准

环境标准是界定环境行为是否合法的技术依据，其主要内容是技术要求和各种量值规定。环境标准按照等级可以分为国家标准、行业标准和地方标准，按照内容可以分为环境质量标准和污染物排放标准。符合标准的行为就是合法行为，否则，就是违法行为。需要注意的是，每个国家在同一领域的环境标准有可能不同，企业产品在进入国外市场时应遵守该国的环境标准。例如，欧盟要求欧盟市场上制成品中全氟辛烷磺酰基化合物的含量不能超过质量的 0.005%。该禁令实施后对我国纺织品、皮革、造纸、包装、印染助剂、化妆品等的出口造成了较大影响。[②]

---

① 以《中华人民共和国大气污染防治法》为例。1987 年法律颁布时法条共计 41 条，法律责任 9 条；1995 年第一次修订时法条增至 50 条，法律责任 10 条；2000 年第二次修订时法条增至 66 条，法律责任 20 条；2015 年第三次修订时法条总数 129 条，法律责任增至 30 条；2018 年修正时，法条总数和法律责任条款数未变。在有关行为的规范和责任的条款增加的同时，处罚也越来越严厉。

② 发达国家的环境壁垒，也称为绿色壁垒，主要集中在包装、家电、纺织服装、农产品、化学工业等方面。例如，欧盟《废旧电子电气设备回收指令》《生态设计指令》要求"环境包装制品的回收率要达到 85% 以上"。这一标准导致我国一次性餐具被禁止出口欧美市场，即使那些可以出口的产品，也需要支付高额的包装废弃物处理费用。农产品的问题主要集中在动植物疫情、农畜药残留等方面。

（二）环境影响评价

环境影响评价包括规划的环境影响评价和建设项目的环境影响评价，与企业生产经营密切相关的是建设项目的环境影响评价。建设项目的环境影响评价是指项目在开工建设前要由相关机构就项目对环境的影响进行分析、预测和评估，提出预防或者减轻不良影响的对策和措施，并随时进行跟踪监测的制度。评估结果分为对环境可能造成重大影响、轻度影响和影响很小三类，分别制作环境影响报告书、环境影响报告表和环境影响登记表。[①]

根据《中华人民共和国环境影响评价法》第二十五条的规定，建设项目的环境影响评价文件没有经过审批部门审查或者审查后没有批准的，建设单位不能开工建设。[②] 即使通过了环境影响评价，只要项目的性质、规模、地点、采用的生产工艺或者防治污染、防止生态破坏的措施发生重大变动，建设单位就应当重新报批。如果批准后超过5年才开工建设，环境影响评价文件要报原审批部门重新审核，否则建设单位就要承担相应的法律责任。

（三）"三同时"制度

"三同时"制度是指环保设施应当与主体工程同时设计、同时施工、同时投产使用。建设项目需要配套建设水、噪声或者固体废物污染防治设施的，建设单位应当依据经批准的环境影响评价文件，在项目设计方案中落实环保措施并做出环保设施的投资概算。环保项目竣工后也要进行验收。验收时间是主体工程竣工后。环保设施未经验收或者验收不合格，主体工程不得投入生产或者使用[③]，否则，建设单位就要承担相应的法律责任。[④]

（四）申报许可证制度

企业在从事有害或可能有害环境的活动之前，必须向有关机关提出申请，获得许可证后才可以进行。我国与环境保护有关的许可证有：

（1）防止环境污染的许可证，如排污许可证、海洋倾废许可证等。

（2）防止环境破坏的许可证，如林木采伐许可证、野生动物特许猎捕证、渔业捕捞许可证等。

---

① 《建设项目环境保护管理条例》第七条。

② 《建设项目环境保护管理条例》第九条规定，建设项目环境影响评价审批权在环境保护行政主管部门；《中华人民共和国环境影响评价法》第二十二条规定，建设项目环境影响评价审批权在生态环境主管部门。但在《关于开展工程建设项目审批制度改革试点的通知》中，推行由政府统一组织对地震安全性评价、地质灾害危险性评估、环境影响评价、节能评价等进行区域评估。这样的规定只是取消了环境影响评价单独审批的做法，并非取消了环境影响评价制度。

③ 《建设项目竣工环境保护验收暂行办法》第五条、第七条第三款。

④ 例如，某机械公司在配套防污设施未按要求建设到位的情况下就将主体工程投入生产，被浙江省衢州市衢江区环保局做出"单位罚款20万元且法定代表人罚款5万元"的处罚决定。

（3）整体环境保护许可证，如建设规划许可证等。

（五）环境费制度

环境费在我国体现为环境保护税和自然保护费。

（1）环境保护税是针对污水、废气、噪声和废弃物等突出的显性污染强制征收的税费。在我国境内直接向环境排放应税污染物的企业、事业单位和其他生产经营单位都应当缴纳环境保护税。大气和水污染物的计税依据按照污染物排放量折合的污染当量数确定。综合利用的固体废物符合国家和地方环境保护标准的，属于环境保护税的免征范畴。

（2）自然保护费主要表现为资源利用费、恢复费等，如育林费、森林植被恢复费和森林生态效益补偿基金、野生动物资源保护管理费、草原植被恢复费和水资源费等。

（六）清洁生产制度和循环经济制度

（1）清洁生产鼓励从源头削减污染，提高资源利用效率。例如，通过改进设计，使用清洁能源和原料，采用先进技术与设备，改善管理，综合利用等措施，减少或者避免污染物的产生和排放。

（2）循环经济是从宏观的角度要求整个经济运行遵循"资源—产品—再生资源"的物质循环流动模式。循环经济倡导减量化（reduce）、再利用（reuse）、再循环（recycle）的原则，简称3R原则。《中华人民共和国清洁生产促进法》《中华人民共和国循环经济促进法》中倡导性的规定居多，但也有一些强制性要求，例如，对特殊企业实行强制性生产审核[①]，对部分产品和包装物要标识和强制回收，对污染严重的企业要求定期公布主要污染物排放情况等。

（七）突发环境事件应急预案制度

各级政府及企事业单位应当事先编制突发环境事件应急预案，以便最大限度地预防和减少危害。《国家突发环境事件应急预案》将突发环境事件分为特别重大突发环境事件（Ⅰ级）、重大突发环境事件（Ⅱ级）、较大突发环境事件（Ⅲ级）和一般突发环境事件（Ⅳ级），并为每一级突发环境事件制定了相应的响应机制。

（八）环境法律责任

环境法律责任是指基于法律的规定或者因为违法行为造成或者可能造成污染环境时，相关责任人应该承担的法律后果，包括民事法律责任、行政法律责任和刑事法律责任。

---

① 相关企业包括：污染物排放超过国家或者地方规定的排放标准，或者虽未超过国家或者地方规定的排放标准，但超过重点污染物排放总量控制指标的；超过单位产品能源消耗限额标准构成高耗能的；使用有毒、有害原料进行生产或者在生产中排放有毒、有害物质的。

1. 民事法律责任

民事法律责任主要是指侵权责任。[①] 环境侵权责任的构成具有特殊性：

（1）适用无过错责任原则。也就是说，企业"合法"的排污行为也会导致侵权责任。

（2）不一定有损害的结果。也就是说，仅有损害的危险也会导致侵权责任。只要能够证明损害极有可能发生，就可以开始采取措施。

（3）倒置因果关系的证明。一般侵权案件中因果关系的证明由受害人完成，但在环境侵权中，立法规定由加害人就排污行为与损害结果之间不存在因果关系进行证明，如果证明不了，就推定二者存在因果关系。

具体的民事责任形式主要有停止侵害、排除妨碍、消除危险、恢复原状、赔偿损失等[②]。这些形式可以单独适用，也可以合并适用。

2. 行政法律责任

行政法律责任是指对实施了破坏或者污染环境行为的企业及非国家工作人员的直接负责的主管人员和其他直接责任人员适用行政处罚。[③] 根据《中华人民共和国环境行政处罚办法》第十条的规定，环境行政处罚的种类有：警告；罚款；责令停产整顿；责令停产、停业、关闭；暂扣、吊销许可证或者其他具有许可性质的证件；没收违法所得、没收非法财物；行政拘留；法律、行政法规设定的其他行政处罚种类。

3. 刑事法律责任

刑事法律责任是指行为人实施了严重危害环境的行为，已经构成犯罪的，应当承担刑事法律责任。《刑法》第三百三十八条至第三百四十五条规定了破坏环境资源保护罪的各项具体罪名。[④] 在这些罪名中，既包括污染环境的犯罪，也包括破坏环境的犯罪。环境犯罪的主体既可以是个人，也可以是单位。在主观方面，污染环境的犯罪多为过失或间接故意；而破坏环境的犯罪多为直接故意，而且通常伴有牟取暴利或者其他非法利益的目的。具体的刑罚则根据罪名和主体的不同而有所不同。

---

① 《环境保护法》第六十四条规定："因污染环境和破坏生态造成损害的，应当依照《中华人民共和国侵权责任法》的有关规定承担侵权责任。" 2020年《民法典》颁布，《中华人民共和国侵权责任法》同时废止，相关内容被《民法典》第七编吸收，其中第七章规定了环境污染和生态破坏的法律责任。

② 《民法典》第一百七十九条。

③ 《环境保护法》第六十三条规定：企业事业单位和其他生产经营者违反特殊规定尚不构成犯罪的，除依法予以处罚外，还应由县级以上环保部门或者其他有关部门将案件移送公安机关，对其直接负责的主管人员和其他直接责任人员，处以行政拘留的处罚。

④ 破坏环境资源保护罪的具体罪名：污染环境罪；非法处置进口的固体废物罪；擅自进口固体废物罪；非法捕捞水产品罪；危害珍贵、濒危野生动物罪；非法狩猎罪；非法猎捕、收购、运输、出售野生动物罪；非法占用农用地罪；非法采矿罪；破坏性采矿罪；危害国家重点保护植物罪；非法引进、释放、丢弃外来入侵物种罪；盗伐林木罪；滥伐林木罪；非法收购、运输盗伐、滥伐的林木罪。

三、法务人员在环境保护事务中的职责

（一）熟悉国家关于环境保护方面的政策、法律法规和规章制度

环境要素类型多样，因此与环境保护相关的法律涵摄大气、水、土壤、海洋、森林、濒危植物保护、人文遗迹、自然保护区、乡村等各领域。法务人员不仅要熟知《中华人民共和国环境保护法》《中华人民共和国环境保护税法》《中华人民共和国大气污染防治法》《中华人民共和国固体废物污染环境防治法》等以"环境"或"污染"命名的法律，还要了解其他法律中关于环境保护的规定，如《民法典》和《刑法》中关于环境污染责任和破坏环境资源保护罪的规定；不仅要熟知立法机关制定的法律，还要了解其他国家机关颁布的司法解释、行政法规、规章制度。例如，《最高人民法院关于审理环境民事公益诉讼案件适用法律若干问题的解释》《最高人民法院 最高人民检察院关于办理环境污染刑事案件适用法律若干问题的解释》以及国务院印发的《大气污染防治行动计划》《水污染防治行动计划》《土壤污染防治行动计划》等。

（二）做好环境保护法律风险调研工作，加大环境保护普法宣传力度

法务人员应当深入基层，对企业生产经营实际与作业流程进行调研，识别出生产经营过程中可能造成环境污染、生态破坏的风险点，提出防范与治理的措施，加强事前预防和事中控制，坚决守住环保治理的"红线"和"底线"，落实环境保护责任，尽量避免和减少各类环保行政处罚，坚决禁止犯罪行为的发生。

（三）积极应对处理环境保护争议案件

在企业决策层的指导下，法务人员应当构建环境保护案件预防与处理的内外部协调合作机制。

（1）处理好与主管行政机关、人民检察院、人民法院和环保公益组织之间的关系，加强与它们的沟通交流，及时反映问题，争取理解和支持，化解矛盾，定纷止争，营造良好的环保治理共商共管的外部格局。

（2）针对已经发生的环保争议案件，首先要积极采取措施确保案件处理期间不再发生新的环境争议事件；其次要采取有效措施应对社会舆论，防止社会舆论对事件的处理形成不利的影响。

（3）树立证据意识，包括证据留存、管理意识，发生纠纷时，收集有效证据，要充分发挥法务人员、外部律师和环保专家的力量，从经济合理、维护企业正常运行的角度商讨解决方案，争取以最小的代价和成本，最大限度地消除或减少不利影响，提高环境污染争议处理的法律效果和社会效果。

（4）总结经验，强化环境保护问题分析与法律风险警示。定期汇总本企业与同行企业发生的环境保护争议案件，分析案情，查找原因和风险源，及时通报和提示环境保护法律风险，避免企业在生产经营中重蹈覆辙。

导入案例分析

本案至少有两点启示：

（1）在政府和相关厂家已有应急预案的情况下仍然发生如此严重的环境污染案件，说明应急预案及平时的演练在关键时刻并没有发挥有效的作用。因此，应急预案的制定应注意科学性，在平时演练时应注意实效性的检验。

（2）本案发生在 2005 年，依照《中华人民共和国水污染防治法》（1996），造成水体污染的环境法律责任已经包括民事责任（第五条第二款和第五十五条第一款）、行政责任和刑事责任（第五十七条），但仅见到对相关责任人员受到党政纪处分的报道。

知识点 3 产品质量

导入案例

2019 年 1 月 31 日，邱某辉在吴某平经营的"红白喜事用品专卖店"购买了一个"财到万家"的精品烟花。该产品注明由浏阳市华威烟花制造有限公司监制、湖南省中兴出口花炮厂制造。邱家在当日举行的庆典活动上燃放了该烟花。在清扫烟花残留物时，邱父随手将未燃放充分的"财到万家"烟花盒扔到已经点燃的垃圾上，导致该烟花爆炸，将经过院子的邱某一左眼炸伤（经司法鉴定为八级伤残）。吴某平在得知消息后立即赶到邱家，在现场看到了一个燃放充分的烟花盒和一个燃放不充分（断火）被炸散的烟花残留盒。在燃放不充分的烟花残留盒上可见"财到万家""精品烟花"字样。在随后的损害赔偿诉讼中，法院的审理主要围绕涉事烟花是否构成假冒伪劣产品、产品是否存在质量问题、责任主体以及责任承担等问题展开。

📁 基本理论

一、概述

人们在购买东西时，尽管考虑的侧重点不完全一样，但都会考虑产品质量。产品质量是产品应当具备的、能够满足人们生产或消费中规定需要和潜在需要的特性和功能的总和。但究竟怎样判断产品的质量？答案有很多，如可以从性能、成分以及是否方便操作、运转安全、经久耐用等方面来判断。但在我国法律上，合格，是对产品质量的基本要求。

《中华人民共和国产品质量法》（简称《产品质量法》）所指的"产品"，是指经过加工、制作之后用于销售的产品，不包括农业初级产品或原矿产品，如水稻、小麦、原油、原煤等。因为"加工、制作"环节是能够对质量进行人为控制的环节。当责任人没有履行对质量的监控义务时，就应当承担相应的法律责任。产品合格，是指产品应当符合标准或者不存在危及人身、财产安全的不合理的危险。这里的标准，首先是国家标准、行业标准、地方标准。如果没有上述标准，可以是企业标准或技术要求，但要保证产品具备应有的使用性能。

与产品质量有关的概念还有产品不合格、产品瑕疵和产品缺陷。理解这些概念之间的差别是必要的，因为它们与法律责任直接相关。例如，产品不合格，生产单位可能需要承担民事责任、行政责任甚至刑事责任，而产品缺陷和产品瑕疵，生产单位只需要承担民事责任。

（1）产品不合格，是指产品不符合《产品质量法》第二十六条第二款①规定的质量要求。

（2）产品瑕疵，是指产品不具备通常的使用性能、不符合在产品或其包装上注明的所采用的产品标准、不符合产品说明或实物样品表明的质量状况。产品瑕疵表现为三种：①不具备产品应当具备的使用性能而事先未做说明；②不符合在产品或者其包装上注明采用的产品标准；③不符合以产品说明、实物样品等方式表明的质量状况。

（3）产品缺陷，是指产品存在危及人身、他人财产安全的不合理的危险②；产品有保障人体健康和人身、财产安全的国家标准、行业标准的，是指不符合该标准。产品缺陷也分为三类：设计上的缺陷、制造上的缺陷和告知上的缺陷（也称指示缺陷或说明缺陷）。产品瑕

---

① 《产品质量法》第二十六条第二款规定："产品质量应当符合下列要求：（一）不存在危及人身、财产安全的不合理的危险，有保障人体健康和人身、财产安全的国家标准、行业标准的，应当符合该标准；（二）具备产品应当具备的使用性能，但是，对产品存在使用性能的瑕疵作出说明的除外；（三）符合在产品或者其包装上注明采用的产品标准，符合以产品说明、实物样品等方式表明的质量状况。"

② 之所以强调是"不合理的危险"，是因为有些产品因为自身的特性而具有合理的危险性。对于这些产品，法律要求生产者应当在产品或其包装上加注必要的警示标志或者在说明书中做出警示说明。例如，必须告知消费者燃气热水器应当安装在浴室外空气流通的地方。

疵要看产品是否具备"通常的性能或注明或展示的产品标准或质量状况"，产品缺陷则是看产品是否存在不合理的危险。也就是说，产品缺陷强调产品的安全性，产品瑕疵强调产品的效用性。

缺陷产品并非不合格产品。一方面，合格产品仍然有可能是缺陷产品，这是因为二者的判断标准不相同。质量标准的制定会受到现有的科技发展水平、产品设计水平、当事人认识水平等多种因素的制约，所以符合质量标准的合格产品，可能存在某种不合理的危险，从而成为缺陷产品。[①] 另一方面，没有缺陷或瑕疵的产品也可能因为其他因素而成为不合格产品。我国产品质量义务还包括标明标识、质检证明、中文名称、生产厂名和厂址等事项。违反这些规定的产品，也会被判定为不合格产品。

二、我国法律对产品质量的主要规定

（一）产品质量的监管

对产品质量的监管主要由行政职能机关和社会力量进行。行政职能机关的监管主要是指各级市场监督管理局（委）有义务定期发布产品质量状况抽查公告，也有权直接查处个案。社会力量的监管主要是指消费者可以就产品质量问题对生产者、销售者向监管机关投诉或向人民法院起诉；消费者协会可以向有关部门提出建议，或者支持消费者起诉，也可以自行提起消费公益诉讼。

（二）与产品质量监管有关的制度

1. 产品质量标准制度

标准是衡量事物的准则。产品质量标准就是对同类产品做出的统一的、规范的、科学的要求，是检验产品是否合格的尺度。产品质量标准包括国际标准、国家标准、地方标准、行业标准和企业标准。质量标准又分为强制标准和推荐标准。强制标准必须执行，否则产品不得生产或销售；推荐标准可以由生产者自愿采用。

2. 企业质量体系认证制度

企业质量体系认证是指具有认证资质的机构根据企业提出的申请，对企业的质量体系进行评定，给予通过的企业颁发认证证书并注册公布。证书可以证明企业的质量管理水平已经符合相应的标准，有能力按规定的质量要求提供产品。《产品质量认证机构名录》由国家认证认可监督管理委员会公布。各认证机构的认证依据是 GB/T 19001—ISO 9001、GB/T

[①] 2002年1月20日，4岁的韦某在骑童车玩耍过程中，右拇指被裸露在外的车链与齿轮卡住，构成9级伤残。童车生产者认为，该款童车设计原理符合《童车安全要求》，而且经广东省质检局的监督抽检也符合标准。法院判决认为，该款童车是符合国家标准的产品。然而，从产品的适用人群来分析，该款童车的设计，在一般人看来，显然有不合理的危险存在。最后，韦某胜诉，获得赔偿92 789.83元。

19002—ISO 9002、GB/T 19003—ISO 9003。[①]

3. 产品质量认证制度

产品质量认证是指企业向具有认证资质的机构提出申请，对某项产品的质量进行独立的评审。评审通过的，颁发认证证书和认证标志，以证明该产品符合相应标准和技术要求。产品质量认证的对象是产品本身，依据的标准可以是国际标准、国家标准或者行业标准。标准的层次越高，通过认证的产品的信誉度越高。产品质量认证包括自愿认证和强制认证。我国自 2001 年起实施强制认证的产品（China Compulsory Certification，CCC）共有 21 大类 137 种产品（截至 2019 年 7 月 31 日）。[②] 需要注意的是，3C 标志只是一种最基础的安全标志，并不意味着产品的使用性能优异。

4. 产品质量监督检查制度

监督检查的重点包括三类产品：

（1）可能危及人体健康和人身、财产安全的产品。

（2）影响国计民生的重要工业产品。

（3）消费者或者有关社会组织反映有质量问题的产品。

对产品质量的监督检查以抽查为主。抽检质量不合格的，生产单位根据情况分别承担限期改正、公告、责令停业、限期整顿和吊销营业执照的法律责任。

5. 其他制度

例如，产品质量检验制度、产品生产许可制度、优质产品评选制度、企业全面质量管理制度、缺陷产品召回制度等。

（三）生产者和销售者的义务

1. 生产者的义务

（1）质量保证义务，包括：①不存在危及人身、财产安全的不合理的危险；有国家标准、行业标准的，应当符合国家标准、行业标准。②具备产品应当具备的使用性能（已对产品存在使用性能瑕疵做出说明的除外）。③符合在产品或其包装上注明采用的产品标准，符合以产品说明、实物样品等方式表明的质量状况。

（2）标识合格。产品标识是指用于表明产品信息的各种表述和指示的统称，主要表现为产品的名称、产地，生产企业的名称、厂址，产品的主要成分、规格型号，以及生产日期、失效日期，警示标志等。产品标识既可以标注在产品上，也可以标注在产品包装上。我

---

① ISO 的全称为 International Organization for Standardization，即国际标准化组织，是标准化领域的国际性非政府组织，著名的国际质量管理体系 ISO 9000 系列标准（9000~9004）就是由该组织颁布的。各国在引进国际标准的过程中，通常要将国际标准转换为国家标准，转换方式有等同采用（没有任何改动）和等效采用（基本相同，有小的差异）两种。我国对 ISO 9000 系列标准是等同采用，引用后正确写法为"GB/T 19001—ISO 9001"。GB/T 表示国家推荐标准。

② 21 大类产品包括：电线电缆；电路开关及保护或连接用电器装置；低压电器；小功率电动机；电动工具；电焊机；家用和类似用途设备；音视频设备；信息技术设备；照明电器；机动车辆及安全附件；机动车辆轮胎；安全玻璃；农机产品；电信终端设备；消防产品；安全防范产品；装饰装修产品；儿童用品；防爆电器；家用燃气器具。

国法律对产品标识的要求是：①产品的标识必须真实。②有产品质量检验合格证明。③有中文标明的产品名称、生产厂厂名和厂址。④需要标明产品规格、等级、所含主要成分的名称和含量的，用中文相应予以标明；需要事先让消费者知晓的，应当在外包装上标明，或者预先向消费者提供有关资料。⑤有使用期限的，在显著位置清晰地标明生产日期和安全使用期或者失效日期。⑥容易造成产品本身损坏或者可能危及人身、财产安全的产品，应当有警示标志或者中文警示说明。

（3）包装合格。包装是指为在流通过程中保护产品、方便储运、促进销售，按一定的技术方法所用的容器、材料和辅助物等的总称。《产品质量法》第二十八条规定："易碎、易燃、易爆、有毒、有腐蚀性、有放射性等危险物品以及储运中不能倒置和其他有特殊要求的产品，其包装质量必须符合相应要求，依照国家有关规定作出警示标志或者中文警示说明，标明储运注意事项。"

（4）不得违反禁止性规定。根据《产品质量法》第二十九条至第三十二条的规定，禁止性规定包括：生产者不得生产国家明令淘汰的产品；生产者不得伪造产地，不得伪造或者冒用他人的厂名、厂址；生产者不得伪造或者冒用认证标志等质量标志；生产者生产产品，不得掺杂、掺假，不得以假充真、以次充好，不得以不合格产品冒充合格产品。

2. 销售者的义务

销售者是生产者和消费者间的中介，是产品流通过程中的重要责任者。为产品销售者设定产品质量责任和义务，有助于加强销售者的注意义务，避免缺陷产品或瑕疵产品进入市场流通。销售者的义务如下：

（1）及时检查验收。对所进产品及时检查验收，包括检查产品是否具有合格证明和其他标识。

（2）储存保管。根据产品的特点及时采取防雨、防潮、防霉等措施，保持所销售产品的质量。

（3）产品标识。销售者同样应当遵守我国法律对产品标识的规定。

（4）不得违反禁止性规定。根据《产品质量法》第三十五条至第三十九条的规定，禁止性规定包括：①销售者不得销售国家明令淘汰并停止销售和失效、变质的产品；②销售者不得伪造产地，不得伪造或者冒用他人的厂名、厂址；③销售者不得伪造或者冒用认证标志等质量标志；④销售者销售产品，不得掺杂、掺假，不得以假充真、以次充好，不得以不合格产品冒充合格产品。

（四）法律责任

产品质量责任是一种包含了民事责任、行政责任和刑事责任的综合责任。产品生产、销售、管理、使用、消费等任何一个环节违反产品质量义务，都会产生产品质量责任。

1. 民事责任

民事责任分为产品缺陷责任和产品瑕疵责任。二者的不同之处在于：

（1）产品缺陷责任是特殊侵权责任，产品瑕疵责任是违约责任。

（2）产品缺陷责任以赔偿损失为唯一形式，产品瑕疵责任有保修、包换、包退和赔偿损失等多种形式。

（3）产品缺陷责任的责任主体为生产者[①]，权利主体除了买受人，还可以是其他受害人，包括产品的购买者、使用者和第三人；产品瑕疵责任的责任主体为销售者，权利主体则仅限于产品的买受人。

（4）免除产品缺陷责任的情形有未将产品投入流通、产品投入流通时缺陷尚不存在、产品投入流通时科学技术尚不能发现缺陷存在等；免除产品瑕疵责任的情形有销售者事先告知。也就是说，瑕疵产品是可以销售的，但必须标明"处理品""次品"，并告诉消费者哪里有瑕疵。将瑕疵产品冒充合格产品销售，属于欺骗消费者的行为。

2. 行政责任

监管部门发现生产者、销售者有违反《产品质量法》行为的，有权对违法行为进行处罚。被处罚的行为有：

（1）生产、销售不符合保障人体健康和人身、财产安全的国家标准、行业标准的产品。

（2）在产品中掺杂、掺假，以假充真，以次充好，或者以不合格产品冒充合格产品。

（3）生产国家明令淘汰的产品，销售国家明令淘汰并停止销售的产品。

（4）销售失效、变质的产品。

（5）伪造产品产地；伪造或者冒用他人厂名、厂址；伪造或者冒用认证标志等质量标志。

（6）产品标识不符合法律要求。

（7）拒绝接受依法进行的产品质量监督检查。

（8）隐藏、转移、变卖、毁损被质监部门查封、扣押的物品。处罚的方式有：①责令停止生产、销售；②没收违法生产或销售的产品；③没收原材料、包装物、生产工具；④没收违法所得；⑤警告；⑥罚款；⑦吊销营业执照等。

3. 刑事责任

生产者、销售者违反《产品质量法》的规定，情节严重，严重损害消费者利益，扰乱市场经济秩序，触犯刑事法律规定的，应当追究其刑事责任。承担刑事责任的情形有四种：

（1）生产或销售明知不符合保障人体健康和人身、财产安全的国家标准、行业标准的产品，造成严重后果，构成犯罪的；

（2）在产品中掺杂、掺假，以假充真，以次充好，或者以不合格产品冒充合格产品，

---

① 《产品质量法》第四十三条规定："因产品存在缺陷造成人身、他人财产损害的，受害人可以向产品的生产者要求赔偿，也可以向产品的销售者要求赔偿。属于产品的生产者的责任，产品的销售者赔偿的，产品的销售者有权向产品的生产者追偿。属于产品的销售者的责任，产品的生产者赔偿的，产品的生产者有权向产品的销售者追偿。"如果该缺陷属于生产者的责任，销售者有权向生产者追偿。此时销售者承担的是替代责任（可追偿）；如果该缺陷属于销售者的过错，那么销售者就应当自己承担赔偿责任，此时销售者承担的是一般侵权责任（过错责任）。

情节严重，构成犯罪的；

（3）生产或销售失效、变质的产品，造成严重后果，构成犯罪的；

（4）以暴力、威胁方法阻碍市场监督管理部门的工作人员依法执行职务的。

三、法务人员在产品质量事务中的职责

法务人员不能认为产品质量只是生产部门的工作，而要从企业发展的全局着想，树立防患于未然的观念，积极协助生产部门提升产品质量。因此，法务人员要认真研究国家有关产品质量的法律法规，结合本企业生产经营的特点，利用自己的专业知识，积极参与生产，加强产品质量管理，督促企业改进产品质量，减少产品质量风险，通过提高质量扩大产品的知名度与市场占有份额，确保企业在市场竞争中获胜。

（一）熟悉并掌握相关法律法规和产业政策的规定

法务人员应当熟悉并掌握国家、地方和行业关于产品质量，尤其是与本企业产品相关的法律法规和产业政策，要充分了解与本企业产品相关的国家标准、行业标准、地方标准，弄清楚哪些是强制标准、哪些是推荐标准。了解国家对产品标注、标识的要求。对这些标准和要求应当做到了然于胸，以便为生产部门提供法律依据，同时有利于应对可能发生的质量纠纷。

（二）参与企业质量管理制度的制定、修改与完善

法务人员应当深入基层，到生产、质监等部门，充分了解本企业产品的质量状况，企业原材料进货来源、选购标准、检测程序、生产工艺与方法、质量控制及措施、产品检验、包装标识等方面的情况，找到产品质量可能存在的风险点，认真做好记录，与现行质量标准进行对照。发现产品生产、销售不符合质量标准的，提出改善建议；企业标准与国家标准、行业标准相矛盾的，提出修改建议；没有国家标准、行业标准的，提出制定企业标准的建议，标准提交有关部门讨论通过后，上报当地政府标准化行政主管部门和有关行政主管部门备案。

（三）参与企业关于质量管理和产品质量方面的决策

法务人员在此方面的工作主要是保证决策的合法性和可行性。例如，企业决策层根据法律的规定、企业自身业务特点、企业发展战略、商业前景等，对企业的管理体系和产品是否申请质量认证、申请何种质量认证、如何申请等事项进行决策。法务人员的主要任务就是通过主动提出建议、参加决策会议、回答法律咨询等方式，从法律方面为企业决策层解释法律规定，提供法律意见。当企业决策层决定进行认证时，参与起草、修改、审核与实施认证方案。

（四）协助执行企业质量管理制度

企业产品质量管理主要由专门的质量管理部门、生产部门和技术部门具体负责，法务人员有权提出自己的建议，协助质量管理部门、生产部门、技术部门做好质量检查监督工作，就所涉及的法律问题进行答疑解惑，就检查中发现的问题及时进行反馈，以引起相关部门的重视，督促它们改进工作。

（五）处理有关产品质量纠纷

产品质量纠纷通常会涉及生产者、销售者和消费者三方，因此，分清三方责任是处理此类纠纷的关键。法务人员应当对本企业产品的质量有清晰的了解，例如，产品出厂前是否经过严格的检验程序，是否有国家质检机构的鉴定证明等。如果能够确保本企业产品质量没有问题，法务人员应从销售者责任和消费者自身过错方面寻找对企业有利的事实，争取在交涉中占据主动。如果本企业产品质量确实存在问题，法务人员在交涉中就要态度诚恳，积极协商，尽量满足消费者的合理要求，避免消费者利用舆论对企业造成不利影响。当然，对于消费者漫天要价的请求应坚决予以回绝，告知其可以通过诉讼途径解决。

🔍 导入案例分析

根据《产品质量法》第四十六条的规定："本法所称缺陷，是指产品存在危及人身、他人财产安全的不合理的危险；产品有保障人体健康和人身、财产安全的国家标准、行业标准的，是指不符合该标准。"本案中，将邱某一炸伤的烟花，是已经燃放但燃放不充分的烟花。因烟花燃放不充分被再次点燃时发生爆炸并导致邱某一的左眼受伤，存在危及人身、财产安全的不合理的危险，可以认定为产品存在缺陷。

根据《产品质量法》第四十三条的规定："因产品存在缺陷造成人身、他人财产损害的，受害人可以向产品的生产者要求赔偿，也可以向产品的销售者要求赔偿。属于产品的生产者的责任，产品的销售者赔偿的，产品的销售者有权向产品的生产者追偿。属于产品的销售者的责任，产品的生产者赔偿的，产品的生产者有权向产品的销售者追偿。"因此，受害人既可以起诉生产者承担责任，也可以起诉销售者承担责任。此外，《民法典》第一千一百七十二条规定："二人以上分别实施侵权行为造成同一损害，能够确定责任大小的，各自承担相应的责任；难以确定责任大小的，平均承担责任。"因此，受害人还应起诉清扫、焚烧爆竹垃圾的人。因为烟花、清扫、焚烧，任何一个因素单独都不可能造成损害后果。邱某一的受伤是清扫、焚烧行为与产品缺陷烟花共同造成的，所以，清扫人、焚烧人应与生产者或者销售者共同对邱某一的受伤承担民事责任。其中，烟花的产品缺陷责任应为主要责任。如果受害人仅起诉清扫人、焚烧人和销售者，销售者可以向生产者追偿。

知识点 4 广告营销

与生产经营有关的营销是指为了引导货物和劳务从生产者流向消费者所进行的商务活动。在我国，规范营销的法律有《中华人民共和国民法典》《中华人民共和国产品质量法》《中华人民共和国反不正当竞争法》（简称《反不正当竞争法》）、《中华人民共和国专利法》（简称《专利法》）、《中华人民共和国商标法》（简称《商标法》）、《中华人民共和国广告法》（简称《广告法》）、《中华人民共和国环境保护法》《中华人民共和国消费者权益保护法》。本知识点仅讲述广告营销。

导入案例

自 2014 年 3 月起，潘某婷成为"中晋系"相关投资理财产品的代言人。潘某婷在广告中称：判断源自观察，更来自专业；我擅长规避风险！我是潘某婷，我是中晋合伙人！原告看到了被告代言的广告，出于对被告的信任及广告宣传的观点，以投资合伙企业的形式出资 50 万元。2016 年 4 月，"中晋系"的实际控制人、负责人和高管被公安机关立案侦查。经过刑事案件的判决，这起集资诈骗案件受害人投资款的返还率不超过 30%。原告认为，被告作为公众人物，明明不是中晋合伙人，在广告中却自称是中晋合伙人；被告没有购买过中晋系的产品，却没有提示风险，没有履行充分审查的义务，因此，被告应当承担连带责任。

基本理论

一、概述

广告是指商品经营者或服务提供者通过一定媒介和形式直接或者间接介绍自己所推销的商品或服务的商业活动。广告营销是指企业通过广告对产品展开宣传推广，促成消费者的直接购买，扩大产品的销售，提高企业的知名度、美誉度和影响力的活动。

现代企业都非常重视广告的作用，广告成为企业推销自己产品的重要方式。广告营销之所以有效，不仅是因为广告能够让消费者快速知道某个产品或服务的存在及优点，还因为广告能加深消费者的印象，增加商标的显著性，达到消费者周知的效果，增加无形财产的价值。当然，不同商品间的广告投放与收益量并不相同。例如，消费品的广告投放与收益量就比工业品多。

广告最常见的分类是非商业广告和商业广告。非商业广告包括公益广告、私人广告、政治广告。商业广告包括营销广告。广告的另一种分类是传统媒体广告和新媒体广告。传统媒体广告包括在报纸、杂志、电视、广播等上刊登的广告；新媒体广告包括互联网网页广告、互联网搜索广告、植入广告、程序化购买广告、手机 App 广告、微博广告等。由于新媒体技术发展迅猛，而立法又具有天然的滞后性，从而导致新媒体广告在缺乏监管的状态下成长，引发了很多社会矛盾。①

现代广告的发展有以下几个趋势：①非地域化。随着互联网技术的出现，广告的地域性被突破。②精准化。传统媒体广告投放没有针对性，而新媒体广告通过大数据分析，可以掌握网络用户的爱好、消费习惯和购买愿望，实现广告的精准投放。③功效化。为了在同类产品中吸引消费者的注意，经营者或广告商通常会在广告中突出产品的某种功效。以这些作为卖点的功效就可能成为监管的重点。②

二、我国法律对广告营销的主要规定

《广告法》第三条规定："广告应当真实、合法，以健康的表现形式表达广告内容，符合社会主义精神文明建设和弘扬中华民族优秀传统文化的要求。"这是我国法律对广告的基本要求。

（一）真实性

规制广告的首要任务是保证广告的真实性。但广告的真实性是相对真实，这与证据法要求的真实性有较大的差距。一方面，法律允许广告有一定程度的夸张和修饰；另一方面，每一件商品或服务都不是完美无缺的，广告主有可能会刻意回避某些信息，只要这些信息不构成交易上的重大缺陷，没有虚假或引人误解的内容，没有欺骗或误导消费者，就不能算作虚假广告。

虚假广告是《广告法》重点查处的对象。对虚假广告的认定不考虑主观心态，也不追问动机，只要宣传内容与实际情况不符合就可以构成。法律明确列举的情形有：

---

① 例如，网页搜索时的弹窗广告或者在视频播放中强行植入的广告，不仅引起消费者的不满，也引发了企业间的不正当竞争纠纷。

② 重庆某百货公司"欧莱雅"专柜印刷品广告上有"法国碧欧泉 8 天、肌肤犹如新生愈颜……"等用语。2019 年 6 月，重庆市江北区市场监督管理局认定欧莱雅（中国）有限公司属虚构使用商品的效果，做出行政处罚，责令当事人停止违法行为，并处罚款 20 万元。

（1）商品或者服务不存在的[①]。

（2）商品的性能、功能、产地、用途、质量、规格、成分、价格、生产者、有效期限、销售状况、曾获荣誉等信息，或者服务的内容、提供者、形式、质量、价格、销售状况、曾获荣誉等信息，以及与商品或者服务有关的允诺等信息与实际情况不符，对购买行为有实质性影响的。

（3）使用虚构、伪造或者无法验证的科研成果、统计资料、调查结果、文摘、引用语等信息做证明材料的。

（4）虚构使用商品或者接受服务的效果的。

（5）以虚假或者引人误解的内容欺骗、误导消费者的其他情形。

（二）合法性

《广告法》是规范广告的法律，违反《广告法》的广告都可以被称为违法广告。由于法律对广告的真实性、准确性等有专门的规定，因此此处的合法性是指以下几个方面：

1. 主体合法

广告的制作与发布涉及广告主、广告经营者、广告发布者以及广告代言人。广告主是指为推销商品或者服务，自行或者委托他人设计、制作、发布广告的自然人、法人或者其他组织；广告经营者是指接受委托提供广告设计、制作、代理服务的自然人、法人或者其他组织，通常就是广告公司；广告发布者是指为广告主或者广告主委托的广告经营者发布广告的自然人、法人或者其他组织，如电视台；广告代言人是指广告主以外的，在广告中以自己的名义或者形象对商品或服务做推荐、证明的自然人、法人或者其他组织。这些主体必须符合法律的规定，如广告代言人必须年满10周岁。

2. 客体合法

广告推广的商品或服务本身不属于法律禁止的范围。《广告法》中禁止做广告的商品或服务有两类：一类是法律禁止生产、销售的商品或者提供的服务；另一类是麻醉药品、精神药品、医疗用毒性药品、放射性药品等特殊药品，药品类易制毒化学品，以及戒毒治疗的药品、医疗器械和治疗方法。

3. 程序合法

广告经营者、广告发布者要依法健全广告业务的承接登记、审核、档案管理制度。承接广告业务要查验有关证明文件，核对广告内容。对内容不符或者证明文件不全的广告，不得提供设计、制作、代理和发布的服务。广告主或者广告经营者在广告中使用他人的名义或者

[①] 如果以非法占有为目的的虚构商品或服务进行销售，情节严重的，构成诈骗罪。此种情形下，虚假广告行为被诈骗行为吸收，按诈骗罪处理。如果不以非法占有为目的，只是想吸引客户面谈或者建立联系，促成交易的，即钓鱼广告。例如，一些房屋中介机构会在网站上发布虚假房源吸引客户前去面谈，见面后尽管如实告知且推荐了其他真实房源，但因为存在误导性，仍然构成虚假广告。

形象的，应当事先取得他人的书面同意；使用无民事行为能力的人、限制民事行为能力人的名义或者形象的，应当事先取得其监护人的书面同意。

4. 内容合法

《广告法》第九条规定，广告不得有下列情形：

（1）使用或者变相使用中华人民共和国的国旗、国歌、国徽，军旗、军歌、军徽；

（2）使用或者变相使用国家机关、国家机关工作人员的名义或者形象；

（3）使用"国家级""最高级""最佳"等用语；

（4）损害国家的尊严①或者利益，泄露国家秘密；

（5）妨碍社会安定，损害社会公共利益；

（6）危害人身、财产安全，泄露个人隐私；

（7）妨碍社会公共秩序或者违背社会良好风尚；

（8）含有淫秽、色情、赌博、迷信、恐怖、暴力的内容；

（9）含有民族、种族、宗教、性别歧视的内容；

（10）妨碍环境、自然资源或者文化遗产保护；

（11）法律、行政法规规定禁止的其他情形。

除上述普遍性要求外，《广告法》第十六条、第十八条、第二十一条、第二十三条至第二十七条和第四十条还对某些特殊商品或服务的广告内容做出了禁止性规定。这些特殊商品或服务包括：医疗、药品、医疗器械，保健食品，农药、兽药、饲料和饲料添加剂，酒类，教育、培训，招商等有投资回报预期的商品或者服务，房地产，农作物种子、林木种子、草种子、种畜禽、水产苗种和种养殖等。

5. 用语合法

法律对广告用语的限制，包括：

（1）广告经营者和广告发布者的经营范围要使用国家核定的规范用语，例如，电视台广告经营范围核定规范用语为"利用自有电视台发布国内外电视广告，承办分类电视广告业务"。

（2）广告本身的用语。主要是指广告的文字和音像图片不得使用或者变相使用中华人民共和国的国旗、国歌、国徽，军旗、军歌、军徽，以及国家机关、国家机关工作人员的名义或者形象。

（3）不得使用"国家级""最高级""最佳"等用语②。

（4）除医疗、药品、医疗器械广告外，禁止其他广告涉及疾病治疗功能，并不得使用医疗用语或者易使推销的商品与药品、医疗器械相混淆的用语。

---

① 此种情形多见于地图表示错误或者用词错误。

② 此种使用最高级表述的词语通称绝对化用语。除《广告法》明确规定的这三类外，在实务中容易被认定为绝对化用语的还有"唯一""100%""独一无二""全国首发""最好""销量第一""首选"等。但有些词汇是否构成绝对化用语，需要执法者结合广告个案的语义、语境等综合判断，因此，同一词汇有可能会得出不同的结论。

6. 标注合法

广告应当具有可识别性，能够让消费者辨别其为广告。例如，通过大众传播媒介发布的广告应当显著标明"广告"，不得以新闻报道、介绍健康、养生知识等形式变相发布广告；广播电台、电视台发布广告，不能超过规定时长，播放广告时还应提示时长；互联网弹窗广告，应当显著标明关闭标志，确保一键关闭。[①] 药品广告的内容不得与国务院药品监督管理部门批准的说明书不一致，并显著标明禁忌、不良反应。处方药广告应当显著标明"本广告仅供医学药学专业人士阅读"，非处方药广告应当显著标明"请按药品说明书或者在药师指导下购买和使用"等。

7. 发布对象与方式合法

（1）广告发布对象必须符合法律规定。例如，向私人住宅和交通工具发送广告，需要征得所有人的同意；以电子信息的方式向不特定的人发送广告，应当征得接收者的同意，同时注明发送者的真实身份、联系方式和拒绝继续接收的方式；禁止向未成年人发送任何形式的烟草广告等。

（2）特殊商品或者服务的发布方式必须合法。例如，非绝对禁止广告的处方药只能在国务院卫生行政部门和国务院药品监督管理部门共同指定的医学、药学专业刊物上做广告；声称全部或者部分替代母乳的婴儿乳制品、饮料和其他食品广告禁止在大众传播媒介或者公共场所发布；广播与电视不得发布姓名解析、运程分析、缘分测试、交友聊天等声讯服务的广告。[②] 其中，对烟草广告的限制最为严格。例如，烟草广告禁止在大众传播媒介或者公共场所、公共交通工具、户外发布，禁止利用其他商品或者服务的广告、公益广告，宣传烟草制品名称、商标、包装、装潢以及类似内容。

（三）法律责任

1. 行政处罚

对广告的监管主要由地方各级市场监督管理局（委）负责。此外，各主管行政机关也有辅助监管的义务。例如，卫生行政部门对医疗广告、新闻出版广电部门对传统媒体广告、银保监会对金融广告进行监管。监管机关有权就违法广告对广告主、广告经营者、广告发布者做出行政处罚。处罚形式有责令停止发布广告、责令广告主在相应范围内消除影响、罚款、吊销营业执照等。

2. 民事责任

因违法广告而引起的民事纠纷有三种：①经营者与竞争对手之间的纠纷，如加多宝与王老吉关于虚假广告宣传的诉讼；②消费者与经营者或销售者之间的纠纷，如美国关于

---

① 法律关于互联网弹窗广告一键关闭的规定是否适用于微博、微信等新媒体，目前尚无明确规定。2020 年 12 月 16 日，上海市消费者权益保护委员会发布的《App 广告消费者权益保护评价报告（2020）》指出，微信存在广告没有"关闭键"、广告推荐关闭流程烦琐以及广告涉嫌虚假宣传等问题。

② 《广播电视广告播出管理办法》第九条。

红牛饮料的集团诉讼；③因广告而利益受损的其他权利人，如姓名权、肖像权[①]、著作权[②]、商标权等提起的损害赔偿诉讼。在这些纠纷中，利害关系人可以请求法院对违法广告进行认定，通过司法判决确定各违法主体应承担的民事责任。例如，由于广告主应当对广告的真实性负责，因此如果虚假广告导致消费者损失，广告主应依法承担民事责任。广告经营者、广告发布者与广告代言人在一定的条件下承担连带责任。

3. 刑事责任

违法广告的社会危害性达到一定程度，就可能进入刑事规制的领域，主要是指虚假广告罪。此外，其他违法广告结合具体案情也可能触犯刑法的规定。例如，广告中有淫秽内容的，可以构成制作、复制、出版、贩卖、传播淫秽物品牟利罪、传播淫秽物品罪；通过网络组织赌博并进行广告宣传的，构成赌博罪。

三、法务人员在广告营销事务中的职责

广告是商品生产者、经营者向消费者传递商品信息、推销商品进而占领市场的重要手段，效果良好的广告能够成功激发消费者的购买愿望。因此，现代企业都非常重视广告的投入。广告自身具有的传播作用在互联网环境下，社会影响越来越大，法律对广告的监管也越来越严。如果因虚假广告或违法广告被处罚，不仅会给企业造成经营损失，也会给企业形象和口碑造成负面影响。因此，法务人员应当协助有关部门做好以下事务：

（一）全面了解国家关于广告领域的法律规定

我国调整广告事务的法律法规多而繁杂，除《广告法》和《反不正当竞争法》之外，还有大量的政府规章，如《广告管理条例》《房地产广告发布规定》《药品、医疗器械、保健食品、特殊医学用途配方食品广告审查管理暂行办法》《农药广告审查发布规定》《广播电视广告播出管理办法》等。法务人员一定要全面掌握与自己企业相关的法律规定，确保广告方案建立在合法的基础上。

（二）审查广告方案

广告方案涉及广告的形式、内容、委托、制作、投放平台等诸多事项。法务人员要认真分析方案中所列事项是否合法和真实。

---

① 例如，无锡中×真建材公司的宣传广告为"城市森林集成墙饰携手喜剧之王周星驰一起见证生态墙板真功夫"，并配有原告周星驰肖像和签名的照片，照片旁配有"代表作：《功夫》《长江七号》《大话西游》《少林足球》《美人鱼》等，周星驰是华语影坛标志性人物之一"等文字。周星驰以被告侵犯其肖像、姓名和艺名为由提起诉讼。上海市第一中级人民法院终审判决被告赔偿原告58万元，并发布致歉声明。

② 例如，2018年3月，上海一条网络科技有限公司在微信公众号及微博账号上为某品牌汽车做商业视频广告宣传。该视频中插入了一段刘某独立创作的内容，但广告发布者事先既没有征得刘某的同意，也未给刘某署名。刘某将上海一条网络科技有限公司诉至法院。法院审理后，判决该公司赔偿刘某50万元。

（三）审查广告经营者和广告发布者的资质

广告的设计、制作、发布可以由企业自己进行，也可以委托他人进行。如果委托他人进行，法务人员一定要认真审查其经营资质和经营范围，因为法律对广告经营者和广告发布者是有资质要求的。

（四）依法办理行政审批手续

法律要求必须事先申报有关机关进行审查的，应及时办理行政审批手续。这些产品主要包括医疗、药品、医疗器械、农药、兽药和保健食品等。法务人员应当在广告发布前到有关部门提出对广告内容进行审查的申请。没有经过审查或者审查没有通过的广告，不能发布。

（五）处理因广告事务引发的纠纷

如果企业因虚假广告或者其他违法广告被行政处罚，法务人员有义务提醒企业决策层决定是否行使法律规定的救济权。如果企业决策层决定提起行政复议和行政诉讼，法务人员应积极准备材料提出申请，进入救济程序。[①] 如果企业因广告事务陷入民事纠纷（包括自己的权益被侵犯、被认为侵犯他人权益和不良影响等），无论是起诉或应诉，还是处理投诉或应对舆论，法务人员都应及时查清事实，拟定合情合理的处理方案，并在事后及时总结经验进行整改。如果企业因广告涉嫌犯罪，可能被处以刑事责任，法务人员应积极收集证据，认真研究公诉机关的公诉书，厘清罪与非罪、虚假广告罪与合同诈骗罪等的界限，确定好无罪还是有罪、重罪还是罪轻、定罪辩护还是量刑辩护等方案，在维护企业合法权益的同时，协助法院查明事实，做出正确的判决。[②]

🔍 导入案例分析

《广告法》第五十六条第三款规定："前款规定以外的商品或者服务的虚假广告，造成消费者损害的，其广告经营者、广告发布者、广告代言人，明知或者应知广告虚假仍设计、制作、代理、发布或者作推荐、证明的，应当与广告主承担连带责任。"因此，本案的关键是潘某婷是否存在明知或者应知广告虚假仍做推荐的情形。对于原告提供的广告视频，法院认为：单从广告语言来看，难以直接显示出潘某婷明知或者应知广告虚假这一情况；潘某婷提供了《品牌代言服务合约》、授权

---

① 例如，2017 年 10 月，河南省汝南工商局以广告用语不准确等为由做出行政处罚决定，责令经销商汝南县闫氏副食品有限公司停止发布广告，并对生产商河北养元智汇饮品股份有限公司（简称河北公司）罚款 69 000 元。河北公司不服该处罚决定，申请复议。案件经复议、一审、二审、再审程序后，法院认定被诉行政行为认定事实不清，主要证据不足。再审判决最终撤销了行政处罚决定书和一审、二审法院的判决。

② 例如，2019 年 8 月 9 日，吉林省梅河口市人民检察院以被告郑某某、成某、刘某、赵某某、孙某某、姚某某犯合同诈骗罪提起公诉，辩护人均做无罪辩护，法院最终认定各被告构成虚假广告罪。

书、商标注册申请受理通知书等证据，表明其在签订合约之前对广告经营者进行了审查，尽到了审慎义务，且在第一时间返还了代言费，并未获取任何利益。因此，潘某婷不存在明知或者应知广告虚假仍做推荐的情形。

知识点 5 企业知识产权法律事务

🧳 导入案例

　　唯冠国际旗下有台湾唯冠和深圳唯冠等若干子公司，公司在世界 31 个国家和地区注册了 10 个 iPad 商标，其中在中国大陆注册了 2 个，这 2 个商标属深圳唯冠所有。2009 年 12 月 23 日，台湾唯冠将 10 个 iPad 商标权转让给英国 IP（Application Development Limited）公司。随后，IP 公司向苹果公司转让了所有的"iPad"商标。2010 年 9 月 17 日，苹果公司在中国大陆推出了同名的 iPad 平板电脑。中国商标网同期查询结果显示，深圳唯冠对 iPad 品牌的专用权期限至 2021 年 6 月 20 日。2010 年底，苹果公司和 IP 公司以深圳唯冠为被告向广东省深圳市中级人民法院起诉，请求确认自己对"iPad"商标的所有权并向深圳唯冠索赔。一审法院经审理后判决驳回原告的全部诉讼请求。苹果公司不服，上诉到广东省高级人民法院。深圳唯冠则针对苹果公司先后提起了 4 个诉讼：向位于圣克拉拉的加州最高法院提起诉讼，指控苹果公司在 2009 年 12 月收购"iPad"商标权交易中存在欺诈；向广东省深圳市福田区人民法院、广东省惠州市中级人民法院、上海市浦东新区人民法院，提起 iPad 商标侵权诉讼。2012 年 2 月 17 日，广东省惠州市中级人民法院判决当地苹果经销商构成侵权，禁止其销售苹果 iPad 相关产品。2012 年 7 月，广东省高级人民法院审理的 iPad 权属争议案结案：苹果公司与深圳唯冠达成和解协议，苹果公司向深圳唯冠支付 6 000 万美元后，正式成为 iPad 商标的所有权人。

📚 基本理论

　　我国知识产权纠纷的案件每年呈上涨趋势。在这些案件中不乏知名企业的身影，例如，王老吉诉加多宝商标权属、虚假广告、红罐包装等系列纠纷，奇虎 360 诉腾讯滥用市场支配地位纠纷，搜狗诉百度输入法专利侵权纠纷，优酷诉土豆不正当竞争纠纷，南、北稻香村商标权纠纷等。法务人员应当重视知识产权问题，既要保护好企业知识产权不被侵犯，也要防止侵犯他人知识产权。因为无论是被侵权还是侵权，企业付出的代价都是巨大的。

一、概述

知识产权，是人们对于自己的智力创造的成果和经营标记、信誉所依法享有的专有权利。[①] 知识产权没有具体的形状，是一种无形财产权，其特点有：

（一）专有性

知识产权人独占并垄断知识产权，没有法律规定或未经权利人许可，任何人不得使用权利人的知识产品。专有性还表现为在同一项知识产品上不能有两个或两个以上同一属性的知识产权。

（二）地域性

知识产权的效力只限于本国境内，其他国家没有保护这种权利的义务。也就是说，除受国际公约或双边互惠协定的约束外，知识产权没有域外效力。

（三）时间性

对知识产权的法律保护是有期限限制的，一旦超过法律规定的有效期，权利自行消灭，相关知识产品就成为全社会的共同财富，为全人类共同使用。需要注意的是，具体的知识产权并不一定具备上述特征，如商业秘密权就不受保护期限的限制。

知识产权有狭义和广义两种分类。狭义的知识产权只包括著作权和工业产权，工业产权主要是专利权和商标权。广义的知识产权包括著作权、邻接权、商标权、商号权、地理标志权、商业秘密权、专利权、集成电路布图设计权等。[②] 目前我国关于知识产权的立法采用单独立法的模式，相关法律法规主要包括《中华人民共和国专利法》《中华人民共和国商标法》《中华人民共和国著作权法》《中华人民共和国反不正当竞争法》和《集成电路布图设计保护条例》《中华人民共和国植物新品种保护条例》等。

二、专利权

（一）专利权的概念和特点

专利权是国家授予发明创造人独自享有的权利。专利制度，一方面要以法律的手段实现

---

① 吴汉东 . 知识产权法 . 5 版 . 北京：法律出版社，2014.
② 《知识产权法学》编写组 . 知识产权法学 . 北京：高等教育出版社，2019.

对技术实施的垄断，另一方面要以书面的方式实现对技术信息的公开。因此，专利具有垄断和公开的双重特点，也可以说是通过公开来获得垄断。[①] 我国发明专利的保护期是自申请之日起 20 年，实用新型的保护期是自申请之日起 10 年，外观设计的保护期是自申请之日起 15 年。

"垄断"在很多时候被认为是不正当、不道德甚至不合法的行为，很多国家制定了反垄断法。但是，通过专利获取的垄断不一样。专利的垄断是为了鼓励发明创造。因为如果不给发明人垄断获利的特权，发明人就无法收回研发成本，今后就不会再有兴趣从事发明创造。但任由发明人垄断专利，别人就无法利用，也不可能在它基础上改进。因此，专利的垄断既是立法保护的，也是被限制的。立法的限制主要在使用目的和时间方面。

专利的公开性是指专利申请人要在专利说明书中公开专利技术细节，在权利要求书中明确请求保护的范围。前者是为了避免重复开发造成浪费，后者是为了避免与他人发生专利权纠纷。技术细节公开不充分，会被驳回专利申请。没有公开的技术，将不会被专利法保护。

（二）专利的种类

各国专利的种类不完全相同。[②] 我国的专利包括发明、实用新型和外观设计三种。

1. 发明

发明是指对产品、方法或其改进所提出的新的技术方案。技术，是在利用自然规律或者自然现象的基础上发展起来的各种工艺操作方法或者生产技能以及相应的生产工具、物资设备等；而方案，必须具有操作实施性和复制性。发明可以分为产品发明和方法发明。产品既可以是独立的、完整的产品，也可以是零部件。方法包括制造方法、测量方法、分析方法、通信方法，产品的新用途等，既可以是完成的过程，也可以是其中的一个步骤。

2. 实用新型

实用新型是指对产品的形状、构造或者其结合所提出的适于实用的新的技术方案。实用新型仅适用于产品，而且要求产品必须具有确定的形状或者固定的三维结构。实用新型与发明都属于技术方案，对它们的保护方式基本相同。

3. 外观设计

外观设计也称为工业品外观设计或工业设计，是指对产品的形状、图案或者其结合以及色彩与形状、图案的结合所做出的富有美感并适于工业应用的新设计。外观设计以追求美感为目的。可以说，不追求实用功能是外观设计与发明和实用新型最大的区别。

---

① 专利权的英文为 patent。patent 最初是一个形容词，表示"打开的、公开的"，用于术语 letters patent。该术语源自拉丁语 litteræ patentes，意思就是公开的文件；与其相对的是 litteræ clausæ，意思是保密的文件。14 世纪时，英国和意大利的王室为了鼓励发明创造，采用特许的方式，允许一些工匠或商人在一定期限内垄断独家经营自己发明的产品。这种特许书中有对产品的详细描述，被做成 litteræ patentes，这就是现代专利制度中"专利说明书"的雏形。随着专利制度的普及，原本表示"公开的文件"的术语 litteræ patentes 也逐渐被用来专指"专利特许书"。

② 德国的专利仅限于发明，美国的专利则包括发明、植物新品种和外观设计。

（三）授予专利权的条件

专利权的授予必须同时满足积极条件且不具备消极条件。积极条件就是人们通常所说的"三性"，即新颖性、创造性和实用性。消极条件是指没有法律规定的不能授予专利权的情形。

1. 积极条件

（1）新颖性。这是专利审查最核心的条件。新颖性要求该发明或实用新型不属于现有技术①，也没有任何单位或者个人就同样的发明或实用新型在申请日前向国家知识产权局提出过申请，并记载在申请日以后公布的专利申请文件或者公告的专利文件中。

（2）创造性。这是指与现有技术相比，该发明具有突出的实质性特点和显著的进步，该实用新型具有实质性特点和进步。

（3）实用性。这是指该发明或实用新型能够制造或者使用，并且能够产生积极效果。能够被制造或者使用意味着不但要有具体的方案，还必须能够重复实施。

2. 消极条件

对于《专利法》第二十五条规定的情形，不授予专利权。此外，违反法律、社会公德或者妨害公共利益的发明创作，违反法律、行政法规的规定获取或者利用遗传资源并依赖该遗传资源完成的发明创造，也不能被授予专利权。

（四）专利的利用

专利权是一种财产权。专利权人想要将专利价值变现，可以自己实施专利技术，也可以通过合同许可他人实施专利技术。这些合同包括专利申请权转让合同、专利权转让合同和专利实施许可合同。专利权转让和专利实施许可的区别在于，实施许可后专利权人仍然享有专利权，被许可人只在合同约定的范围内享有实施权，并且许可有期限限制。

专利实施许可最主要的划分类别是独占实施许可、排他实施许可和普通实施许可。排他实施许可与独占实施许可的最主要区别是：许可他人实施专利后，专利权人自己还能不能实施。显然，独占的意思是被许可人独占专利的实施，即使专利权人自己也无权实施该专利。普通实施许可是专利权人可以不受人数限制地许可他人实施。专利实施许可还有主许可、分许可、交叉许可、强制许可、政府征用许可等形式。

（五）有关专利权的纠纷

有关专利权的纠纷多种多样，涉及民事、行政和刑事领域。民事领域的纠纷有专利权属

---

① 现有技术是指该技术在某一时间之前已经公开。公开有出版物公开、使用公开和其他方式公开三种。公开使用既包括为了商业目的的制造和销售，也包括为了使用和销售进行的展示。对公开的判断还要考虑空间和时间。由此形成了绝对地域标准（不区分国内外）、相对地域标准（仅考虑国内情形）以及申请日标准和发明（完成日）标准。我国采用申请日标准，即申请日以前在国内外不为公众所知。

纠纷、专利侵权纠纷、发明专利临时使用费纠纷、专利合同纠纷等。行政领域的纠纷主要是指因不服国家知识产权局做出的行政决定而产生的纠纷，包括驳回专利申请、宣告专利无效、强制许可、强制许可费用等。刑事领域涉及专利犯罪的罪名目前只有一个，就是假冒专利罪。

三、商标权

（一）商标权的概念与特点

商标权是商标专用权的简称，指商标所有人对其商标所享有的专用权利。商标权的对象是商标。商标，俗称牌子，是经营者宣传自己的商品或服务以及企业信誉的重要载体。有些消费者在购买商品时"只认牌子"，就是因为商标所代表的商品是值得信任的。

商标权及其特点都是针对注册商标而言的。商标只有在注册后才会受法律的保护。因此，注册商标和未注册商标是商标最重要的分类。没有使用注册商标的商品，尽管可以销售，但不能对抗注册商标。也就是说，正在使用的没有注册的商标如果被他人注册了，其他人就不能再继续使用。

注册商标的特点有：

（1）专用性。商标权人对商标享有独占性或垄断性的权利。一方面，未经商标权人同意，其他人不得在相同或类似的商品或服务上使用相同或近似的商标；另一方面，只有商标权人才可以使用、收益、处分、续展以及禁止他人侵害商标。

（2）地域性。注册商标仅在商标注册国受法律的保护，非商标注册国没有保护的义务。

（3）类别性。商标权的效力只及于注册时相同或相似的商品或服务类别，而不能扩展到其他类别。[①] 商标权的类别性有助于明确商标的保护范围，同时可以加快注册进程。

（二）商标权的取得

商标权的取得分为原始取得和继受取得。原始取得又有使用取得和注册取得两种方式。

1. 原始取得

（1）使用取得。商标权基于商标的使用事实而形成，就是商标的使用取得。使用取得的不利之处在于，如果产生争议，将很难证明谁是首先使用商标的人。

（2）注册取得。商标只有经过注册才能受到法律的保护。例如，甲公司一直在某产品上使用"a&b"商标却未申请注册，生产同样产品的乙公司将"a&b"商标注册并用于自己的产品。如果乙公司获得注册商标专用权，那么甲公司今后将不能再使用"a&b"商标。注册取得是现今世界上绝大多数国家采用的方式。我国的商标取得以注册取得为原则，以使用

---

① 例如，在民事判决书（2016）粤民再447号中，法官认为被告江苏省广播电视总台不构成侵权。因为《非诚勿扰》是一档娱乐节目，而原告的"非诚勿扰"是婚介服务，二者不构成相同或类似服务。

取得为例外。《商标法》对未注册的驰名商标也给予一定的保护，可以对抗他人的注册或使用。

2. 继受取得

继受取得又称为"传来取得"，是指通过一定的法律行为或法律事实，从原来的权利人那里受让取得商标权。继受取得包括转让、继承、企业兼并、判决执行等方式。

（三）商标的注册

我国商标注册实行自愿注册为主、强制注册为辅，申请在先和优先权等原则。除程序和形式方面的要求外，商标本身还需要满足合法性、显著性和非功能性三个要求，并且不与他人的在先权利相冲突，才可能被准予注册。

1. 合法性

合法性包括两方面的要求：①商标的构成要素应符合法律的规定，只能是"文字、图形、字母、数字、三维标志、颜色组合和声音等，以及上述要素的组合"。这样，气味、动态标志、触摸标志等要素构成的商标就不具有合法性。②商标不属于法律禁用标志。例如，同中央国家机关的名称、标志、所在地特定地点的名称或者标志性建筑物的名称、图形相同，有害于社会主义道德风尚或者有其他不良影响的标志等不得作为商标使用。

2. 显著性

商标最基本的作用是区分商品来源，保护商标的出发点和归宿在于防止因标记混淆而混淆商品。因此，商标注册成功的核心要件是显著性。商标标识显著才具有识别度。缺乏显著性的标志通常不能作为商标注册，即使注册成功，也容易引起纠纷。以文字性商标为例。根据显著性由强到弱，可以将商标词汇分为臆造词、任意词、暗示词、描述词和通用词。弱商标的效力范围和法律保护力度较差，只能禁止他人恶意、不当使用，否则，商标权人有容忍的义务。

3. 非功能性

具有功能性的立体标志不得注册为商标。[①] 功能性包括性质功能性、实用功能性和美学功能性。功能性标志之所以不得注册为商标，是因为性质功能性与显著性相冲突，而实用功能性和美学功能性可以通过申请专利来保护。由于专利保护是有期限限制的，而商标权可以通过续展而永久保护，如果允许专利技术通过商标注册得到永久性的垄断，将不利于社会进步。[②] 为了鼓励自由竞争，具有功能性的立体标志应当申请专利保护而非商标保护。

4. 不与他人的在先权利相冲突

在先权利不仅指《商标法》规定的在先权利，还包括他人的姓名权、肖像权、著作权、外观设计权、商号权等其他法律规定的权利。此外，知名商品特有的名称、包装、装潢，他

---

① 《商标法》第十二条。
② 例如，在"飞利浦公司诉雷明顿公司商标侵权案"中，飞利浦公司的三头剃须刀外观的商标被欧洲法院认为是为获得该技术效果所需要的商品形状，所以不能作为注册商标加以保护。

人初步审定公告的商标，他人在先使用的驰名商标，以及在先使用并有一定影响的商标等，都是阻止商标注册的在先权利。例如，在"绿灯侠"注册商标的行政诉讼案件中，北京知识产权法院就以原告申请的"绿灯侠"商标损害了他人就《绿灯侠》电影作品名称和角色名称享有的在先权利而驳回了原告的诉讼请求。① 侵害他人在先权利的商标不但不能注册，擅自使用的，还要承担侵权责任。

（四）商标权的续展和终止

法律对商标权的保护是有期限的，《商标法》规定的有效期为 10 年。但是，商标保护的期限性和专利权保护的期限不同。商标权可以续展。商标权的续展是指商标注册人可以申请延续注册商标的有效期。只要在每次的有效期届满前办理续展手续，商标权就可以获得事实上的无限期保护。

商标权的终止是指因法定事由发生，注册商标所有权人丧失对其所注册商标的权利。注册商标可能因为未及时办理续展手续、注销、撤销或者宣告无效而终止。

（五）商标的使用

1. 实际使用

《最高人民法院关于审理商标授权确权行政案件若干问题的规定》第二十六条第三款规定："没有实际使用注册商标，仅有转让或者许可行为；或者仅是公布商标注册信息、声明享有注册商标专用权的，不认定为商标使用。"因此，仅仅是用于广告而没有实际地销售商品或提供服务的，不构成商标使用。

2. 正确使用

商标只能在核准注册的商标标识和核定使用的商品或服务上使用。

3. 公开使用

商标必须以普通消费者可以接触到、可感知的方式使用。这就要求在商品上尽量标明"注册商标"字样或注册标记"®"。不便在商品上标记的，应在包装或说明书及其他附着物上标明。

4. 持续使用

带有商标的商品只有在市场上连续销售一段时间后才能达到被相关消费者认知的程度。

---

① 美国 DC 漫画公司对漫画《绿灯侠》享有著作权。华纳兄弟娱乐公司经美国 DC 漫画公司许可将《绿灯侠》（Green Lantern）改编为电影，影片于 2011 年 10 月在国内上映，在国内享有一定的知名度。原告时新灯具厂向国家商标局申请注册"绿灯侠"商标。公告后，美国 DC 漫画公司提出注册商标无效的异议。经原商标评审委员会复审后进入行政诉讼程序。法院判决认为："绿灯侠"商标与电影中的"绿灯侠"标识相同，核定使用于"电灯泡、电灯、灯"等商品与电影中的主要道具"提灯"属于相同或类似商品，因此容易使相关公众误认为其经过电影作品权利人的许可或者与其存在特定联系。考虑到《绿灯侠》电影作品的知名度、诉争商标标识与《绿灯侠》电影作品名称的近似程度、原告同时申请注册有"绿灯侠"对应的英文"Green Lantern"商标的事实，可以认定原告申请注册诉争商标有"搭便车"的故意。

5. 获利使用

商标权作为一种财产权，可以被许可、转让、质押、信托，还可以作为遗产被继承，可以被列入执行财产或破产财产等。

（六）商标侵权

商标侵权是指违反《商标法》的规定，假冒或仿冒他人注册商标，或者从事其他损害商标权人合法权益的行为。根据《商标法》及其实施细则的规定，商标侵权有以下几种：

1. 使用侵权

使用侵权主要发生在生产领域。假冒或仿冒他人注册商标的四种情形如下：

（1）同一种商品上使用相同商标。

（2）同一种商品上使用近似商标。

（3）类似商品上使用相同商标。

（4）类似商品上使用近似商标。

2. 销售侵权

销售侵权不以销售者主观上是否具有过错为前提。只要实际销售了就构成侵权。此种行为可能涉及的罪名是销售假冒注册商标的商品罪。

3. 标识侵权

这是指伪造、擅自制造他人注册商标标识或者销售伪造、擅自制造的他人注册商标标识。这类侵权行为的主体是从事商标印刷的企业和个体工商户。因为依照规定，商标印制单位必须是依法登记并经所在地县级以上市场监督管理局（委）确定为指定商标印制单位的。没有印制资格私自印制的，就构成侵权行为。此种行为可能涉及的罪名是非法制造、销售非法制造的注册商标标识罪。

4. 更换商标

未经商标人同意，将其商标撤下换上自己或第三人的商标，并将更换后的商品投入市场，这种行为又称为"反向假冒"，通常是处于市场垄断地位的经营者扼杀新生的、潜在的竞争对手的行为。由于是利用商标进行不正当竞争的行为，我国通过商标法来调整。

5. 为他人侵权提供便利条件

为他人提供便利条件，是指为侵犯他人商标专用权提供仓储、运输、邮寄、印制、隐匿、经营场所、网络商品交易平台等。

6. 其他侵权行为

根据行政执法和司法实践，其他侵权行为有以下四种：

（1）在同一种商品或者类似商品上将与他人注册商标相同或者近似的标志作为商品名称或者商品装潢使用，误导公众的。[①]

---

① 《中华人民共和国商标法实施条例》第七十六条。

（2）将与他人注册商标相同或者相近似的文字作为企业的字号在相同或者类似商品上突出使用，容易使相关公众产生误认的。

（3）复制、摹仿、翻译他人注册的驰名商标或其主要部分在不相同或者不相类似商品上作为商标使用，误导公众，致使该驰名商标注册人的利益可能受到损害的。

（4）将与他人注册商标相同或者相近似的文字注册为域名，并且通过该域名进行相关商品交易的电子商务，容易使相关公众产生误认的。[①]

除对注册商标加以保护外，我国还规定了驰名商标的保护制度。驰名商标是在中国为相关公众所熟知的商标。[②] 经认定为驰名商标的，法律将给予特殊保护。《商标法》将驰名商标区分为注册的驰名商标和未注册的驰名商标，二者的保护内容有所不同。如果某一驰名商标是未注册的，其权利范围限制在相同或类似商品上；如果某一驰名商标是注册的，其权利范围可以扩大到不相同或不类似的商品。[③] 无论是注册的还是未注册的，驰名商标都享有的特殊保护为：有权禁止他人注册，有权禁止他人使用。这一效力和注册商标并无差异。不过，尽管驰名商标可以获得比较广泛的排他性权利，但生产经营者不得将"驰名商标"字样用于商品、商品包装或者容器上，或者用于广告宣传、展览以及其他商业活动中。

四、商业秘密

（一）商业秘密的特点

商业秘密是指不为公众所知悉、具有商业价值并经权利人采取相应保密措施的技术信息、经营信息等商业信息。[④]

（1）技术信息是指经权利人采取了保密措施不为公众所知悉的、具有商业价值的技术知识，包括制造技术、设计方法、生产方案、工艺流程、产品配方、研究手段、技术规范、操作技巧、测试方法、质量控制和管理等方面的知识。

（2）经营信息是指技术信息以外的能够给权利人带来竞争优势的用于经营的信息。经营信息包括两类：①具有秘密性质的市场及与市场密切相关的商业情报或信息，如原材料价格、销售市场和竞争公司的情报、招投标中的标底及标书内容，供销渠道、贸易记录、客户名单、产销策略等。②经营管理方法和与之相关的资料和信息，即合理、有效地管理各部门、各行业之间的相互合作与协作，使生产与经营有机运行的秘密，通常表现为管理模式、管理

---

① 《最高人民法院关于审理商标民事纠纷案件适用法律若干问题的解释》第一条。
② 《驰名商标认定和保护规定》第二条。
③ 根据《商标法》第十三条第二款、第三款的规定，就相同或者类似商品申请注册的商标是复制、摹仿或者翻译他人未在中国注册的驰名商标，容易导致混淆的，不予注册并禁止使用；就不相同或者不相类似商品申请注册的商标是复制、摹仿或者翻译他人已经在中国注册的驰名商标，误导公众，致使该驰名商标注册人的利益可能受到损害的，不予注册并禁止使用。
④ 《反不正当竞争法》第九条第四款。

方法、管理经验以及公关等。

商业秘密的保密性不仅是指权利人在主观上有保密的愿望，而且还要求权利人客观上已经采取了一定的保密措施。[①] 是否采取了保密措施，应当根据所涉信息载体的特性、权利人保密的意愿、保密措施的可识别程度、他人通过正当方式获得的难易程度等因素认定。[②]

（二）侵犯商业秘密的行为

根据《反不正当竞争法》第九条的规定，侵犯商业秘密的行为包括：

（1）经营者以盗窃、贿赂、欺诈、胁迫、电子侵入或者其他不正当手段获取权利人的商业秘密。

（2）经营者披露、使用或者允许他人使用以前项手段获取的权利人的商业秘密。

（3）经营者违反保密义务或者违反权利人有关保守商业秘密的要求，披露、使用或者允许他人使用其所掌握的商业秘密。

（4）经营者教唆、引诱、帮助他人违反保密义务或者违反权利人有关保守商业秘密的要求，获取、披露、使用或者允许他人使用权利人的商业秘密。

（5）经营者以外的其他自然人、法人和非法人组织实施前款所列违法行为的，视为侵犯商业秘密。第三人明知或者应知他人侵犯了商业秘密，仍获取、披露、使用或者允许他人使用该商业秘密的。

（三）侵犯商业秘密的抗辩事由

在商业秘密侵犯案件中，被控侵权的人可以提出以下抗辩事由，避免承担侵权责任：

1. 反向工程

反向工程也称为逆向工程、逆向技术，是在不能轻易获得必要的生产信息的情况下，直接从成品分析，逆向推导出产品的处理流程、组织结构、功能特性及技术规格等设计要素和设计原理，是一种产品设计技术再现的过程。例如，从市场购买某产品，通过化学分析法了解该产品的成分配方。

2. 自主研发

对商业秘密的保护范围仅限于制止他人非法泄露、披露、使用等行为。现实生活中，同一时间可能有很多人在进行同样的发明创造。因此，能够证明是通过自主研发方式获得的信息，就不会被视为侵犯商业秘密。

3. 其他事由

（1）合法转让或许可。商业秘密作为一种特殊的知识产权，也是一种无形财产权，可以通过转让或许可为他人合法使用。对商业秘密的许可包括独占许可、排他许可和普通许可。

---

① 最高人民法院"侵犯水泥立窑湿式除尘器商业秘密和财产损害赔偿"上诉案。
② 《最高人民法院关于审理不正当竞争民事案件应用法律若干问题的解释》第十一条。

（2）商业秘密所有人因疏忽而公开。

（3）基于公共利益的使用。

（四）对商业秘密的保护

在侵犯商业秘密的纠纷中，权利人应向有关行政机关或者法院提供证据证明被控侵权人所使用的信息与自己的商业秘密具有一致性或相同性，同时还要证明被申请人有获取其商业秘密的条件。

经认定构成侵犯商业秘密行为的，侵权人可能会承担民事责任、行政措施，乃至刑事责任。民事责任主要有停止侵犯和赔偿损失，停止侵犯的时间一般持续到该项商业秘密已为公众知悉为止。行政措施主要有停止违法行为、被处以罚款、销毁产品、返还资料等。刑事责任，现阶段侵犯商业秘密的直接罪名是侵犯商业秘密罪。

五、法务人员在知识产权事务中的职责

现阶段，知识产权已经成为比物质资产更为重要的资源，在一定程度上，知识产权直接关系到企业的生死存亡。一方面，自主知识产权如果保护不当，被竞争对手轻而易举获得，由于没有高昂的研发费用，竞争对手以低价产品快速抢占市场，将会发生"劣币驱逐良币"的现象。另一方面，如果没有知识产权意识，不注重对他人知识产权的保护，最终会付出惨痛的代价。曾经国内企业创立的时候很多使用"借势法"，通过仿冒大企业的技术、外观设计等"傍名牌""搭便车""打擦边球"的方式来快速占有市场，但事后发现遭遇的是大企业的"放水养鱼"策略[①]，之前辛苦经营的一切其实是在为大企业"打工"。因此，法务人员应当协助企业树立知识产权意识，建立、健全知识产权管理机制，做好知识产权的申报、利用和保护工作。法务人员具体应当做好以下六个方面的工作：

（一）参与企业知识产权发展战略的制定和完善

企业知识产权发展战略的制定虽然取决于企业决策者的意识和思路，但是法务人员有责任提醒企业决策者重视知识产权问题，并在企业做出决策时积极参与，提供方案，提示风险，做好落实。

（1）法务人员自身应熟知知识产权方面的法律规定，确保企业的决策在合法的框架下进行。

（2）深入了解企业的知识产权现状，了解企业总体发展战略、规模、行业及特点、产品及特点、管理、技术力量、同行及竞争对手的情况，并分析这些情况对自身知识产权发展

---

① "放水养鱼"策略是指知识产权人在发现对方侵权后，并不急于诉讼或向对方收取许可使用费，而是等对方侵权到一定程度或对方已经离不开这个知识产品时再发起攻击。因为此时对方已"骑虎难下"，其市场要求他必须使用这个知识产品，这样，知识产权人也就具有了绝对优势的谈判地位。

战略的影响。例如，应特别关注是专利权还是商标权，应以保护为主还是不侵权为主等。

（3）起草企业自身的知识产权战略规划，包括优化配置、具体的实施策略。

需要注意的是，企业知识产权发展战略涉及企业经济和科技情报分析、市场预测、新产品动向以及经营者在某一阶段的经营战略意图，与企业经营战略直接相关，因而是企业整体发展战略的组成部分，如果被竞争对手掌握，将会给企业带来非常不利的影响。因此，企业知识产权发展战略属于商业秘密的范畴，企业需要采取一定的保密措施。此外，企业知识产权发展战略还具有时间性和地域性的特点，应随着企业的发展及时做出调整。

（二）参与企业知识产权管理机构的建设

企业知识产权管理机构负责企业日常知识产权的管理工作，但是否建立或者建立规模多大的管理机构，由企业自行决定。对于中小企业而言，由于平时可能没有太多的知识产权事务需要处理，也没有充足的人员可以调配，可以不设常设机构，而由技术部门或者法务部门兼任。但是，绝对不能不重视知识产权。由于知识产权涉及非常专业的知识，稍有不慎，就会引发严重的后果。因此，即使没有专门的法律服务部门，在其他兼任的部门中也要确定专门的负责和执行人员。为了确保决策的顺利执行，知识产权事务的负责人员应由企业高层（如副总经理）直接担任，执行人员最好是专业的技术人员或法务人员。管理机构的工作主要是对涉及企业知识产权的事项提供专业意见，参与制定有关知识产权的奖励、保密、评估等方面的规章制度，与企业业务部门就知识产权事务进行沟通，为员工培训相关知识，收集企业内外的知识产权情报，处理知识产权的申报、维持、利用和纠纷处理等事务。

（三）收集知识产权情报

企业应当对内部知识产权现状和应用情况、市场上与本企业有关的知识产权发展动态的相关信息进行收集、整理、分析，为企业发展战略、策略的制定和执行，以及产品的研发、市场推广、阻止他人获得知识产权、发现可以免费使用的资源、防范和阻止知识产权侵权等方面提供指引。企业收集的知识产权情报既包括那些与本企业密切相关的知识产权发展动态信息，也包括基于特定目的，如专利和商标的开发、申请、转让或使用许可前对相关信息的查询。知识产权情报的收集方式应当合法，通过公开的渠道进行。例如，查阅国内外公开出版的、与本企业经营业务相关的专业期刊、网站，或者国家知识产权局、商标局定期公布的公告，或者直接到办事大厅查询窗口查询。

（四）制定智力成果的保护策略

知识产权的类型是一种人为的划分方式，因此，基于不同特点的考虑，同一智力成果有可能被划分到不同的类别，从而获得不同的保护方法与保护效果。例如，选择申请专利还是商标、申请专利还是商业秘密、申请注册商标保护还是反不正当竞争保护、申请实用新型还是外观设计等，作为法务人员要熟知这些保护方法的区别，认真分析和评估企业的智力成果，为企业提供最优的保护策略。例如，在某些情形下，申请专利未必是权利保护的最好选择。现实中，许多技术领域明确被专利法排斥在保护范围之外，如果将这类发明申请专利，非但得不到专利法的保护，技术方案还会公之于众。有的技术方案更适合用商业秘密的方式加以保护，这类技术完全不必申请专利。可口可乐公司在包装用的玻璃瓶和塑料瓶上拥有数项专利，却对配方使用了商业秘密的保护方式。一般来说，如果产品本身很容易被模仿、复制，就应该申请专利。

除大的类别需要确定之外，诸多具体的细节问题更需要考虑，例如，商标注册还是不注册，不注册的商标是否要申请认定驰名商标，注册的商标是否也要考虑国际注册，文字商标是选择任意词还是选择描述性词汇，商标将被用于哪个商品或者服务的类别等。企业可以根据自身需要决定是否申请注册商标。如果是地产地销、试产试销的产品或者是短期经营的产品，一般无须注册；而那些长期生产经销、质量稳定可靠、有市场潜力的商品使用商标就应及时注册。有些企业在将自己主导的商品或服务商标进行注册的同时，还将自己暂时不经营的商品或服务商标予以注册，构成一个防御体系，为将来多元化经营做好准备。例如，著名的房地产公司万科集团申请注册的"就是一根筋"的商标，涉及通信服务、科学仪器、服装鞋帽等类别。为了防止他人"搭便车"，企业也可以将与自己注册的商标字形、发音、含义、图案的标识都进行注册，构成一个联合商标体系。例如，"海底捞"公司在状告"河底捞"公司败诉之后，一口气注册了"池底捞""渠底捞"等共计263个商标。① 现实中，许多市场营销人员倾向于为商品或服务选择描述性商标，希望潜在客户能立即识别其提供的商品或服务。但这种方法会导致商标的显著性降低，成为弱商标，有时甚至使商标不受法律保护。我们所熟知的阿司匹林、尼龙、暖水瓶、Blue Tooth（蓝牙）② 等都曾经是专有的商标，后来由于成为商品的通用名称而丧失了相应的商标专用权。因此，从法律层面，企业商标最好选择臆造词或者任意词，使用这些词的商标属于强商标并受法律保护。

（五）依法获取和利用知识产权

申请获取知识产权，首先要考虑是自行申请还是委托专利或商标代理人申请。法务人员可以自行起草申请文件，直接向国家专利行政部门递交申请。但通常情况下，为了提高申请质量和获批率，现实中企业更多愿意委托专利或商标代理人办理申请事宜。因为对于这些事情，法务人员不一定清楚，即使清楚，也未必熟悉知识产权的获取程序和专业文件。申请文件的质量不仅关系到商标能否得到批准，也会影响商标权的效力范围。材料的撰写，既要求专业知识，也要求法律知识。专利或商标代理人办理过众多案件，经验丰富，可以加快获取专利的进程和准确度。

专利权和商标权的申报，依照法律的规定和国家知识产权局、商标局的要求进行。主要

---

① "海底捞"公司之所以败诉，是因为法院认为"海底捞"是四川火锅品牌，而"河底捞"经营的是湘菜。

② "Blue Tooth"原本是爱立信公司研发的无线数据传输技术，公司在多个国家申请了商标保护。但随着技术本身成为无线数据和语音通信开放的全球规范，Blue Tooth（蓝牙）已经成为该领域商品的通用名称。

有填写规定的书面文件，准备必要的证据材料，足额缴纳相应的费用，配合有关部门进行审查核实工作，按照法定程序办理。商业秘密的特殊性在于不需要国家机关的确认就能产生专有的权利，因此，需要企业及时将企业信息归类认定，并采取相应的有针对性的、具体的保密措施。

法务人员在知识产权的利用方面主要是参与筹划知识产权的利用方式以及办理知识产权的利用手续。知识产权的利用方式有企业自身直接实施知识产权、转让知识产权、许可他人实施、资产化运作等。如果是转让知识产权，要综合考虑权利的稳定性、现有的市场状况、未来的市场前景等多种因素，做好价值评估；如果是许可他人实施，应当明确立法对不同许可方式的规定并在合同中体现。确定了利用方式之后，法务人员应当依照法律的规定办理相关的法律手续，例如，拟定、审查相关合同，办理登记或备案手续等。

（六）处理知识产权纠纷

知识产权纠纷大致包括归属权纠纷、侵权纠纷、合同纠纷和行政纠纷。知识产权纠纷相当复杂，且涉及利益重大，对企业影响重大，处理起来难度较大且耗时较长。法务人员应积极与技术部门配合，准备材料，聘请专门的知识产权律师进行应对。具体的解决方案有协商、调解、仲裁和诉讼等。

Q 导入案例分析

　　深圳唯冠在中国大陆拥有 iPad 注册商标专用权。美国苹果公司尽管购买了其他国家的 iPad 注册商标，但并未购买深圳唯冠所有的 iPad 商标，因此，其在中国大陆销售 iPad 平板电脑的行为构成对深圳唯冠商标专用权的侵犯，应当承担侵权责任。由于深圳唯冠已经申请破产保护，不再具有生产经营的能力，继续占有 iPad 商标已经无法给其带来更大的经济价值；而苹果公司如果更换商标，对其产品的市场占有率会造成很大的冲击。因此，双方达成转让商标的和解协议，是一种双赢的解决方案。这也是知识产权侵权领域经常采用的一种纠纷解决方式。

[LAW] 法律法规索引

1.《中华人民共和国安全生产法》

2.《中华人民共和国环境保护法》

3.《中华人民共和国产品质量法》

4.《中华人民共和国广告法》

5.《中华人民共和国专利法》

6.《中华人民共和国商标法》

7.《中华人民共和国反不正当竞争法》

8.《驰名商标认定和保护规定》

思考题

1. 我国有哪些与企业环境保护义务有关的法律制度？
2. 企业发布广告时应注意哪些事项？
3. 法务人员在知识产权事务中的职责有哪些？

案例实训

1. 2015 年 1 月 21 日，某公司与无施工资质的被告人林某某签订宿舍楼土建工程承包合同，约定由林某某承揽该公司宿舍楼 A#、D#（该建设工程未办理开工审批手续）土建工程、钢筋工程、模板工程。双方签订合同时，约定工程外架使用毛竹架。被告人林某某在承包该工程之后将其中的泥水工程分包给梁某某。工程分包后，梁某某便组织工人开工。2015 年 8 月，公司 A#宿舍楼建设至六层女儿墙，但外围毛竹架仅到六层层面，且毛竹架仅设置纵向防护网，未安装平面安全网。8月 12 日，工人在该宿舍楼六层层面施工，被害人肖某某在未搭设操作平台的情况下站在女儿墙模板上用振动棒振动混凝土时，南侧女儿墙整体向外倒塌，肖某某随之坠落到一层并当场死亡。

问题：本案中何人应承担何种法律责任？为什么？

2. 2018 年 9 月，江苏海达电缆有限公司（简称海达公司）与国网江苏省电力有限公司物资分公司签订低压电缆采购合同，约定由海达公司向国网江苏省电力有限公司盐城市阜宁公司提供规格为 ZC-YJV220.6/1KV4×240 的电缆线。2018 年 12月，吕某某为节省原料成本，与张某辉计议按照国家标准铜的 80%生产该批电缆，后张某辉将该决定传达给张某东，再由张某东指使施某某组织生产。2019 年 1 月，海达公司将上述 1 153 米、销售金额达 576 154.1 元的电缆线，配送至阜宁县阜城街道向阳人家工地。2019 年 1 月 17 日，阜宁县市场监督管理局对该批电缆线进行抽样调查。经河南省产品质量监督检验院检验，检测指标不符合国家标准。

问题：海达公司、吕某某、张某辉、张某东、施某某应承担何种法律责任？为什么？

3. 某药业有限公司生产的处方药"菊明降压丸"用于高血压及其引起的头痛、目眩，批准文号为"国药准字 Z210××098"，批准的功能主治为"降低血压"。该药品在某市经济生活频道发布宣传广告。广告语称"高压 150，两疗程后可以停药""高压 180，三疗程后停药不会反弹""高压 200 以上，服用 5 疗程彻底放心""买两盒赠一盒海参胶囊"等，同时广告中有专家、患者做证明的画面。

问题：请指出上述广告违法的内容，并依法给出处罚决定。

4. S 公司与刘某签订清运生产垃圾合约。合约约定，公司内所有工业垃圾由刘某清运出厂，垃圾堆放地由刘某解决。随后刘某雇用拖拉机将生产过程中产生的混凝土废渣运至郊区农村,沿潘某承包的鱼塘北面和东南角倾倒。一段时间后,潘某发现鱼塘有大小不等的死鱼,遂向区环保局报告。区环保局派人到现场拍照取证,并对鱼塘水质进行了监测。监测结论为:鱼塘水质不超标,3号处稀释后的水泥水超标。同年,潘某与区环保局的工作人员采取混凝土废渣样品,委托市环境监测中心站对取样进行毒性试验。试验结果表明:不调解 pH 值组垃圾浸出液 pH 值为12.44,100%浓度组金鱼100%死亡,75%和56%浓度组金鱼均在3小时死亡;调解 pH 值组垃圾浸出液 pH 值为7.8,未见鱼死亡,无急性毒性效应。法院经过审理后认为,刘某将 S 公司的混凝土废渣倾倒在潘某承包的鱼塘边,鱼塘出现多品种鱼死亡属实。S 公司和刘某主张鱼塘边堆放的混凝土废渣与鱼的死亡之间无因果关系。

问题:你认为 S 公司和刘某是否应当承担赔偿责任?为什么?

5. 上海某科技股份有限公司(简称上海公司)是一家生产销售户外运动装备的公司,对其产品拥有 Baselayer 注册商标。美国哥伦比亚运动服装公司(简称哥伦比亚公司)生产销售的某一类户外衣服的外包装上使用了 Baselayer 标识。上海公司认为哥伦比亚公司侵犯了自己的注册商标专用权,故向法院提起诉讼。法院查明,被诉的侵权产品在标有 Baselayer 标识的相同位置还有法文 Premierecouche 单词,这两个单词都含有"基础层"的意思。户外着装有内层、中层、外层的"三层着装法",分别对应排汗、保暖、防风雨的作用和功效。排汗层/基础层或内层对应的标注就是 Baselayer。此外,该产品本身及包装盒的正面上方、盒盖、盒底及背面合格证上多处标明了 ◈Columbia 系列商标。

问题:你认为哥伦比亚公司侵犯了原告的注册商标专用权吗?

思考题与案例实训
参考答案

Unit 7 单元七

与企业生产经营有关的行政法律事务

学习目标

完成本单元的学习之后，你将可以：

1. 了解市场监管的主要法律规定。

2. 了解税务征管的主要法律事务。

3. 了解行政许可的主要法律事务。

4. 了解行政处罚的主要法律事务。

5. 具备处理相关行政复议、行政诉讼的基本意识和方法。

要点提示

1. 市场监管的主要法律规定。

2. 税务征管的主要法律事务。

3. 行政许可的主要法律事务。

4. 行政处罚的主要法律事务。

知识点 1 市场监管

📁 导入案例

巴曲酶注射液主要用于治疗急性脑梗死等症状。巴曲酶原料药是生产巴曲酶注射液的唯一原料药，在全球范围内的生产商仅有瑞士 D 公司一家。2019 年 4 月，中国先×药业公司通过子公司与 D 公司签订《合作及供货协议》，约定 D 公司在中国境内向先×药业公司独家供应巴曲酶原料药，先×药业公司取得了中国境内巴曲酶原料药的全部货源。自 2019 年 11 月以来，下游制剂企业多次通过邮件、信函、口头等形式向先×药业公司询价，希望购买巴曲酶原料药，先×药业公司以下游制剂企业面临众多诉讼、债务负担沉重、曾被纳入失信被执行人、需要面谈等为由，始终不予报价。此后，先×药业公司一直未向下游制剂企业报价和供应巴曲酶原料药，导致下游制剂企业 2020 年 6 月起停产。2021 年 1 月 22 日，国家市场监督管理总局以先用市场支配地位对先×药业公司做出行政处罚。

📚 基本理论

一、概述

市场监管是指市场监管部门为了维护公平竞争的市场秩序，保护市场主体和消费者的合法权益，促进市场经济持续健康发展，依照法定权限和程序对市场主体实施的一系列监督、管理行为。广义的市场监管是指所有涉及与市场主体有联系的行政机关对市场主体实施的行政许可、行政处罚、行政监管等行为。狭义的市场监管指专门成立的市场监督管理部门对市场主体实施的反垄断、广告、价格、产品质量以及竞争等领域的一系列监督、管理行为。如无特别说明，本知识点的市场监管指狭义的市场监管。

二、市场监管的主要法律规定

由于广告和产品质量等问题在其他单元已有叙述，而随着经济的发展，反垄断和反不正当竞争的重要性逐渐显现[①]，本单元仅涉及反垄断和竞争领域。

（一）反垄断法律规定

垄断包含三种形态：垄断协议、滥用市场支配地位和经营者集中。[②]

1. 垄断协议

垄断协议是指具有竞争关系的经营者之间或者经营者与交易相对人之间达成的排除、限制竞争的协议、决定或者其他协同行为。包括：固定或者变更商品价格；限制商品的生产数量或者销售数量；分割销售市场或者原材料采购市场；限制购买新技术、新设备或者限制开发新技术、新产品，联合抵制交易；固定向第三人转售商品的价格；限定向第三人转售商品的最低价格等。

2. 滥用市场支配地位

滥用市场支配地位是指在相关市场内具有市场支配地位的经营者通过实施控制商品价格、数量或者其他交易条件等阻碍、影响其他经营者进入相关市场的行为。包括：①以不公平的高价销售商品或者以不公平的低价购买商品；②没有正当理由，以低于成本的价格销售商品；③没有正当理由，拒绝与交易相对人进行交易；④没有正当理由，限定交易相对人只能与其进行交易或者只能与其指定的经营者进行交易；⑤没有正当理由搭售商品，或者在交易时附加其他不合理的交易条件；⑥没有正当理由，对条件相同的交易相对人在交易价格等交易条件上实行差别待遇等。

判断是否具有市场支配地位的参考因素有：①经营者在相关市场的市场份额[③]以及相关市场的竞争状况；②控制销售市场或者原材料采购市场的能力；③财力和技术条件；④其他经营者对该经营者在交易上的依赖程度；⑤其他经营者进入相关市场的难易程度等。

3. 经营者集中

经营者集中是指具有或者可能具有排除、限制竞争效果的经营者合并，或者经营者通过取得股权或者资产的方式取得对其他经营者的控制权，或者经营者通过合同等方式取得对其他经营者的控制权或者能够对其他经营者施加决定性影响。经营者集中达到国务院规定的申报标准的，经营者应当事先向国务院反垄断执法机构申报。例如，"可口可乐拟收购汇源果汁案"。2008年8月31日，汇源果汁实际控制人朱新礼与可口可乐签署股份出售协议，朱新礼拟将所持有的汇源集团38.45%的股份转让给可口可乐，该交易报批商务部（当时的反垄断执法机构）审查。最终，商务部做出了禁止收购的决定。

判断是否构成经营者集中的参考因素有：①参与集中的经营者在相关市场的市场份额

---

① 2020年，国家市场监督管理总局全年办结垄断案件109件、罚没金额达4.5亿元，经营者集中案件立案485件、审结473件，附条件批准4件。

② 《反垄断法》第三条。

③ 根据《反垄断法》第十九条的规定：一个经营者在相关市场的市场份额达到二分之一，或者两个经营者在相关市场的市场份额合计达到三分之二，或者三个经营者在相关市场的市场份额合计达到四分之三的，可认定为经营者具有市场支配地位。但后两项情形中有的经营者的市场份额不足十分之一的，不应当推定该经营者具有市场支配地位。

及其对市场的控制力；②相关市场的集中度；③经营者集中对市场进入、技术进步的影响；④经营者集中对消费者和其他有关经营者的影响；⑤经营者集中对国民经济发展的影响等。[①]

（二）反不正当竞争法律规定

不正当竞争是指从事商品生产、经营或者提供服务的自然人、法人和非法人组织在生产经营活动中，实施的扰乱市场竞争秩序的行为。不正当竞争行为扰乱市场竞争秩序，严重损害其他经营者或者消费者的合法权益，属于市场监管部门重点制止的行为。

不正当竞争行为有：①混淆行为；②商业贿赂；③虚假或引人误解的商业宣传；④侵犯商业秘密；⑤不当有奖销售[②]；⑥编造、传播虚假信息或者误导性信息；⑦妨碍、破坏其他经营者合法提供的网络产品或者服务正常运行等。[③] 除了混淆行为，其他几类行为比较容易区分和理解。

混淆行为是指经营者实施引人误认为是他人商品或者与他人存在特定联系的行为，俗称"傍名牌"。在法律上，混淆主要是指擅自使用他人有一定影响的商品名称、包装、装潢等相同或者近似的标识，企业名称（包括简称、字号等）、社会组织名称（包括简称等）、姓名（包括笔名、艺名、译名等），以及域名主体部分、网站名称、网页等。[④]

三、法务人员在涉及市场监管事务中的职责

（一）加强企业内部制度建设，坚持合法经营

加强企业内部制度建设，应坚持以下三项原则：

（1）依法实施。此处的"法"，不仅包含法律法规，也包含企业的"内部法律"，即章程。

（2）结合实际。不存在"放之四海而皆准"的企业内部制度，任何企业的制度建设绝不可能通过简单的复制即可完成，法务人员应当结合企业发展阶段、所处行业等实际情况，完成相关工作。

（3）协调配合。加强企业内部制度建设需要企业内部各方的支持和配合，这是决定企业内部制度能否发挥作用的关键。

建立、健全企业内部制度通常会经历三个阶段：

（1）初级阶段。在这一阶段，企业内部组织架构相对松散，各部门的职责分工不够

---

① 《反垄断法》第二十七条。

② 现阶段，我国仍将最高奖的金额超过 5 万元的抽奖式有奖销售定性为不正当竞争。《反不正当竞争法》1993 年施行时，最高奖的金额不得超过 5 000 元。

③ 《反不正当竞争法》第六条至第十二条。

④ 《反不正当竞争法》第六条。

明晰。

（2）相对稳定阶段。在这一阶段，企业内部组织架构相对稳定，各部门的职责分工相对明晰。

（3）较为领先的阶段。在这一阶段，企业内部组织架构健全、稳定，各部门的职责分工明晰，各部门之间的配合度、支持度很高，并能够在应对处理相关事务中不断完善。

（二）强化争议处理能力，协助企业妥善处理争议

在企业遇到市场监管领域的实际问题时，法务人员需要高度重视，认真应对。法务人员可从以下几个方面着手加以应对：

1. 深入了解案件的基本事实，收集相关材料

即使企业已经建立较好的应对机制，也难以做到不发生任何市场监管领域的诉讼与非诉讼案件。当企业遇到诉讼或非诉讼案件时，法务人员应当履职尽责、积极应对，深入了解案件的基本事实，收集相关材料，留存证据，为后续妥善处理打好坚实的基础。

2. 制定应对方案，确定争议焦点

在准确了解具体的案件事实，明确各方当事人的真实诉求与动机后，法务人员应当依据法律法规、公司内部制度，科学地制定应对方案。在提出具体的应对方案前，法务人员应当尽可能全面地听取各方当事人的意见，确定争议焦点，为后续妥善解决打好坚实的基础。

3. 积极协助专业部门，妥善处理具体案件

与市场监管有关的问题，具体案情可能千奇百怪，类型不一而足。就企业内部部门分工、具体问题的类型等而言，企业决策者可能并未安排法务人员主导解决，此时法务人员仍应做好协助工作，把企业可能面临的损失降到最低。

（三）督促企业主动接受监督，自觉承担社会责任

市场监管领域的问题往往关涉消费者、其他企业的正当权益和社会公共利益，法务人员应当在企业中建立能够自觉接受各方监督的良好氛围，使企业真正做到善于听取各方的意见和建议，对待批评能够做到"有则改之，无则加勉"。从近年来发生的一些企业经营失败、失控的案例来看，很多都是从不愿接受监督开始，发展到回避监督、抵触监督，最后使企业失去监督，陷入违法的深渊。

企业承担社会责任能够赢得社会的认可和尊重。企业只有将社会责任融入商业模式之中，才能增强企业的竞争性。这就意味着，企业要把社会责任和利他精神融入企业的核心价值观之中，以保证企业长远发展。

🔍 导入案例分析

本案的焦点有两个：一是先×药业公司是否具有市场支配地位；二是先×药

业公司是否实施了滥用市场支配地位的行为。本案中，先×药业公司通过其子公司与D公司签订《合作及供货协议》，约定D公司在中国境内向先×药业公司独家供应巴曲酶原料药，先×药业公司取得了中国境内巴曲酶原料药的全部货源，控制了中国境内巴曲酶原料药销售市场，先×药业公司的相关市场份额为100%，具有控制巴曲酶原料药销售市场的能力，符合《反垄断法》第十八条和第十九条第一款的规定，因此，先×药业公司在中国巴曲酶原料药销售市场具有支配地位。同时，下游制剂企业多次通过邮件、信函、口头等形式向先×药业公司询价，希望购买巴曲酶原料药，先×药业公司以各种理由始终不予报价，拒绝交易，符合《反垄断法》第十七条第一款第（三）项的规定，构成滥用市场支配地位的行为。依据《反垄断法》第四十七条的规定，由反垄断执法机构责令停止违法行为，没收违法所得，并处上一年度销售额1%以上10%以下的罚款。因此，国家市场监督管理总局责令先×药业公司停止违法行为，并对其处1.007亿元罚款。

知识点 2　税务征管

导入案例

合慧伟×公司、北京城×山东分公司、中国诚×公司、天正博×公司、恩百×公司均为依法成立的有限公司或分公司。2012年8月至2013年3月，合慧伟×公司、北京城×山东分公司与中国诚×公司之间存在贸易融资关系。合慧伟×公司给中国诚×公司虚开了大量的增值税专用（进项）发票，合慧伟×公司因此留下了相应的增值税专用（销项）发票。为避免因此缴纳相应的增值税，合慧伟×公司找到天正博×公司、恩百×公司获取虚开的增值税专用（进项）发票。合慧伟×公司在没有真实交易的情况下，以购进钢材名义取得天正博×公司、恩百×公司虚开的增值税专用发票，虚开税款数额为1 600余万元，涉案增值税专用发票最终进行了抵扣。赵某作为合慧伟×公司的实际负责人，刘某作为天正博×公司、恩百×公司的法定代表人，全面负责公司的经营，并对公司事务做出决策，指派员工从事相关活动。案发后，赵某和合慧伟×公司被法院认定为构成非法购买增值税专用发票罪。

▓▓ 基本理论

一、概述

税收是国家财政收入的主要来源。税收，是指国家为了满足社会公共需要以及维持其统治职能，凭借其政治权力，对纳税人强制无偿征收税款，参与社会财产再分配的一种形式。税务征管，又称税收稽征管理，是指税务机关根据有关税法的规定，对税收工作实施管理、征收、检查等活动的总称。依法纳税、配合税收部门做好税务征管工作，是所有纳税人的法定义务。

有经济活动就可能有税收，而企业作为最重要的市场主体，是最重要的纳税人之一。企业法务人员应当充分认识到，协助企业做好依法纳税的相关工作是法务工作的重要内容之一，对于促进企业依法经营、健康发展有着重要的意义。

二、税务征管的主要法律事务

我国并未制定统一的税法，税种及征收办法分别规定在各单行法和行政法规中。

（一）主要税种

依据不同的分类标准，可以将税划分为不同类型。

1. 中央税与地方税

按照收入的归属，税可分为中央税与地方税。中央税归中央政府，地方税归地方政府。实践中，还存在中央和地方共享的形式，如增值税、企业所得税和个人所得税由中央和地方共享。

2. 所得税、流转税和财产税

按照征税对象，税可分为所得税、流转税和财产税，这通常被认为是最重要和最基本的分类。

（1）所得税是针对纳税人一定期限或特定交易的纯收益而征收的税，包括企业所得税和个人所得税。

（2）流转税是针对商品或服务的流通交易额而征收的税，所含具体税种非常丰富，如增值税、消费税等。

（3）财产税是针对某些价额较高、对国民经济影响较大的稳定财产（如土地、房产、车船等）而征收的税。

还有一种税是针对纳税人的特定行为开征的，因而被称为行为税。行为税的征税范围一般比较小，收入也不多。行为税不考虑行为的法律效果及法律效力，行为一旦发生，就应当缴纳税款，如印花税。

3. 价内税与价外税

按照税收与价格的关系，税可分为价内税与价外税。

（1）价内税是指以税金构成价格的内涵，作为课税对象价格的组成因素的税种。我国现行的消费税等属于价内税。

（2）价外税是指税金不包括在课税对象价格之中的税种。增值税就是典型的价外税。

4. 一般目的税与特定目的税

按照税收的目的是否特定，税可分为一般目的税与特定目的税。

（1）一般目的税没有特定的用途，是为了满足政府一般性的经费开支。

（2）特定目的税进入国库之后，会用于特定项目的开支。例如，环境保护税用于环境保护和污染治理，教育税用于教育事业的促进和发展，城市维护和建设税用于城市维护及基础设施建设。

5. 关税与内地税

按照征税行为是否发生在商品、技术的进出口环节，税可分为关税与内地税。

关税是针对商品及技术进出关境而征收的，内地税则是针对境内的商品、劳务、所得、财产而征收的。关税与内地税比较容易区分。

不过，针对进出口商品，我国仍然征收增值税。如果符合条件，也可能征收消费税、所得税、财产税。关税只考虑商品是否进出关境，并不考虑商品交易或所得与财产的取得等。而增值税或消费税考虑的是交易，所得税考虑的是取得收益，财产税考虑的是取得财产。因此，进出口商品完全可能被同时征收增值税、消费税和关税。如果是在境外取得收入或财产，还需缴纳所得税与财产税。

6. 从价税与从量税

按照计税依据，税可分为从价税和从量税。

（1）从价税是以征税对象的价格为计税依据，如增值税、关税等。我国目前以从价税为主。

（2）从量税是以征税对象的自然计量单位，如件数、重量、容积、面积或长度等要素为标准课征的税，如资源税、耕地占用税、车船税等。

（二）税收的构成要素

税收的构成要素主要包括纳税主体、征税对象、税率、纳税环节、纳税期限、纳税地点、税收优惠、税务争议以及税收法律责任等。

1. 纳税主体

纳税主体又称纳税人或纳税义务人，是指税法规定的依法享有权利和直接负有纳税义务的自然人、法人或其他组织。任何一部单行税法首先要解决的就是国家到底对谁征税的问题。

2. 征税对象

征税对象又称征税客体，是指征税的标的物，也就是要对什么征税。这是区别各税种的标志。我国目前的征税对象主要包括流转额、所得额或收益额、财产、行为以及资源等。

3. 税率

税率是应纳税额与征税对象之间的比例，是计算应纳税额的尺度。税率是税法的核心要素，是衡量国家税收负担是否适当的标志。税率主要有比例税率、定额税率和累进税率三种基本形式。

（1）比例税率，即对同一征税对象不论数额大小，都按同一比例征税。此种税率的优点在于计算简便，有利于税收征管，并且同一征税对象的不同纳税人的税收负担相同，有利于公平竞争。其缺点在于没有考虑不同纳税人的负担能力，不能实现税负的实质公平。

（2）定额税率，即按照征税对象的计量单位规定固定税额。此种税率的优点在于从量计征，计算简便，也有利于鼓励纳税人提高产品质量和改进包装。其缺点在于税额的规定与价格的变化情况脱离，在价格升高时不能使财政收入随之增长，在价格下跌时会限制纳税人的生产积极性。

（3）累进税率，即按照征税对象数额的大小，划分若干等级，每个等级由低到高规定相应的税率，征税对象数额越大，税率越高，征税对象数额越小，税率越低。累进税率根据计算方法和依据的不同，又可分为全额累进税率、超额累进税率、全率累进税率和超率累进税率四种。

4. 纳税环节

纳税环节是指应当缴纳税款的阶段。纳税环节解决的是在流转过程中征几道税以及在哪个环节征税的问题。

5. 纳税期限

纳税期限是指纳税主体向税务机关缴纳税款的具体时间。纳税期限之前税务机关不能征税，纳税人也不能在纳税期限届满后拖延纳税。纳税期限一般分为按次征收和按期征收两种。纳税期限还可分为缴税期限和申报期限两段，也可以将申报期限内含于缴税期限之中。

6. 纳税地点

纳税地点是指缴纳税款的地域范围，一般为纳税人的住所地，也有规定在营业地、财产所在地或特定行为发生地的。明确规定纳税地点，有助于防止漏征或重复征税。

7. 税收优惠

税收优惠是指税法对某些特定的纳税人或征税对象给予的一种免税规定，包括减免税、税收抵免、"先征后返"等多种形式。税收优惠可分为区域性税收优惠和产业性税收优惠两种。

8. 税务争议

税务争议是指税务机关与税务管理相对人之间，因确认或实施税收法律关系而产生的纠纷。解决税务争议主要通过行政复议和行政诉讼两种方式，并且一般要以税务管理相对人缴纳税数为前提。

9. 税收法律责任

税收法律责任是指税收法律关系的主体因违反税法所应当承担的法律后果。一是经济责任，包括补缴税款、加收滞纳金等；二是行政责任，包括吊销税务登记证、行政罚款等；三是刑事责任，对违反税法情节严重构成犯罪的行为，要依法承担刑事责任。

（三）企业生产经营所涉主要税种

1. 企业所得税

企业所得税是指对我国境内的企业和其他取得收入的组织，就其来源于我国境内外的生产、经营所得和其他所得征收的一种税。企业所得税的纳税义务人分为居民企业和非居民企业，不包括个人独资企业和合伙企业。

居民企业是指依法在我国境内成立，或者依照外国（或地区）法律成立但实际管理机构在我国境内的企业。非居民企业是指依照外国（或地区）成立且实际管理机构不在我国境内，但在我国境内设立机构、场所，或者在我国境内未设立机构、场所，但有来源于我国境内所得的企业。

居民企业应当就其来源于我国境内外的所得缴纳企业所得税。非居民企业在我国境内设立机构、场所的，应就其所设机构、场所取得的来源于我国境内的所得，以及发生在我国境外但与其所设机构、场所有实际联系的所得，缴纳企业所得税；非居民企业在我国境内未设立机构、场所，或者虽设立机构、场所但与取得的所得没有实际联系的，应就其来源于我国境内的所得缴纳企业所得税。

企业所得税的计税依据为纳税人每一纳税年度的收入总额，减除不征税收入、免税收入、各项扣除以及允许弥补的以前年度亏损后的余额，即应纳税所得额。企业所得税实行比例税率，基本税率为25%；对符合法定条件的小型微利企业实行20%的税率；对符合法定条件的高新技术企业实行15%的税率。

2. 个人所得税

个人所得税是指对个人（自然人）取得的各项应税所得征收的一种税。个人所得税的纳税义务人包括中国公民、个体工商户、合伙企业、个人独资企业以及在中国有所得的外籍人员（包括无国籍人员）和港澳台同胞。

个人所得税纳税人分为居民纳税人和非居民纳税人。居民纳税人（居民个人），是指在我国境内有住所，或者无住所而一个纳税年度内在我国境内居住累计满183天的个人。居民纳税人从我国境内和境外取得的所得应当缴纳个人所得税。非居民纳税人（非居民个人），是指在我国境内无住所又不居住或者无住所而一个纳税年度内在我国境内居住累计不满183天的个人。非居民纳税人仅就其来源于我国境内的所得缴纳个人所得税。

应当缴纳个人所得税的个人所得包括：①工资、薪金所得；②劳务报酬所得；③稿酬所得；④特许权使用费所得；⑤经营所得；⑥利息、股息、红利所得；⑦财产租赁所得；⑧财产转让所得；⑨偶然所得。

个人所得税的税率依所得性质不同而不同：①综合所得，适用 3%～45% 的超额累进税率；②经营所得，适用 5%～35% 的超额累进税率；③利息、股息、红利所得，财产租赁所得，财产转让所得，偶然所得，适用 20% 的比例税率。

免征个人所得税的所得有：①省级人民政府、国务院部委和中国人民解放军军以上单位，以及外国组织、国际组织颁发的科学、教育、技术、文化、卫生、体育、环境保护等方面的奖金；②国债和国家发行的金融债券利息；③按照国家统一规定发给的补贴、津贴；④福利费、抚恤金、救济金；⑤保险赔款；⑥军人的转业费、复员费、退役金；⑦按照国家统一规定发给干部、职工的安家费、退职费、基本养老金或者退休费、离休费、离休生活补助费；⑧依照有关法律规定应予免税的各国驻华使馆、领事馆的外交代表、领事官员和其他人员的所得；⑨中国政府参加的国际公约、签订的协议中规定免税的所得；⑩国务院规定的其他免税所得。

3. 增值税

增值税是以商品或应税劳务在流转过程中产生的增值额为计税依据而征收的一种流转税。增值税的征收以有实际商品流转或应税劳务发生且有增值为事实基础。增值税的纳税人是在我国境内销售货物或者提供加工、修理修配劳务，销售服务、无形资产、不动产以及进口货物入境的单位和个人，分为小规模纳税人和一般纳税人两种。

小规模纳税人是指经营规模较小、会计核算不健全的纳税人，其与一般纳税人的划分原则，关键是看会计核算是否健全，是否能够以规范化的办法计征增值税。增值税属于价外税，目前增值税税率有三档：基本税率为 13%；低税率为 9%、6%；零税率。低税率主要适用于交通运输、不动产等特定行业的产品，以及销售或进口的农业生产资料、关系到百姓生活的必需品等。零税率只适用于出口货物。对小规模纳税人实行按照销售额和征收率计算应纳税额的简易办法，并不得抵扣进项税额，小规模纳税人适用的增值税税率为 3%。

我国对增值税专用发票实行领购制度，只能由增值税一般纳税人到指定的税务机关凭相应凭证"以旧换新"领购，任何单位和个人都不得实施买卖增值税专用发票的行为。

4. 消费税

消费税是在对商品普遍征收增值税的基础上，选择少数消费品再征收的一个税种。目前，我国对下列消费品征收消费税：烟，酒，高档化妆品，贵重首饰及珠宝玉石，鞭炮、烟火，成品油，汽车轮胎，摩托车，小汽车，高尔夫球及球具，高档手表，游艇，木制一次性筷子，实木地板。消费税的纳税义务人是在我国境内生产、委托加工和进口特定消费品的单位和个人。

消费税的纳税义务人必须同时具备两个条件：①发生应税行为，即从事生产、委托加工和进口应税消费品；②应税行为发生在我国境内。消费税实行价内税，只在应税消费品生产、委托加工和进口环节缴纳，在以后的批发、零售等环节不用再次缴纳。

我国消费税按不同消费品分别采用比例税率、定额税率以及比例税率与定额税率相结合的税率。对黄酒、啤酒和成品油实行定额税率，对卷烟和白酒实行比例税率与定额税率相结合的税率，对其他应税消费品实行比例税率。

5. 城市维护建设税

城市维护建设税是以纳税人实际缴纳的增值税和消费税的税额为计税依据而征收的一种税。城市维护建设税的扣缴义务人、发生时间、计税依据、缴纳时间和增值税、消费税相同，而税率因纳税人所在地不同而有所差别，分别为：①纳税人所在地是市区的，税率为7%；②纳税人所在地是县城、建制镇的，税率为5%；③纳税人所在地不是市区、县城或者建制镇的，税率为1%。对进口货物或者境外单位和个人向境内销售商品、提供服务等所缴纳的增值税、消费税税额，不征收城市维护建设税。

6. 关税

关税是指设在边境、沿海口岸或国家指定的其他水、陆、空国际交往通道的海关，按照法律法规规定，对进出我国境内的货物、物品征收的一种税。关税的纳税人包括进口货物的收货人、出口货物的发货人、进出境物品的所有人。关税的征税对象包括进出我国境内的货物和物品。关税分为进口关税和出口关税，税目和税率由《中华人民共和国海关进出口税则》和《中华人民共和国进境物品进口税率表》等法规规定。

7. 土地增值税

土地增值税是指对转让国有土地使用权、地上建筑物及其附着物，并取得收入的单位和个人，就其转让房地产所取得的增值额征收的一种税。土地增值税的纳税义务人为转让国有土地使用权、地上建筑物及其附着物并取得收入的单位和个人。土地增值税的征税范围包括：转让国有土地使用权；地上建筑物及其附着物连同国有土地使用权一并转让。土地增值税的计税依据为纳税人转让房地产所取得的增值额，土地增值税实行四级超率累进税率。

8. 城镇土地使用税

城镇土地使用税是以城镇土地为征税对象，对拥有土地使用权的单位和个人征收的一种税。城镇土地使用税只对内资企业、单位和个人开征，对外资企业和外籍人员不征收。城镇土地使用税采用分类分级的幅度定额税率。

9. 印花税

印花税是对经济活动和经济交往中书立、领受具有法律效力的凭证的单位和个人征收的一种税。印花税的纳税义务人是在我国境内书立、领受规定的凭证的单位和个人。根据书立、领受凭证的不同，纳税人可分为立合同人、立账簿人、立据人、领受人和使用人。印花税按照法规列举的税目征税，印花税的征税范围包括13个税目。印花税的税率包括比例税率和定额税率两种。

10. 契税

契税是对在我国境内转移土地、房屋权属，而承受土地、房屋权属的单位和个人征收的一种税。契税的纳税义务人是在我国境内，因土地、房屋权属转移而承受土地、房屋权属的单位和个人。契税以在我国境内转移土地、房屋权属的行为为征税对象，土地、房屋权属没有发生转移的，不征收契税。契税采用3%~5%的比例税率。

三、法务人员在企业涉税事务中的职责

（一）全面了解与企业相关的税务知识

税务知识属于较为专业的知识，且非常繁杂，掌握起来有相当大的难度。但法务人员必须掌握基本的与企业有关的税务知识，以便确保有足够的能力及时发现企业日常经营过程中的涉税风险，进而提出有关的工作建议，避免酿成更大的危机。

如果企业涉及逃税、骗税、漏税等违法行为，会产生法律责任。而引起逃税、骗税、漏税行为的原因多种多样，有可能是企业误解政策法规、税务处理不规范或企业对相关法律后果认识不足等。但不论是何种原因，法务人员都应做好法律审核、法律建议的工作，对于企业不规范的行为，及时提出相应的风险提示和有效的法律建议。

不仅如此，全面了解企业有关税务知识，也是确保企业能够合法节税、专业筹划的基础。企业是以营利为目的的组织，而税负的减轻将增加企业的盈利空间。因此，企业应在现行有效的法律法规的框架内，通过合法手段尽可能地减少税收负担，实现企业利益最大化。

（二）准确把握企业涉税风险点

企业涉税风险，简单而言，就是指纳税人在计算和缴纳税款方面承担的各种风险，进一步讲，则是纳税人因负担税款、违反税收法律规定等而可能导致权益受损的可能性。企业在实际经营中，未能及时、有效地防范税务风险，致使风险事项实际发生的最直接的损失往往是经济利益的损失。例如，企业在应纳税额的计算中出现差错，致使企业多纳税款，承担了不必要的税负。涉税风险事项实际发生后，企业除遭受经济利益损失外，还将遭受无形损失。例如，企业因涉税风险防范不足导致逃税、漏税，被税务机关处以行政处罚的，将面临信誉损失。企业背负着逃税、漏税的处罚包袱，信誉必将受损，某些潜在的客户或合作伙伴极可能取消合作。因此，企业涉税风险防范不足将可能影响企业的长远发展。企业违反税法规定，构成犯罪的，将会被依法追究刑事责任。

企业涉税风险点主要体现在以下几个方面：

（1）企业及其经营管理者的依法纳税意识。随着我国税务征管体系的健全，税务征管力度的加大，企业一旦出现逃税、骗税、漏税等违法行为，企业及其主要负责人就有可能承担行政责任甚至刑事责任。

（2）企业及其经营管理者的涉税风险防范意识。部分企业经营管理者认为自己不主动从事非法逃税、骗税、漏税的行为就不会有涉税风险，但是事实并非如此。企业也有可能对税收法规政策理解有误，从而做出错误的涉税行为或交易，或者企业可能对自身权利未充分了解，从而没有去争取本该获得的税收利益。

（3）企业税务人员的业务水平。企业税务人员的业务水平不高也可能加大企业涉税风

险。企业税务人员由于自身业务水平限制，对于国家财会制度以及税收法规的认识与运用出现差错，可能会加大企业的税负，减少企业的经济利益，严重的还可能在主观没有违法意图的情况下，做出事实的税务违法行为，给企业带来税务风险。

（三）全面防范企业涉税风险

1. 提高涉税风险防范意识

法务人员应当帮助企业及其经营管理者树立涉税风险防范意识，加深对企业涉税风险的了解，加大对税务风险的防范。只有经营管理者从内心认识到涉税风险防范的重要性，才能在实际企业经营中谨慎行事，将企业的涉税风险实际产生的可能性降低。

2. 完善企业内部制度设计

企业如果缺乏有效的经营管理体制，就很难从源头上控制和防范涉税风险。企业应当建立健全财务、内部审计、投资控制及担保等制度。

3. 提高企业税务人员的业务水平

应着力提高企业税务人员的业务水平，防止税务人员发生税务风险。

4. 督促企业做到依法纳税

法务人员应向企业的决策部门与管理部门提示企业的涉税风险，督促企业放弃侥幸心理，依法纳税。

5. 重视与税务机关的交流，及时了解涉企税收政策的变动情况

我国正处于经济变革时期，为了适应经济发展的需要，税收政策变动频繁。如果企业不重视与税务机关的交流，信息传播渠道不畅通，恐怕难以及时、准确地掌握税收政策的变动情况，无形之中增大企业涉税风险。

🔍 导入案例分析

开具增值税专用发票应以实际发生商品流转或应税劳务为事实基础，在没有真实交易的情况下开具增值税专用发票，严重扰乱了增值税专用发票的正常管理秩序，构成行政违法。但是否构成虚开增值税专用发票罪，需要行为人在主观上具有骗取国家税款的目的，客观上造成了国家税款损失。本案中，合慧伟×公司主观上并没有骗取国家税款的目的，也没有给国家造成实际的税款损失，因此，合慧伟×公司等单位及个人的行为不构成虚开增值税专用发票罪。整个交易成本只有虚开的"增值税专用发票"。因此，天正博×公司、恩百×公司在此过程中获取的"利润"就是通过虚开增值税专用发票所得的好处，即变相出售增值税专用发票的违法所得；而合慧伟×公司所支出的费用就是变相购买增值税专用发票所花费的对价。因而，合慧伟×公司、赵某的行为构成非法购买增值税专用发票罪，天正博×公司、恩百×公司、刘某的行为构成非法出售增值税专用发票罪。

知识点 3　行政许可

导入案例

　　根据《营业性演出管理条例》的规定，设立文艺表演团体应当向政府文化主管部门提出申请，取得营业性演出许可证。射阳县××文工团依法向县文化广电新闻出版局提出申请，并于 2009 年 8 月 19 日获得演出许可证（射民演 01 号）。该许可证上未标注有效期。2009 年 8 月 28 日，文化部公布《营业性演出管理条例实施细则》（2009 年 10 月 1 日起施行）。该细则第四十一条规定，营业性演出许可证有效期为 2 年。2013 年 5 月 13 日，射阳县文化广电新闻出版局在未告知、未听取该文工团陈述、申辩的情况下，以演出许可证已到期为由，依据《中华人民共和国行政许可法》第七十条的规定做出《射文广新注告字〔2013〕1 号行政许可注销公告》，注销了该文工团的演出许可证，并在《射阳日报》和局网站上刊登了公告，但未将公告送达该文工团。该文工团得知后，认为这一注销行为不合法，诉至法院，要求撤销该注销行为。

基本理论

一、概述

　　行政许可，是指行政机关根据公民、法人或者其他组织的申请，经依法审查，准予其从事特定活动的行为。

　　由于行政相对人的许多活动，特别是生产经营活动，会影响他人、社会或者国家的利益，如食品、药品的生产经营事关他人健康、公共安全，为了保证经营者的守法经营以及产品的质量安全，有效的方法就是对这些行为实行准入制度：事前普遍禁止，之后通过条件和程序批准、允许。

　　行政许可的法律后果是行政机关解除了对特定人从事某种特定行为的法律禁止，还意味着该特定人获得了某种"特权"，所以行政许可是一种赋权行为。这种权利的取得需要遵循法定程序、具备法定的要件，因此也是一种要式行政行为。

二、行政许可的主要法律事务

（一）行政许可的分类

行政许可分为一般许可、特许、认可、核准和登记。

1. 一般许可

一般许可也称普通许可，是指申请人向主管行政机关提出申请后，经审查，其申请符合法定的条件，就能够获得从事某项事务的权利或者资格。一般许可对申请人并无特殊限制，如驾驶许可、营业许可等。

2. 特许

特许是指行政机关代表国家向被许可人授予某种特定的权利，主要适用于有限自然资源的开发利用、有限公共资源的配置、直接关系到公共利益的垄断性企业的市场准入等事项。也就是说，特许是基于行政、社会或者经济的需要，将本来属于国家或者某行政主体的某种权利（力）赋予私人的行政行为。特许事项有数量控制，应当通过招标、拍卖等方式决定。

3. 认可

认可是由行政机关对申请人是否具备特定技能的认定，主要适用于提供公众服务并且直接关系公共利益的职业、行业，需要确定具备特殊信誉、特殊条件或者特殊技能等资格、资质的事项。认可是为了提高申请人的从业水平或者某种技能、信誉，它没有数量限制，一般通过考试、考核方式决定。

4. 核准

核准是由行政机关对某些事项是否达到特定技术标准、经济技术规范的判断和确定，主要适用于直接关系公共安全、人身健康、生命财产安全的重要设施的设计、建造、安装和使用，直接关系人身健康、生命财产安全的特定产品、物品的检验和检疫事项。核准没有数量限制，一般要根据实地检验、检测、检疫标准和结果做出决定。

5. 登记

登记是由行政机关确立个人、企业或者其他组织的特定主体资格。登记的功能是确立申请人的市场主体资格。登记没有数量限制。一般只对申请登记的材料进行形式审查，申请人对申请登记的材料的真实性负责。从严格意义上讲，并不是所有的登记都属于行政许可的范畴。因为有些登记不具有"法律一般禁止"这个前提。

（二）行政许可的范围

《行政许可法》第十二条列举了可以设定行政许可的事项。从该规定的要旨来看，设定行政许可的主要标准是公共利益。主要有以下几种：

1. 公共安全和社会秩序

如果行为可能损害不特定多数公民的合法权益或者社会安定、国家安全，可以设定行政许可。例如，药品许可、食品许可、危险化学物品生产、销售或者运输的许可、医生职业许可、持枪许可、驾驶执照、网站开设许可等。

2. 公共财产

公共财产包括有形的实物资产（如公共基金、税收、国有自然资源、公共设施、历史文物等），也包括无形的资产（如环境、信用、人才、制度、技术等）。

公共财产的转让应当设立行政许可，如国有土地使用权出让许可、采矿许可、取水许可；凡是可能产生外部不经济即损害公共财产的经营活动，如造成污染环境、人才流失，应当设定行政许可，如污染排放许可、技术转让许可等。

3. 产业结构优化，促进就业和公平竞争

可能损害国家经济秩序的经营活动，应当设定行政许可，如营业执照、经营许可证、进出口配额等。

4. 先进文化和国际关系

先进文化是指与大多数公民的精神发展利益有直接联系的事务，如广播电影电视、书籍或者音像制品的出版或者销售、公众娱乐事业等。国际关系是指可能损害国际关系的活动，如出入境签证、进出口贸易许可证等。

《行政许可法》第十三条规定了可以不设定行政许可的情形，主要包括：①公民、法人或者其他组织能够自主决定的；②市场竞争机制能够有效调节的；③行业组织或者中介机构能够自律管理的；④行政机关采取事后监督等其他行政管理方式能够解决的。

（三）行政许可的实施

1. 行政许可的实施机关

只有具备行政主体资格的国家行政机关和授权组织才能成为行政许可的实施机关。这里的授权组织是指依照《行政许可法》第二十三条的规定，法律法规授权的具有管理公共事务职能的组织。

2. 行政许可的实施程序

行政许可的实施程序有一般程序、听证程序和特别程序。

（1）一般程序。一般程序需要经过申请、受理、审查、决定等环节。对行政相对人提出的申请，无论是否符合法定的形式要件，行政机关都必须先予接收。行政机关受理或者不予受理行政许可申请，应当出具加盖本行政机关专用印章和注明日期的书面凭证。受理阶段的任务是审查申请的形式要件，确认申请人的身份和利害关系人的范围，初步审查申请人提交材料的真实性。对不符合法定形式的申请，行政机关应当场或者在 5 日内一次告知申请人需要补正的全部内容。逾期不告知的，自收到申请材料之日起即为受理。对不予受理的决定，行政相对人可以按照《中华人民共和国行政复议法》和《中华人民共和国行政诉讼法》的规定申请复议或者提起行政诉讼。

审查应当依法进行。能够当场做出决定的，行政机关应当场做出书面的行政许可决定；不能当场做出决定的，行政机关应在法定期限内按照规定程序做出决定。一般的期限是自受理申请之日起 20 日内。需要进行实质性核查的，行政机关应当指派两名以上的工作人员进行核查。许可事项直接关系他人重大利益的，行政机关应当听取申请人、利害关系人的意见。如果需要先经下级行政机关审查，下级行政机关审查完毕后，应在法定期限内将初步审查意见和全部申请材料直接报送上级行政机关，申请人无须向上级行政机关再次提交材料。

（2）听证程序。需要经过听证程序的有三类事项：①法律法规和规章明确规定应当举行听证的事项；②涉及公共利益的重大事项；③行政许可涉及关系人之间的重大利益关系，当事人要求举行听证的。

根据《行政许可法》第四十八条的规定，听证程序如下：①行政机关应当于举行听证的 7 日前将听证的时间、地点通知申请人、利害关系人，必要时予以公告；②听证应当公开举行；③行政机关应当指定审查该行政许可申请的工作人员以外的人作为听证主持人；④举行听证时，审查该行政许可申请的工作人员应当提供审查意见的证据、理由，申请人、利害关系人可以提出证据，并进行申辩和质证；⑤听证应当制作笔录，听证笔录应当交听证参加人确认无误后签字或者盖章。行政机关应当根据听证笔录，做出行政许可决定。

（3）特别程序。这是指国务院实施行政许可的事项，行政机关通过招标、拍卖等方式许可的事项，赋予公民特定资格，依法应当举行国家考试的事项，以及需要实地检测、检验、检疫的事项所适用的程序，需要依照特定法律法规规定的程序来进行。

3. 行政许可的监督检查

行政许可的监督检查，是指行政机关在做出许可决定后，对许可事项所做的许可检查。行政机关颁发行政许可后，还应当检查被许可人遵守行政许可的情况，禁止任何闲置、出租、出借、转让、伪造许可证等情况的出现。必要时，可采取撤销或者注销行政许可的措施。

（1）行政许可的撤销，是指行政机关在监督检查过程中发现行政许可的颁发本身是违法的，或者虽然颁发是合法的，但是当事人滥用许可的权利，实施了违反行政许可规定的行为，行政机关取消已经颁发的行政许可。

（2）行政许可的注销，是指因法定事由出现，合法、有效的行政许可失去了效力，没有继续存在的意义，行政机关依法办理的废止手续。注销不取消行政许可以前的效力，只是取消行政许可以后的效力。注销事由可以分为法律事件和法律行为两类，前者如不可抗力，后者如行政许可的有效期限届满。

三、法务人员在企业涉行政许可事务中的职责

（一）关注企业各部门需求，提供必要支持

从企业的注册成立到企业的注销，可以说，企业自始至终都需要与行政许可部门接触、沟通。尽管这种接触和沟通可能是由企业内部不同部门完成的，但法务人员始终参与其中。企业注册需要具备什么条件、企业厂房竣工验收需要哪些部门审批、企业生产如何办理环保手续、企业制作的广告发布如何办理备案等问题，都可能需要法务人员提供比较准确的答案。法务人员在了解到企业各部门的许可需求后，可以首先通过检索法律法规、登录行政机关网站等查询行政许可的法定要件、具体要件等，以提高办事效率，为企业各部门提供更加有效的支持。

（二）认真做好申请的准备工作，加强与行政机关的沟通

行政许可属于依申请做出的行政行为，企业的申请是取得行政许可的前置条件。因此，法务人员应当协助业务部门认真做好申请的准备工作，按照要求准备申请材料。受理、做出许可决定的单位主要包括行政机关和受委托的单位，因此，加强与行政许可部门的沟通十分必要。行政机关受理或者不予受理行政许可申请，应当出具加盖本行政机关专用印章和注明日期的书面凭证。此外，日常工作中的沟通也很重要，法务人员可以参加行政机关的政策宣讲、培训，关注行政机关的网站、公众号。企业与行政机关的沟通，有利于企业及时掌握最新的政策规定，顺利办理许可事务。

（三）依法行使法律救济权，维护企业的正当权益

当企业的行政许可申请不被受理、不被许可或者超期不予处理时，企业可以依法行使法律救济权。行政复议和行政诉讼是企业行使法律救济权的两条主要途径。法务人员应当对二者的区别、联系做到心中有数，在企业决策层对于提起行政复议还是行政诉讼存在疑虑时，法务人员应提出建设性意见以供企业决策层参考。

🔍 导入案例分析

尽管《营业性演出管理条例实施细则》规定了营业性演出许可证有效期为2年，但是该文工团的营业性演出许可证上未标注有效期，应视为长期有效。射阳县文化广电新闻出版局注销该文工团的演出许可证前未告知该文工团依法享有陈述、申辩权，之后又未向该文工团送达注销公告，程序严重违法。因此，法院依法判决撤销射阳县文化广电新闻出版局2013年5月13日做出的行政许可注销公告。

知识点 4　行政处罚

导入案例

2015 年 11 月 5 日，西湖区市场监管局接到消费者举报后到辖区内的方×炒货店现场检查，发现店铺墙上、展示柜、包装袋等处出现"方×炒货店——杭州最优秀的炒货特色店铺""方×——杭州最优秀的炒货店""杭州最优炒货店""2015 年新鲜出炉的中国最好最香最优品质燕山栗子""杭州最好吃的栗子"等字样的广告牌、商品介绍板。西湖区市场监管局对上述广告内容进行拍照取证，制作了现场检查笔录，立案、组织听证后，经集体讨论做出罚款 20 万元的处罚决定，并将处罚决定送达方×炒货店。方×炒货店不服，向杭州市市场监管局申请行政复议。杭州市市场监管局做出维持的复议决定，并将该决定送达方×炒货店。方×炒货店不服，诉至法院。法院经审理后将罚款数额变更为 10 万元，并撤销了复议决定。

基本理论

一、概述

行政处罚，是指行政机关依法对违反行政管理秩序的公民、法人或者其他组织，以减损权益或者增加义务的方式予以惩戒的行为。行政处罚是一种具体行政行为，可以由行政机关实施，也可以由法律法规规定的组织实施。

二、行政处罚的主要法律事务

（一）行政处罚的种类

根据《中华人民共和国行政处罚法》（简称《行政处罚法》）第九条的规定，行政处罚的种类有：①警告、通报批评；②罚款、没收违法所得、没收非法财物；③暂扣许可证件、降低资质等级、吊销许可证件；④限制开展生产经营活动、责令停产停业、责令关闭、限制从业；⑤行政拘留；⑥法律、行政法规规定的其他行政处罚。

1. 警告、通报批评

警告、通报批评，是指行政主体对轻微违法行为人所实施的书面形式的谴责。警告、通报批评与生活中的批评教育类似，只不过作为行政处罚的警告以书面形式做出，且具有国家强制性。

2. 罚款、没收违法所得、没收非法财物

罚款，是指享有行政处罚权的行政主体强制违法行为人在一定期限内缴纳一定数量货币的处罚。

没收违法所得、没收非法财物，是指行政主体强制没收违法行为人因违法行为获得的部分或者全部收益或者实施违法行为涉及的财产、物品。没收的物品，除应予销毁及留存的以外，其他的均应上交国库或交由专门机关处理。

3. 暂扣许可证件、降低资质等级、吊销许可证件

（1）暂扣许可证件，是指中止违法行为人从事某项活动的资格，待行为人改正以后或经过一定期限后，再发还许可证件。

（2）降低资质等级，是指存在等级区分的特定行业、领域，行政主体将违法行为人所持有、具备的资质等级由较高级别降至较低级别的处罚。资质等级降低后不会自动恢复。

（3）吊销许可证件，是指行政主体依法收回违法行为人已获得的从事某种活动的权利或资格的证书，其目的在于取消违法行为人的一定资格和剥夺、限制违法行为人的某种特许权利，是终止违法行为人从事某种活动的权利或资格的处罚。吊销许可证件和暂扣许可证件通常是不能同时适用的。相较于暂扣许可证件，吊销许可证件是更为严厉的处罚。这两种处罚有时会在同一条款中出现，二者呈递进关系。例如，《中华人民共和国道路交通安全法》第九十一条规定："饮酒后驾驶机动车的，处暂扣六个月机动车驾驶证，并处一千元以上二千元以下罚款。因饮酒后驾驶机动车被处罚，再次饮酒后驾驶机动车的，处十日以下拘留，并处一千元以上二千元以下罚款，吊销机动车驾驶证。"

4. 限制开展生产经营活动、责令停产停业、责令关闭、限制从业

限制开展生产经营活动、责令停产停业、责令关闭、限制从业，是强令违法从事生产经营的生产者、经营者停止生产或经营或对从业资格做出限制的处罚。除责令关闭外，违法行为人在一定期限内纠正了违法行为，按期履行法定义务后，仍可继续从事生产经营活动，无须再重新申请获领许可证和执照。另外，责令停产停业，一般常附有限期整顿的要求。如果受处罚人在限期内纠正了违法行为，就可恢复生产、营业，因而与"企业关闭"也不同。企业关闭是永久性的。

5. 行政拘留

行政拘留也称治安拘留，是行政主体对违反治安管理规定的违法行为人采取的、短期内限制其人身自由的处罚。行政拘留只适用于严重违反治安管理规定的自然人，不适用于法人或其他组织。根据《中华人民共和国治安管理处罚法》的规定，如果有两种以上违反治安

管理规定的行为，需要并处行政拘留的，合并执行的最长期限不超过 20 日；如果仅有一种违反治安管理规定的行为，行政拘留的最长期限为 15 日。

6. 法律、行政法规规定的其他行政处罚

（二）行政处罚的设定

依照《行政处罚法》第十条至第十四条的规定，法律、行政法规、地方性法规、国务院部门规章、地方政府规章可以设定行政处罚，其他规范性文件不得设定行政处罚。法律可以设定各种行政处罚；行政法规可以设定除限制人身自由以外的行政处罚；地方性法规可以设定除限制人身自由、吊销营业执照以外的行政处罚；国务院部门规章对违反行政管理秩序的行为，可以设定警告、通报批评或者一定数额罚款的行政处罚；地方政府规章对违反行政管理秩序的行为，可以设定警告、通报批评或者一定数额罚款的行政处罚。限制人身自由的行政处罚只能由法律设定。

（三）行政处罚的实施原则

1. "一事不再罚"

《行政处罚法》第二十九条规定："对当事人的同一个违法行为，不得给予两次以上罚款的行政处罚。"该条规定表明，对于行政相对人的同一个违法行为，不论是否基于同一个理由和依据，均不得给予两次以上罚款。如果同一个违法行为违反多个法律规范应当给予罚款处罚的，按照罚款数额高的规定处罚。

2. 超过追诉时效不处罚

《行政处罚法》第三十六条第一款规定："违法行为在二年内未被发现的，不再给予行政处罚；涉及公民生命健康安全、金融安全且有危害后果的，上述期限延长至五年。法律另有规定的除外。"确立行政处罚追诉时效原则，有助于敦促实施行政处罚的主体提高工作效率，稳定社会秩序。需要注意的是，行政处罚的追诉时效与处罚期限是两个不同的概念。处罚期限是指行政机关自立案之日起多长时间应当做出行政处罚决定。一般情况下，行政机关应当自立案之日起 90 日内做出行政处罚决定。

行政处罚的追诉时效的计算方法有两种：①对于没有连续或继续状态的违法行为，从行为发生之日起计算；②对于连续或继续状态的违法行为，从该行为终了之日起计算。①

3. 无错不罚，小错轻罚

无错不罚，是指对于实施了违法行为但主观上并无过错的行为人，行政机关不给予处罚；小错轻罚，是指对于实施了违法行为但主观过错程度较轻的行为人，行政机关可以从轻或者减轻处罚。无错不罚、小错轻罚，罚责相当，体现了行政执法的力度和温度。

---

① 2021 年 3 月 2 日，广州市司法局发布《关于媒体报道我市律师涉嫌违规收费事项的情况通报（二）》，由于某律师事务所违规收费的违法行为发生于 2016 年 8 月至 9 月期间，至投诉人投诉已超过二年的处罚时效，决定不再给予行政处罚。

4. 从旧兼从轻进行处罚

这主要是指实施行政处罚适用违法行为发生时法律法规、规章的规定，但是做出行政处罚决定时，法律法规、规章已被修改或者废止，且新的规定处罚较轻或者不认为是违法的，适用新的规定。

5. 行政处罚折抵刑罚

《行政处罚法》第三十五条规定："违法行为构成犯罪，人民法院判处拘役或者有期徒刑时，行政机关已经给予当事人行政拘留的，应当依法折抵相应刑期。违法行为构成犯罪，人民法院判处罚金时，行政机关已经给予当事人罚款的，应当折抵相应罚金；行政机关尚未给予当事人罚款的，不再给予罚款。"

这一原则的适用应当注意三个问题：①行政处罚和刑罚处罚针对的是同一个行为；②并非任何行政处罚都可以折抵任何刑期，只限于已经执行的行政拘留可以折抵已经判处的拘役或者有期徒刑，已经执行的罚款可以折抵已经判处的罚金；③折抵后，原行政处罚和现判处的刑罚依然有效。可见，折抵是"执行"上的折抵，而不是"决定"本身的折抵。

三、法务人员在企业涉行政处罚事务中的职责

（一）认真掌握本企业所处行业的监管规定

法务人员应当掌握本企业所处行业的相关法律法规，了解监管事项，避免引发行政处罚的行为。例如，从事广告业务的企业，法务人员应当掌握《中华人民共和国广告法》《互联网广告管理暂行规定》等的规定；从事劳务派遣的企业，法务人员应当掌握《中华人民共和国劳动法》《中华人民共和国劳动合同法》《劳务派遣行政许可实施办法》等的规定；从事建设行业的企业，法务人员应当掌握《中华人民共和国建筑法》《建设工程质量管理条例》等的规定。同时，法务人员还应当保持知识的及时更新，关注法律法规的修订变化情况。

（二）积极落实行业监管要求，配合监督检查

企业员工都有义务在工作中遵守法律规定的要求，避免因自己的不当行为损害企业声誉、利益。企业被课以行政处罚，不仅会使企业遭受财产方面的损失，还可能使企业遭受巨大舆论压力，对企业的声誉、社会形象造成负面影响，甚至使企业遭受毁灭性打击。例如，曾经市值200多亿元的某上市公司因未按照行业监管要求生产疫苗，先被有关部门处以罚款等行政处罚，后被深圳证券交易所强制摘牌，最终破产。这个案件暴露出企业对行业监管规定的漠视。企业法务人员应当从类似案件中吸取教训，以高度的责任感，督促企业落实行业监管规定，守住企业合法经营的底线，不触碰法律法规的红线。

在企业日常经营中，各类行政部门可能会基于特定或者不特定目的走访、检查企业。此时，法务人员应当与企业领导或者其他部门共同做好应对工作，秉持热情接待、积极配合的

态度，采取以下措施：

（1）确认行政机关及其工作人员的权限。在对企业进行监督检查时，行政机关应当按照职能、地域、级别划分的相应的职权进行。换句话说，不是随便一个行政机关都可以对企业的任何业务或活动有监督检查权。所以，对于到企业进行某项监督检查的行政机关，企业应确认工作人员有无相应的职权。若行政机关工作人员无相应的职权，企业可以果断拒绝。此外，还应确认行政机关工作人员是不是职务行为。一般情况下，行政现场检查由两名以上工作人员共同进行，行政机关工作人员应当向企业出示合法、有效的行政执法证件，并交付实地检查通知书。企业可以应要求查验这些证件，如果手续不全，企业可以拒绝。

（2）配合正当检查。企业作为行政相对人，负有配合行政机关监督检查的义务，应当积极满足行政机关依法提出的检查要求。同时，法务人员也应当告知企业领导和业务部门哪些检查要求和手段是正当的、合法的。对于合法的要求，企业应积极配合，按照要求执行。

（3）拒绝违法要求。现实生活中，有些检查的目的是徇私舞弊、中饱私囊。如果遇到行政机关工作人员在检查时向企业收取额外的费用等不当行为，企业可以拒绝。

（三）主动履行行政处罚决定，依法行使法律救济权

如果企业被处以行政处罚，法务人员应当督促企业按照处罚决定书的要求主动履行。这是因为《行政处罚法》明确规定，原则上行政复议和行政诉讼期间不停止执行行政处罚。涉及限制人身自由的，行政相对人申请行政复议或者提起行政诉讼的，可以暂缓执行。如果不及时履行行政处罚的决定，企业需要承担相应的法律责任。例如，依照《行政处罚法》第七十二条第一款的规定，当事人逾期不履行行政处罚决定，到期不缴纳罚款的，会被"每日按罚款数额的百分之三加处罚款"，甚至达到罚款本身的数额。

在主动履行行政处罚决定的同时，法务人员应当抓紧时间对案件进行分析，研究处罚是否存在违法或者不合理的情况，主要从处罚主体的资格及法定职权、处罚程序、认定事实和适用法律方面研究。如果发现对自己有利的事由，法务人员就可以在征得企业领导同意的前提下申请行政复议或提起行政诉讼。例如，《行政处罚法》规定了不予处罚、从轻或者减轻处罚的情形，如事实未查明不处罚、主观上没有过错不处罚、初次违法等不处罚、主观过错较轻而处罚过重等，这些都可以作为企业在遭受行政处罚后的申请撤销或变更的理由。

🔍 导入案例分析

本案的焦点是，西湖区市场监管局做出的罚款数额是否合法、合理。方×炒货店发布的广告用语构成绝对化用语，违反了《广告法》第九条第（三）项的规定。根据《广告法》第五十七条第（一）项的规定，应由市场监管部门责令停止发布广告，对广告主处 20 万元以上 100 万元以下的罚款，情节严重的，可以吊销营业

执照。因此，西湖区市场监管局的处罚决定有相应的事实和法律依据。但是，罚款数额是否合理，应综合考量违法情节及危害后果。本案中，方×炒货店系个体工商户，在自己店铺墙上和包装袋上发布相关违法广告，广告影响力和影响范围较小，客观上对市场秩序的扰乱程度较轻微，对同行业商品的贬低危害较小；广告针对的是大众比较熟悉的日常炒货，栗子等炒货的口感、功效为大众所熟悉，相较于不熟悉的商品，广告宣传虽然会刺激消费心理，但不会对消费者产生太大误导，商品是否真如商家所宣称的"最好"，消费者自有判断。因此，方×炒货店的违法行为情节较为轻微，社会危害性较小，罚款数额20万元较重。依照《行政诉讼法》第七十七条第一款的规定，行政处罚明显不当的，人民法院可以判决变更。

法律法规索引

1. 《中华人民共和国行政许可法》
2. 《中华人民共和国行政处罚法》
3. 《中华人民共和国行政复议法》
4. 《中华人民共和国行政诉讼法》
5. 《中华人民共和国反垄断法》
6. 《中华人民共和国反不正当竞争法》
7. 《中华人民共和国税收征收管理法》
8. 《中华人民共和国税收征收管理法实施细则》
9. 《中华人民共和国发票管理办法》
10. 《中华人民共和国发票管理办法实施细则》
11. 《最高人民法院关于审理不正当竞争民事案件应用法律若干问题的解释》
12. 《中华人民共和国工业产品生产许可证管理条例》
13. 《中华人民共和国行政复议法实施条例》
14. 《最高人民法院关于审理行政许可案件若干问题的规定》
15. 《最高人民法院关于适用〈中华人民共和国行政诉讼法〉的解释》

思考题

1. 什么是市场监管？
2. 简述行政许可的分类。
3. 简述法务人员在企业涉行政处罚事务中的职责。

案例实训

甲公司于2019年3月20日经登记主管机关审核决定予以注册，领取了营业执照，公司成立。公司成立后，由于忙于经营事务，未及时办理税务登记。2019年6

月 10 日，税务机关发现甲公司上述情况，责令其在 30 日内改正。但是甲公司在指定的期限内并未改正，于是税务机关决定对甲公司处以 1 000 元的罚款。

请根据《中华人民共和国税收征收管理法》和上述事实，回答以下问题：

（1）甲公司的行为违反了《中华人民共和国税收征收管理法》的什么规定？

（2）税务机关做出的罚款决定是否符合法律规定？请说明理由。

（3）如甲公司不服税务机关的处罚，可以如何处理？

思考题与案例实训
参考答案

Unit 8 单元八

企业的法律风险管理

🎯 学习目标

完成本单元的学习之后，你将可以：

1. 了解企业的主要法律风险点。

2. 初步掌握企业法律风险及其管理的过程。

3. 树立防范企业生产经营法律风险的意识。

💡 要点提示

1. 企业法律风险的内容。

2. 与合同有关的法律风险。

3. 与企业生产经营有关的法律风险。

4. 与企业生产经营有关的刑事法律风险。

知识点 1　企业法律风险管理概述

导入案例

某中国公司和某德国公司是生产相同产品的竞争对手。2006 年，国际五金展览会在德国科隆举行。该德国公司在展览公司网站的参展商名录中查到了该中国公司的名称，遂登录该中国公司的网站找到与其产品相同的产品，下载了相关产品的图片以及对产品的文字、参数描述。当该中国公司到达科隆并在展会布置展台时，该德国公司的律师到现场确认了相同产品将在展会上展出，并将产品宣传册带走。之后，该德国公司的律师向法院申请临时禁令并被获准。法院强制执行人将临时禁令送达该中国公司展位。临时禁令的内容一般为："禁止被申请人××在德国境内的商业竞争活动中对以下图示的××产品进行供应、广告促销、和/或用其他方式使此产品进入市场。如果发现被申请人违反此禁令，法院可以对每次违反行为罚款至 25 万欧元，或者以监禁作为替代，或者判处监禁至 6 个月。"这种展会临时禁令在德国很常见，仅该次展会，科隆法院就下达了大约 50 个临时禁令，给我国企业造成了非常不好的影响。

基本理论

企业的经营风险无处不在。企业的抗风险能力，不仅表现在应对能力上，还表现在预防能力上。法律风险管理能够帮助企业防患于未然，减少不必要的损失。

一、企业法律风险及其管理概述

（一）企业法律风险的概念

企业风险，是指未来的不确定性对企业实现经营目标的影响，一般包括战略风险、财务风险、市场风险、运营风险、法律风险等。[①] 企业法律风险是指基于法律规定、监管要求或合同约定，由于企业外部环境及其变化，或企业及其利益相关者的作为或不作为，

[①] 《中央企业全面风险管理指引》第三条。

对企业目标产生的影响。[①] 法律风险通常分为民事法律风险、行政法律风险和刑事法律风险等。

（二）企业法律风险管理的概念

企业法律风险管理是指在对企业自身发展目标、行业特点及所处环境进行充分了解的基础上，为避免或降低企业可能遭受的不利法律后果而处理法律事务的全过程。需要注意的是，企业法律风险管理是要求企业经营不要违反法律的强制性和义务性规定，并不是单纯追求所有法律风险的最小化。过度的、严格的控制会使企业丧失商业机会或增加经营成本，法律风险管理方案需要兼顾企业的经营发展。

（三）企业法律风险管理的特点

1. 整体性

法律风险是企业全面风险的组成部分，贯穿企业生产经营的各个环节。因此，企业决策层应当高度重视，以企业战略目标为导向，充分考虑法律风险对企业发展的影响，并将其融入企业经营管理全过程。

2. 全员性

法律风险贯穿企业生产经营的各个环节，对风险的识别、分析、评价和应对都不可能脱离企业的生产经营。因此，法律风险管理应实行全面风险管理原则和全员参与原则，而不能仅仅是法务部门的事情。

3. 适应性

企业的风险管理水平应当与企业的整体管理水平相适应，以便将风险控制在企业可接受的范围内。《企业法律风险管理指南》是适用于各种类型和规模企业的通用指南，中小企业可以根据行业特点，结合自身管理基础、资源以及需求等情况，在《企业法律风险管理指南》的基础上进行简化性建设。

4. 持续性

随着内外部法律环境的变化，企业面临的法律风险也在不断发生变化，因此，法律风险管理也是一个动态调整过程。

二、企业法律风险管理的过程[②]

与其他风险相比，法律风险具有可控性。只要企业建立完善的风险管理机制，并依法从事生产经营活动，法律风险就是可以控制和避免的。

---

① 《企业法律风险管理指南》（GB/T 27914—2011）3.1。
② 本部分内容主要依据《企业法律风险管理指南》编写。

（一）制定企业法律风险管理准则

根据《企业法律风险管理指南》的规定，制定法律风险管理准则时至少需要考虑以下几个方面：

（1）本企业法律风险管理的范围、对象，以及法律风险的分类；

（2）法律风险发生的可能性、影响程度，以及法律风险的度量方法；

（3）法律风险等级的划分标准；

（4）利益相关者可接受的法律风险或可容许的法律风险等级；

（5）重大法律风险的确定原则。

（二）收集法律风险环境信息

规避风险的前提是准确预判风险点。因此，法务部门应当采用适当的方法，对企业内外部环境中与法律风险相关的信息进行收集、分析、整理、归纳。

1. 外部法律风险环境信息

外部法律风险环境信息是指企业之外与企业运行环境相关的各种信息。外部法律风险环境信息包括但不限于：

（1）本行业的业务模式及特点；

（2）国内外与本企业相关的政治、经济、文化、技术以及自然环境等；

（3）国内外与本企业相关的立法、司法、执法和守法情况及其变化；

（4）与本企业相关的监管体制、机构、政策以及执行等情况；

（5）与本企业相关的市场竞争情况；

（6）本企业在产业价值链中的定位及与其他主体之间的关系；

（7）企业主要的外部利益相关者及其对法律、合同、道德操守等的遵从情况；

（8）与企业法律风险及管理相关的其他信息。

2. 内部法律风险环境信息

内部法律风险环境信息是与企业法律风险及其管理相关的各种信息，包括法律风险和法律风险管理的历史及现状。内部法律风险环境信息包括但不限于：

（1）企业的战略目标；

（2）企业盈利模式和业务模式；

（3）企业的主要经营管理流程/活动、部门职能分工等相关信息；

（4）企业在法律风险管理方面的使命、愿景、价值理念；

（5）企业法律风险管理工作的目标、职责、相关制度和资源配置情况；

（6）企业法律事务工作及法律风险管理现状，其中对法律风险管理现状可从方针、组织职能和资源配置、制度和流程内控、沟通和报告、法律风险管理文化和技术手段等要素分析；

（7）内部利益相关者的法律遵从情况和激励约束方式；

（8）本企业签订的重大合同及其管理情况；

（9）本企业发生的重大法律纠纷案件或法律风险事件的情况，本企业相关的法律规范库和法律风险库；

（10）本企业知识产权管理情况；

（11）与法律风险及其管理相关的其他信息。

（三）法律风险评估

1. 法律风险识别

法律风险识别的目的是全面、系统和准确地描述企业法律风险的状况。为了准确地识别出风险点，企业应让法务人员掌握相关和最新的信息，包括背景信息。[①] 无论法律风险事件的风险源是否在企业的控制之下，或其原因是否已知，法务人员都应对其进行识别。

（1）选择一定的法律风险识别框架，该框架提供一些方便识别法律风险的角度（见表 8-1），找出其中可能存在的法律风险。

表 8-1　法律风险角度

法律风险角度	筛查内容
经营管理活动	生产、营销、采购、投资、人力资源管理、财务管理等
组织机构设置	各部门/岗位的业务范围和工作职责
利益相关者	股东、客户、供应商、员工、政府等
法律风险源	法律环境、违规、违约、侵权、怠于行使权利、行为不当
法律后果	民事法律风险、行政法律风险、刑事法律风险
法律领域	合同、知识产权、招投标、劳动用工、税务、诉讼、仲裁等
以往发生的案例	本企业或本行业发生的案例
法律法规	与企业相关的法律法规

（2）对法律风险点进行描述、分类，对其原因、影响范围、潜在的后果等进行分析和归纳。

（3）生成企业的法律风险清单（见表 8-2）。[②]

---

① 近年来，屡有律师事务所及律师因未尽勤勉义务而遭受法院或中国证券监督管理委员会的连带处罚，例如，中国证券监督管理委员会〔2017〕56 号、〔2017〕62 号、〔2016〕108 号等行政处罚决定书。尽管这些案例是针对外部律师而言的，但对内部法务人员和企业也具有警示意义。

② 为了查找方便，可以将风险名称和引发风险的行为编码。

表 8-2 法律风险清单

基础信息区				法律信息区					管理信息区		
风险代码	风险名称	行为代码	引发法律风险的行为	涉及的法律法规	涉及的法条	引发的法律责任和后果	案例	法律建议	涉及的部门	涉及的法律主体	涉及的业务/管理活动
……	……	……	……	……	……	……	……	……	……	……	……

2. 法律风险分析

法律风险点确定之后，要对这些法律风险进行分析，考虑导致这些法律风险的具体原因、发生的可能性[①]、后果及其影响因素（见表 8-3），为法律风险的评价和应对提供支持。

表 8-3 法律风险分析

分析项	原 因	影响因素
发生的可能性	外部监管执行力度	外部政策、法律法规的完善程度及执行力度
	内部制度的完善与执行	内部相关规章、制度的完善程度及执行力度
	相关人员法律素质	内部相关人员对法律风险控制的了解和掌握程度
	利益相关者的综合状况	综合资质、履约能力、过往记录、法律风险偏好
	所涉及工作的频次	与法律风险相关的工作在一定周期内发生的次数
后果	类型	财产类的损失和非财产类的损失
	严重程度	财产损失金额的大小、非财产损失的影响范围、利益相关者的反应等

3. 法律风险评价

企业可以根据管理需要，将法律风险分析结果与企业的法律风险准则相比较，在综合考虑法律风险管理的目标、成本和收益、资源的投入安排等因素的基础上，确定法律风险等级，做出应对决策。

（四）法律风险应对

企业应在前期分析的基础上，针对法律风险或法律风险事件采取相应措施，将法律风险控制在企业可承受的范围内。法律风险应对包括应对策略的选择、对应对现状的评估、应对

---

① 风险发生的可能性是指在企业目前的管理水平下，风险发生概率的大小或者发生的频次。

计划的制订和实施三个环节。

1. 应对策略的选择

法律风险应对策略包括规避风险、控制风险、转移风险、接受风险和其他策略等。选择应对策略时，至少应该考虑企业自身的战略目标、核心价值观、社会责任，企业对法律风险管理的目标、价值观、资源、偏好、承受度，法律风险应对策略的实施成本、预期收益，利益相关者的诉求等因素。

2. 对应对现状的评估

对应对现状进行评估的目的在于发现企业目前的法律风险应对方式存在哪些不足和缺陷。评估时，主要考虑以下因素：

（1）资源配置；

（2）职责权限；

（3）过程监控；

（4）奖惩机制；

（5）执行者资质、能力的要求；

（6）部门内法律审查；

（7）专业法律审查；

（8）风险意识；

（9）外部法律风险环境。

3. 应对计划的制订和实施

（1）法律风险应对措施通常包括以下几种类型：①资源配置类，指设立或调整与法律风险应对相关的机构、人员，补充经费或风险准备金等。②制度、流程类，指制定或完善与法律风险应对相关的制度、流程。③标准、指引类，指针对特定法律风险，编撰指引、标准类文件，供业务人员使用。④技术手段类，指利用技术手段规避、控制或转移某些法律风险。⑤信息类，指针对某些法律风险事件发布告警或预警信息。⑥活动类，指开展某些专项活动，规避、控制或转移某些法律风险。⑦培训类，指对某些关键岗位人员进行法律风险培训，提高其法律风险意识和法律风险管理技能。

（2）实施计划中至少应该包括以下内容：①实施法律风险应对措施的机构、人员安排，明确责任和奖惩；②应对措施涉及的具体业务及管理活动；③报告和监督、检查的要求；④资源需求和配置方案；⑤实施法律风险应对措施的优先次序和条件；⑥实施时间表。

（五）监督和检查

企业应实时跟踪内外部法律风险环境的变化，及时监督和检查法律风险管理流程的运行状况，以确保法律风险应对计划的有效执行，并根据发现的问题对法律风险管理工作进行持续改进。

（六）沟通和记录

企业各层级人员及相关利益相关者的价值观、诉求、假设、认知和关注点不同，造成其法律风险偏好和对法律风险管理的期望不同，这些对法律风险管理的决策和执行有重要影响。因此，企业在法律风险决策过程和法律风险管理执行中应当与内外部利益相关者进行充分沟通，并保存相关记录。

🔍 导入案例分析

我国外向型企业在进军国际市场时大多遭遇过国外法院的知识产权禁令。21世纪初，由于我国对知识产权的保护和惩处力度明显低于西方发达国家，国内许多企业忽略了自主研发设计，走上了仿冒他人产品的快速发展之路。企业发展壮大后，开始进军国际市场，通过赴国外参展来推销产品。由于不了解国外相关法律制度，企业将侵权产品带出参展，最终被海关没收，或收到国外法院的临时禁令。当海关或国外法院没收产品时，有些企业人员由于保护产品心切，同时不具有对司法权的敬畏之心，与执法人员发生肢体冲突，最后被处以拘留6个月的处罚，甚至被判刑。此类事件多次发生后，有关地区的行业协会在企业赴国外参展前会专门召开培训会议，提示各种法律风险，其中有两条就是：①要谨慎对待网站的产品信息，哪些该上网，哪些不该上网，要想清楚。②要清楚自己的产品是自主设计的还是参照、仿冒参展国某企业的。如果存在侵权可能，就不要带产品出去参展。由于有了普遍的风险提示，加之我国自主知识产权增多，目前已经很少出现国外展会临时禁令的新闻。

知识点 2　与合同有关的法律风险及防范

💼 导入案例

2017年2月16日，陈某向房屋中介鼎居公司（有限公司）交款40 000元，鼎居公司出具收据，内容为"今收到陈某服务费金额肆万"。2017年2月23日，陈某与房屋开发商济祥公司签订《商品房买卖合同》，约定购买济祥公司的一套房屋。双方对该房屋的建筑面积、单价、总价、付款方式、付款期限、房屋交付时间等事项进行了约定。同日，陈某向济祥公司支付首期购房款，济祥公司出具收据显示该笔款项已经收到。但是直到交房日期，济祥公司仍未通知原告网签或验收房屋。陈某遂以济祥公司故意隐瞒没有商品房预售许可证的事实为由向法院提起诉讼，要求判令双方所签订的买卖合同无效、济祥公司退还首期购房款及利息、鼎居公司的两股东王某雪（未出庭，未答辩）和王某娇（未出庭，未答辩）退还服务费及利息、三被告承担连带责任等。

被告济祥公司辩称：①双方买卖关系成立，且我公司并没有欺骗原告，也未给原告任何承诺。原告多次去项目现场看房，购买是真实的意思表示；因商品房预售许可证正在办理，所以价格比"五证"齐全的低很多，原告对此很清楚。如果法院认定买卖合同无效，原告也有责任。②如法院认定买卖合同无效，就不存在违约。③中介费与我公司无关。法院查明，案件开庭审理时，涉案商品房预售许可证仍在办理中；王某雪及王某娇为鼎居公司股东，各占50%股份，出资额均为250 000元，该公司已注销且无清算信息。依据上述事实，法院判决双方买卖合同无效、被告济祥公司返还原告陈某首期购房款、被告王某雪和王某娇各返还原告陈某服务费20 000元，驳回原告其他诉讼请求。

基本理论

一、合同签订环节的风险与防范

（一）交易对手身份、资质、信誉等信息的审查

近年来，合同诈骗案件频频发生[①]，形式也多种多样。有假冒他人名义或者注册公司招聘工作人员虚构经营范围与他人签订合同的，有提供虚假产权证明做担保的，有根本没有履行能力却以合同形式骗取对方货款的，有收到对方预付款逃跑的，等等。这些案件发生的根本原因，是业务人员的法律风险意识薄弱。现实生活中，大量合同是由业务人员签署的。业务人员受业绩的驱使，以谈下合同为目标，忽略了对交易对手资质或履行能力等事项的调查。

因此，为了降低遭遇合同诈骗的概率，在正式签订合同之前，应当对交易对手，尤其是对第一次合作的交易对手做好背景调查，及时了解交易对手的交易意愿和履行合同的能力。首先要确认这是一笔真实的交易。这就涉及对交易对手身份、经营范围、代理人身份、代理人的代理资格与代理权限等信息的审查。

对于交易对手是否是真实存在的公司以及公司经营范围、成立时间、经营状况、纳税状

---

① 仅以构成合同诈骗罪为例。在中国裁判文书网上，以"合同诈骗""一审""判决书"为关键词搜索，所得数据为：2020年4 508件，2019年6 122件，2017年5 752件，2016年5 408件。

况等信息，可以登录全国企业信用信息公示系统进行查询。超出经营范围而签订的合同尽管不一定被认定为无效，但毕竟会有很多的不确定性，需要慎重签署。除经营范围外，法律对于某些领域和市场交易规定了相应的准入条件，如房地产行业中的房地产开发资质、施工方的承包资质、设计单位的设计资质等。这些资质属于法律的强制性要求，如果没有，会影响合同的效力。代理权限则会涉及无权代理或表见代理的问题。这也属于可能引发纠纷的风险点。

合同的全面履行，主要依赖交易对手的资信及履约能力，因此，交易对手的资信、履约能力、财务状况、资产权属等事项也需要了解。这些可以通过政府职能部门、司法系统、金融系统的资源寻找能够判断的线索。在签订合同时，要查看交易对手提供的业务资质证明，如最新年检的营业执照副本（复印件必须加盖公章）、交易资质（如物资供应方销售许可证）、核对企业名称（营业执照、合同文本、公章以及合同专用章上的企业名称是否一致）、核对经营范围、核对营业执照的期限和年检信息等。对经办人，主要审查其身份证、授权文件、介绍信。如果没有授权委托书，就要通过其他方式进行核实。为了方便、及时地签订合同，业务人员手里通常会有大量的空白合同。实践中，有些业务人员离职后并不交回空白合同，仍然以企业的名义与第三人签订合同，骗取第三人钱财。所以，必要时也可以联系其代表的企业的实际经营场所中的相关部门进行沟通。

（二）避免基本条款的不确定性

实践中的合同签订并不完全符合法律规定。受很多因素的制约，有些事项没有约定，有些事项约定不明确，更多的是看似明确实则不明确的情况。例如，对产品质量的要求是"合格""过关"；交付地点是"北京"，纠纷解决方式是"合同履行地法院"，但是如果考虑到管辖问题，一旦发生纠纷，受诉法院基本是基层法院，那么，当初交付地点是北京的哪个区？再如，在一个买卖合同中，供货商要求买方付尾款。买方说，拒付款的原因是机器设备不合格。双方约定标的物规格为 AB-CD-E。法官查阅生产厂家的网站后，发现该 AB-CD-E 系列还有-1/-2/-3 三种型号，参数有细微的差别。也就是说，买方需要的是 AB-CD-E-1，而卖方提供的是 AB-CD-E-2。正是这种差别导致标的物不能与其他设施配套。尽管依照合同约定买方无须再付剩余款项，但因机器设备不配套造成的生产损失已无法挽回。司法实践中，这些"粗线条"的合同占合同数量的绝大多数。合同条款仅寥寥数行，合同用语模糊笼统，一旦对方违约或履行过程中发生纠纷，双方对法律关系中的事实就会存在很大的争议。

尽管法律对有些约定不明确的事项给出了处理意见，但仍然会出现相互扯皮甚至诉讼的情况。因此，从经营角度出发，应当尽可能地完善合同的内容，明确关键条款、术语的含义。以民事法律行为为例。民法中有附条件的民事法律行为和附期限的法律行为。如果条件不成立或者期限未届满，就不能认定民事法律行为成立。如果签订合同时未注意这些条款，就有可能给企业带来巨大损失。在"陈发树诉云南白药股权转让案"中，原告（乙方）败诉的原因就在于未能发现合同条款中的附条件问题。双方合同约定"在甲方收到乙方的全部款项后，甲方应当及时办理与本次目标股份转让有关的报批等法律手续；如协议得不到有关国有资产监督管理机构的批准，甲方将乙方支付的全部款项不计利息退还，双方互不承担违约责任，协议自乙方收到甲方退还的全部款项之日起解除。"在此条款中，"报批""批准"等充满不确定条件的设置，构成法律上的陷阱。谁、在多长时间内、向哪个机构报批，没有具体的责任人，责任人行动拖延，审批机构众多，审批机构拖延等，都可能成为阻止合同生效的因素。再如，纠纷解决方式是合同必备的条款。司法实践中有一种现象是"逢案必打管辖权"。无论受诉法院有没有管辖权，被告都会提出异议。先提主管异议再提管辖权异议；先提地域管辖权异议再提级别管辖权异议；异议驳回后再上诉。一通管辖权问题解决下来，案子也拖了三四个月。因此，合同中对于是选择仲裁还是诉讼、在哪个仲裁机构或法院诉讼要明确。[1] 此外，如果涉及付款，付款方式、付款时间、收款账户（若转账）等详细信息要写明。尽管这不属于合同基本条款，但实践中经常出现因业务人员、代理人侵吞款项导致买方已经付款而卖方没有收到的情形。因此，作为付款企业，应要求收款企业明确收款账户，付款时写明收款人全称和付款用途，并在付款后及时告知对方，以便有效降低他人侵占款项的风险。

（三）规范签字、盖章、按指印及日期

这三项内容属于合同文本的尾部。在很多业务人员看来这几项内容不重要，以为合同谈妥之后，签字、盖章只是扫尾的手续。因此实践中很多合同在此部分总是缺项不全，但这些细节存在很大的风险。

《民法典》第四百九十条规定："当事人采用合同书形式订立合同的，自当事人均签名、盖章或者按指印时合同成立。"合同签章页都会有标注公司签章、法定代表人或公司代表人签字。因此，从法律上说，签名、盖章、按指印只要有一个，合同就可以成立。我国合同实践中各商事主体更加偏爱使用印章。例如，双方距离遥远，邮寄合同文本盖章后互换更为方便；或者时间紧迫，急需签署合同却等不到法定代表人签字；或者有大量需要盖章的文件，无法一一审核后签字等。印章首先应当是合同专用章，但加盖公章一般也不影响合同的成立与生效，除非对方能够提供相反的证据证明该公章并不由公司控制（有关印章的管理风险将在公司内部事务法律风险中详细论述）。

合同中对印章使用的偏好，使得大多数的业务部门形成了"认章不认人"的习惯，由此就可能使企业面临"萝卜章"的问题。[2] 虽说伪造的印章最终可以通过技术手段鉴别，伪

---

[1] 例如，合同约定发生争议后由天津市仲裁委员会仲裁。被申请人提出的异议理由是，天津市仲裁委员会是不存在的机构，我国只有天津仲裁委员会。类似地，温州仲裁机构现称温州仲裁院，如果合同中写的是温州仲裁委员会，也很容易被对方钻空子。

[2] 早些年制作粗劣的假章往往都选择用白萝卜。随着人们认识水平提高，假章的制作水平越来越高，由于萝卜制作的假章肉眼就能识别，现在制作假章已经不再使用萝卜，但人们仍然习惯用"萝卜章"来指称私刻的公章、假章。

造印章的行为也会被定罪判刑①，但一般合同履行中不会有人想要去验证印章的真伪，只有纠纷发生之后才会有所察觉，但这时很可能已经为时已晚。

从一定程度上讲，"萝卜章"是无法避免的。法律尽管提供了帮助鉴别公章真伪的方式——在公章中设置芯片和备案，但事实是签订合同时没人也没有途径去鉴定对方印章中是否有防伪芯片。而且，如果是故意使用假章行骗，为了成功，对印章的质量也会有较高的要求，一般肉眼很难辨别。这就要求签订合同时不能急于求成，要做好背景调查。同时，从技术上尽可能地进行防范，例如，尽量面签，不使用电子邮件、微信传送或者邮寄等方式。面签如果是在交易对手的办公室，就要确认该地点是否是工商注册地，或者通过其他方式查证该地点是否是实际办公地。因为现实中也有骗子租赁或借办公室、会议室的。如果使用邮寄合同的方式，要注意合同骑缝章的使用。骑缝章可以防止文本中的某一页被替换。

另一个比较有效的方式就是明确约定"合同在加盖公章和法定代表人签字后生效"。"和"字强调的是印章和签字同时使用。签署合同时，尽可能要求法定代表人签字。当然，在法律上只有签字合同也是有效的。有些国家和地区的做法和我国相反，它们更加认可签字的效力。如果合同不是由法定代表人亲自签署，就要查验授权书和签订人的身份证，并留存复印件存档。签字与印章同时出现在合同文本上，相互也有印证的作用。

最后是日期问题。不写明合同签署日期，就无法确定合同生效的日期。如果涉及依照合同签订日期来执行某项条款，如合同签订后5日内付保证金，就无法确定条款执行的日期，也就无法计算开始违约的时间等。合同签署日期还涉及诉讼时效以及其他重要问题。② 为了防范风险，应当写明合同签署的年、月、日。

（四）注意"名不符实"的合同风险

这是指合同文本冠以的名称与实质交易的法律关系不相符合，如名为借款实为租赁、名为租赁实为承包、名为承包实为联营等。由于各法律关系涉及的双方权利义务并不相同，一旦发生此类纠纷，就很难协商解决，基本都会走向诉讼或者仲裁。此外，由于社会经济交易方式在不断发展，无名合同也随之产生，这也是纠纷的多发地带。因此，合同双方还是应该根据各法律关系的特点进行文本制作，对于交易特点及方式尽可能做详细的说明。

（五）注意缔约过失和合同无效的风险

在上文提及的股权转让案件中，原审原告向最高人民法院申请再审时提出要求追究对方缔约过失的责任，最终被法院驳回。败诉的基本原因有两个：一是从民法角度看，不符合

---

① 《刑法》第二百八十条第二款规定："伪造公司、企业、事业单位、人民团体的印章的，处三年以下有期徒刑、拘役、管制或者剥夺政治权利，并处罚金。"

② 在笔者接触的一个案件中，甲公司将对乙公司的建筑工程债权转让给丙公司。丁公司提出异议，认为这个转让是虚假转让，因为丙公司成立于债权转让之后。经工商登记查询，得知丙公司成立于2013年8月28日。再审查合同原件，没有签订日期，只有甲公司的公章和丙公司代理律师的签名。仅凭这些证据，无法证明转让协议无效。

缔约过失责任成立的条件。根据《民法典》第五百条的规定，承担缔约过失责任的前提是：①假借订立合同，恶意进行磋商；②故意隐瞒与订立合同有关的重要事实或者提供虚假情况；③有其他违背诚信原则的行为。该案就客观事实来说，并没有证据证明被告存在上述三种情形。二是从民诉法角度看，提起再审的根本原因是原判决错误。这就决定了再审中不可以提出新的诉讼请求，但缔约过失责任的主张在一审中并未提出，属于再审中提出的新请求，不符合再审的基本条件，因此，其结果是可以预测的。

除缔约过失外，法律也规定了合同无效的法定情形。尽管近年来，出于促进交易及保护交易安全的考虑，法院认定合同无效越来越慎重，但依然有相当比例的合同被认定为无效或不生效。[①] 这必然会影响一方甚至双方当事人的利益。但有一种情况必须注意，就是司法实践中存在企业之间虚拟交易拆借资金的情形。此种案件的司法判决结果并不一致，最高人民法院在现阶段的态度是认定合同无效，更严重的还会被以虚开增值税专用发票罪追究刑事责任，属于风险极大的行为。

二、合同履行中的风险与防范

即使合同条款没有争议，如果不注意合同履行中的风险控制，也会引发纠纷。司法实践中，不履行合同义务、不完全履行合同义务、不及时履行合同义务等违约情形极易发生。为了避免合同履行中的风险，至少要注意以下两点：

（一）要有强烈的证据意识

证据意识既包括证据留痕的意识，也包括证据保管的意识。以民间借款合同为例。现实中，民间借款纠纷非常多，原因在于民间借款通常发生在亲朋好友之间。基于信任借出款项，没有必要的风险意识和证据意识。当借款方否认借款时，出借方往往会拿出转账记录。但仅有转账记录并不能证明借款关系存在。一方面，很多转账记录没有转账用途的说明；另一方面，民间借款属于实践性合同，不仅要证明交付了款项，还需要提交有关双方存在借款合意的证明。而这个事实，双方往往没有什么书面证明。如果借款是用现金方式交付的，那要证明借款关系的存在就更是难上加难。

因此，无论是合同的成立，还是合同的履行、合同的变更或补充（如修正、补充、对事实的确认、对质量和数量的检验、货物的交接、期限宽限等），都应当注意保留证据。在合同履行中，企业业务部门和财务部门是具体实施和落实者，务必要强化这些部门工作人员的证据意识，妥善保管与合同有关的文件资料，不但包括合同、支付凭证、票据、表单等原始文件，还包括补充、变更文件以及一切往来的函电、文件、传真、音像资料等。例如，有

---

① 登录中国裁判文书网，选择"民事案件""合同""中级法院""判决书""2020""民事一审""确认合同效力纠纷"等条件，得到 38 份判决书，剔除 1 份因程序问题驳回起诉的案例，在 37 份判决书中，确认合同有效的 27 份，确认合同无效的 9 份，确认合同不生效的 1 份。

些法律规定必须通知对方才生效的法律行为（如债权转让等），就需要证明通知已经实际送达。再如，长期合同的对账单是控制风险、固定交易情况的重要证据，在对账单中应明确写明各个阶段已交付货物数量和已结清的货款数额。通常情况下，发票不能代替货物交付凭证，为了安全起见，交付货物一方应当索要货物签收单，支付款项尽量避免使用现金，建议通过转账进行，写明用途，并要求对方出具收据。

根据目前的司法实践，电子邮件、短信、微信等形式的证据可以作为认定事实的依据，但在作为证据使用时，对方经常会提出身份识别的质疑。为了确保电子证据的有效性，可以在合同中事先固定双方的联系信息，如联系人、联系方式（固定电话、手机号、微信号、传真号、电子邮件地址等）；沟通时，采用规范的语言，写明完整的、具体的沟通内容；及时备份，防止误删或无法使用等问题；有必要公证的，及时进行公证。

对证据的收集和保留还需要注意手段的合法和内容的完整性。一般要选择在公开场合进行，不能采取装窃听器等违法形式取证。在录音、录像中，明确表明谈话的主体、时间、地点等。如果要使用监控设备中的证据，应及时提取，防止因监控设备定期删除存储信息而导致证据灭失。此外，在进行合同履行的沟通时应当注意，不要擅自做出承诺或发表对己方不利的言论，以防被对方录音从而形成不利证据。

（二）密切关注合同履行情况，及时采取措施

如果发现债务人有逃避债务或者其他侵害债权的可能性，如债务人经营状况恶化、无偿或者以不合理的低价转让财产等行为，就要及时采取措施，如行使法律规定的代位权、撤销权、同时履行抗辩权、先履行抗辩权、不安抗辩权、要求对方提供担保等方式，以避免或减少损失。

三、合同解除时的法律风险

合同的解除有法定解除和约定解除两种。一般情况下，双方会在合同中约定解除条件，当条件成就时，行使约定解除权。这是合同当事人风险防范的一种重要手段。但是，设置约定解除是一个需要经验和技术的工作，如果设置不当，就会适得其反，不但无法解除合同，还可能提醒对方故意违约。

无论是法定解除还是约定解除，都必须以诚信为前提，履行书面通知的义务。如果法律规定解除，应当办理批准、登记手续，还应当办理相应的手续，否则可能因未经批准或登记而导致解除无效。作为被解除的一方，如果不同意解除，可以提出异议。异议的理由包括条件不成就、未收到通知、通知到达的时间迟延等。

合同解除权是有期限限制的。如果未及时行使解除权，解除权自行消灭。这一点是必须要注意的。

四、重点合同的风险提示

（一）借款合同注意事项

1. 出借主体

在我国，可以作为出借主体的只有两类：①具有完全民事行为能力的自然人；②取得金融牌照的公司，如银行、小额贷款公司、消费金融公司、典当行、信托公司等。企业没有取得金融牌照却开展借贷业务，或者自然人用自己控制的非金融类公司的名义发放借款，都属于违法行为。因此，在起草借款合同时一定要注意出借主体的资格。

2. 借款本金及借款期限

借出借款本金，建议采用银行转账的方式，尽量不要采用现金方式。现金在举证上难度较大。实际出借金额、借款期限与借款合同约定不一致，造成借款人损失的，出借主体应当赔偿损失。也就是说，如果出借主体没有按照合同约定的时间、金额发放借款，就构成了违约，借款人是可以追究出借主体违约责任的。

（二）买卖合同注意事项

1. 签约主体

合同当事人是否有订立合同的资格和实际履行能力。没有签约资格的表现主要有：①没有提供法人资格证明；②虽然提供了营业执照副本，但是复印件没有盖公章；③虽然提供了营业执照，但是存在虚报注册资本的情况，企业并无实有资金，没有实际履行能力；④虽然提供了营业执照，但营业执照已被吊销，或由于其他原因企业已经注销等。

2. 合同标的

除了合同标的的名称、品种、规格、型号、等级、花色、数量、质量、价款等内容尽可能详细具体外，还应注意标的物是否为法律禁止或限制的流通物，否则将会导致合同无效。

3. 恶意履行

合同主体具有签约资格，合同内容齐备、详尽、完善，并不代表没有任何风险，在实际履行中有可能出现恶意履行的情况。例如，借口产品质量差而拒付货款；产品有质量问题故意不告知；故意多交货却不通知；故意违约以减少损失；对方履行不符合约定时，不及时采取措施避免或减少损失的发生；虚开支票①或虚假电汇，套取货物等。

---

① 虚开支票有两种情形，其中一种是开具不实面额的支票，故意制造障碍，使支票不能兑现。例如，支票上的印鉴与出票人在银行预留的印鉴不同，支票金额的大小写不同，日期有误，连笔致使支票不能清晰辨认，有涂改等，都会导致支票不能兑现。

导入案例分析

企业签订合同前对交易对手的资质审查非常重要。根据《最高人民法院关于审理商品房买卖合同纠纷案件适用法律若干问题的解释》第二条的规定："出卖人未取得商品房预售许可证明，与买受人订立的商品房预售合同，应当认定无效，但是在起诉前取得商品房预售许可证明的，可以认定有效。"在本案中，涉案房产项目至庭审结束仍未取得商品房预售许可证，违反法律的强制性规定，因此，原告、被告之间签订的《商品房买卖合同》应属无效。合同无效后，适用《民法典》第一百五十五条的规定："无效的或者被撤销的民事法律行为自始没有法律约束力"，以及第一百五十七条的规定："民事法律行为无效、被撤销或者确定不发生效力后，行为人因该行为取得的财产，应当予以返还；不能返还或者没有必要返还的，应当折价补偿。有过错的一方应当赔偿对方由此所受到的损失；各方都有过错的，应当各自承担相应的责任。法律另有规定的，依照其规定。"

至于被告王某雪和王某娇的责任，依照《最高人民法院关于适用〈中华人民共和国公司法〉若干问题的规定（二）》第二十条第二款的规定："公司未经依法清算即办理注销登记，股东或者第三人在公司登记机关办理注销登记时承诺对公司债务承担责任，债权人主张其对公司债务承担相应民事责任的，人民法院应依法予以支持。"本案中，鼎居公司虽然已注销但无清算信息，被告王某雪和王某娇作为对鼎居公司负有清算义务的股东应对公司债务承担清偿责任。

知识点 3　与企业生产经营有关的法律风险及防范

导入案例

原告陈×建向法院起诉，要求被告永宁公司、世祥公司、明×德、曾×勇给付工程款等费用。法院经审理认定的主要事实有：永宁公司与世祥公司签订《建设施工合同》，由世祥公司承建永宁公司某工程。明×德挂靠世祥公司并作为委托代表签订该合同。同日，明×德与包×平、曾×勇签订合作协议，约定该工程由明×德联系并发起作为世祥公司唯一法定代理人，负责与开发商协调、沟通，指导施工队进行工程建设；包×平、曾×勇负责垫付工程前期工程款、工程质量和工人工资保证金；明×德提取全部工程价款的10%作为劳务报酬，其余工程款由包×平、曾×勇在支付足额工人工资及材料款后独立分配等。后包×平退出，陈×建加入并开始施工。工程完工后，因款项支付问题产生纠纷。法院认为，明×德挂靠世祥公司与曾×勇合作承建工程，通过陈×建诉状，明×德与曾×勇所签合作协议，可认定当时各方均知晓挂靠的事实。现因不能证实陈×建的工人工资已全部给付，故应由合同相对方明×德、曾×勇互负连带责任，承担给付剩余工人工资的义务，世祥公司承担补充给付责任。

基本理论

一、与营业执照有关的法律风险及防范

挂靠经营和超出经营范围是两种常见的与营业执照相关的法律风险。

（一）企业挂靠经营的法律风险及防范

挂靠经营是指个人、个体户、合伙组织、企业通过达成挂靠协议，借用其他经营主体的名义对外开展经营活动，但对内独立核算，自负盈亏，定期向被挂靠人支付一定管理费用的经营方式。尽管从企业信誉方面讲，被挂靠人应当提供技术、管理等方面的服务，但事实上很少有真正履行管理义务的。

挂靠经营本质上是一种借用关系，出借的是被挂靠人的资质、证照、经营权、信誉等。之所以借用，是因为挂靠人本身并不符合从事一定工作的条件，却想获得依靠自身无法取得的交易信用与经济利益，或者要规避国家在税收、贷款等方面的限制，如挂靠民政福利企业可以享受税收优惠等，因此尽管挂靠行为不构成违法，但也绝非合法行为，可称为是一种规避的"逃法"行为。

在经营过程中，挂靠人的实际经营活动并不在被挂靠人的控制范围之内，这就使得挂靠行为的性质充满风险。而依照《最高人民法院关于适用〈中华人民共和国民事诉讼法〉的解释》第五十四条的规定："以挂靠形式从事民事活动，当事人请求挂靠人和被挂靠人依法承担民事责任的，该挂靠人和被挂靠人为共同诉讼人"，以及第六十五条的规定："借用业务介绍信、合同专用章、盖章的空白合同书或者银行账户的，出借单位和借用人为共同诉讼人"，由于被挂靠人出借资质获利，与挂靠人共同承担法律风险是应该的。如果挂靠人从事依法应当取得行政许可的活动，那就涉及违反《行政许可法》的规定，行政机关应当依法采取措施予以制止，并依法给予行政处罚。[①] 如果挂靠经营活动触犯《刑法》，还可能构成非法经营罪，依法承担刑事责任。[②]

因此，营业执照是企业的主体资格身份证明，如同公民的身份证一样，不能随意借给他人

[①] 《行政许可法》第二十九条、第七十九条、第八十一条。
[②] 《行政许可法》第八十一条，《刑法》第二百二十五条。

使用。企业应当建立营业执照的专门保管、使用审批、记录交接等制度并严格执行，避免随意使用营业执照及其复印件的事情发生，企业不可为了个人情面或者贪图小利，最后赔了夫人又折兵。对于营业执照借用方来说，借助他人资质，看似一条捷径，一旦风险暴露，高额的赔偿责任可能是自己无法承受的；对于营业执照出借方来说，看似不用出力，就可以获利，一旦风险暴露，则可能面临赔了夫人又折兵的处境，不但名誉受损，还可能承担各种法律责任。

（二）超出经营范围的法律风险及防范

经营范围是国家允许企业生产和经营的商品类别、品种及服务项目，反映企业业务活动内容和生产经营方向，体现法人民事权利能力和行为能力的核心内容。企业的经营范围是企业设立时必须进行登记的事项。那么，企业超出经营范围的行为是否必然无效？对此，我国的立法呈现出从严到宽的态度。

最初，企业的经营范围是区分企业合法经营和非法经营的界限。生产经营必须限于登记的范围之内，一旦超越，不但不受法律保护，还要受到处罚。随着市场经济改革的推进，"鼓励交易，保障交易安全"的理念逐渐成为主导，超出经营范围订立的合同不一定会被当然地认定为无效。但如果属于违反国家限制经营、特许经营以及法律、行政法规禁止经营规定的业务，所签订的合同将会被认定为无效。

因此，如果合同事项属于国家限制经营、特许经营的业务，企业应当注意查看对方的经营范围。如果明知对方无权经营此项业务却仍然与之合作，一旦出现纠纷，不仅合同要被认定为无效，还要根据过错程度承担相应的责任。

二、与授权有关的法律风险及防范

授权以人为对象，将完成某项工作的权力交给他人，让其负责管理性或事务性工作。授权的内容包括用人、用钱、做事、交涉、协调等的决策权以及完成某项工作必要的责任。充分、合理的授权，能够使管理者不必事事亲力亲为，以便有更多的时间和精力从事更多的工作。授权分为对内授权和对外授权。

（一）对内授权的法律风险及防范

企业作为组织机构在法律上只是一个拟制的主体，企业的行为需要具体的人去实施。因此，就需要对内授权。对法定代表人的授权自企业成立时起，其他成员需要特定的授权才可以代表企业行为。

1. 岗位授权

岗位授权本质上属于岗位职责的内容。岗位授权一般自员工入职该岗位时生效至离开该岗位时失效。民商事交往中的表见代理行为很多都与岗位授权的这个特点有关。例如，李某系某饲料公司的销售业务员，负责公司与被告的饲料销售业务。被告购买饲料结算款项一直与李某进行。饲料公司要求被告给付货款，被告出具了李某于 2020 年 3 月 24 日出具的并经双方签字确认的字据，该字据表明被告在饲料公司的账目已结清。原告主张李某已于 2020 年 1 月从公司离职，但被告并不知情。最终，法院认定本案构成表见代理，驳回原告的请求。

2. 业务授权

企业根据具体业务的需要临时授权或针对某一个特定的项目进行授权。该项业务或项目结束，授权也就结束。业务授权通常通过书面的授权书或委托书进行，常见于商业谈判或项目管理。因此，业务授权首先要有明确有效的书面授权文件。授权内容和期限要明确具体，切忌概括含混，以免被超期或越权使用，引发不必要的麻烦。

（二）对外授权的法律风险及防范

1. 授权代理

授权代理是指企业授权其他企业或个人以授权企业的名义销售或处理有关事务，行为后果、销售价格或投标报价由授权企业承担或者决定，被授权企业只收取代理费的经营模式，如商品代理、运送代理、广告代理、投标代理等。授权代理的本质是委托代理的关系。被授权企业称为代理商。在这种经营模式下，代理商代表委托人招揽客户、招揽订单、签订合同、处理委托人货物、收受货款等，并从中赚取佣金，不必动用自有资金购买商品，盈亏与其无关。可以说，代理商是生产厂家授权在某地区的代表，代行生产厂家的某些职能。

代理有总代理和普通代理之分。总代理权具有排他性，也就是说，总代理商在本经营区域内有对所经营的商品具有独家经营权。这种经营模式需要授权企业对被授权企业拥有较强的控制权或者被授权企业自身市场信用良好，否则，对授权企业会有较大风险。

2. 授权经销

授权经销是指企业授权其他企业以被授权企业的名义销售或在投标活动中使用授权企业的产品，被授权企业自主确定产品销售价格或投标报价，赚取两边的差价作为收益，并独立向其客户承担责任的经营模式。授权经销的本质是买卖合同关系。被授权企业称为经销商。这种经营模式一般适用于授权企业对被授权企业的信用状况不放心或对被授权企业缺乏有效控制的情况。

经销有独家经销与一般经销之分。独家经销模式下，双方在约定不得经销其他同厂家的同类竞争产品之外，还要规定经销商最低交易数量和交易规模，如一年要进多少货、需要铺多少范围等。

代理与经销在合同关系的连续性和长期性、销售区域的固定性、交易量限制、对不正当竞争的限制等方面均有相同之处，所以在实际业务中，有的人会错误地将代理与经销混为一谈。也有些被授权企业从降低自身风险角度出发，将自己与授权企业的关系界定为代理关系，并通过含混不清的授权证书给消费者造成授权代理的印象，将自己行为的后果转嫁给授权企业。

综上所述，授权代理与授权经销在被授权企业的自主权、销售名义、对产品的所有权、销售价格、法律责任、收入性质和方式等方面均有不同。企业应明确区分代理协议和经销协议，根据自己的真实意图选择，分别颁发代理商证书和经销商证书。除企业非常明确希望做代理商外，生产厂家不要随意与其他企业签订代理协议或授予其他企业以代理商的名义。如果是授权他人做招投标业务，要明确为授权投标人使用自己的产品，而不能表示为授权投标人代理自己投标。

三、与采购和销售有关的法律风险及防范

（一）采购

1. 采购的法律风险

（1）增加支出。采购计划不合理、预算编制不合理、预算执行不力、市场价格上涨、物资管理不当等原因，会导致完成一项采购活动所需要的支出比预期的支出高。

（2）延迟交货。供应商主客观违约、货物运输、不可抗力等因素会导致供应商没有严格按照合同约定的时间完成交货任务。

（3）质量不合格。供应商的原材料、技术水平等导致产品未达到质量要求，或者货物验收人员工作疏忽、验收方法和流程有误等导致供应商提供的产品不符合合同约定的质量。这既有供应商的原因，也有采购方自身的问题。

（4）付款风险。例如，采购方提前付款，由于特殊原因合同终止，采购款难以退还；付款进度约定不当，资金周转困难；付款审核不严，付款出现错误；业务人员携款逃逸等。

（5）存货风险。库存过高，不仅占用大量资金，还会增加养护成本；库存过低，不能满足企业的生产需求，导致停工待料和延迟交货，产生违约责任等。

（6）道德风险。既包括来自供应商的道德风险，也包括来自业务人员的道德风险。例如，供应商以次充好，业务人员不积极了解市场行情，或者双方合谋。

2. 对采购的法律风险的防范

（1）建立合理的采购体系。建立合理的采购体系，制定采购管理制度，规范采购流程，慎重选择供应商，充分了解供应商的供货能力、售后能力、商业信誉，关注经济政策和市场趋势，了解市场信息和行情。

（2）实施采购过程控制。做好采购计划和预算的编制、审核工作，预留货物采购的时间，避免因急于采购而造成对供应商的选择过于仓促以及没有谈判的空间；加强合同的审核，严格货物验收的标准和时间，以及提出异议的时间和条件；明确结账付款的节点和凭证；加强对过程的跟踪，及时发现问题。

（3）加强对采购人员的管理。制定采购岗位的行为准则，上岗之前签署岗位责任书和廉洁自律协议；定期进行法律责任培训，提升法律意识；加强企业文化宣传，增加员工对企业的归属感。

（二）销售

1. 销售的法律风险

（1）产品风险。这是指产品因设计、质量、功能、进入市场的时机、定位等问题造成

销售状况不理想的风险。

（2）定价风险。包括定价过低、定价过高、价格变动的风险。

（3）运输风险。这是指产品在运输环节造成数量、质量上的损失，或者因运输时间延误导致企业承担违约责任的风险。

（4）收款风险。这是指因交易方恶意拖欠、侵占、无力支付等造成不能及时回款的风险。

（5）渠道风险。这是指选择的代理商或者经销商实力不足、相互竞争、价格垄断等所导致的风险。

2. 对销售的法律风险的防范

（1）加强对市场环境的调研，避免不切实际的想法，在市场的多元需求中找准自身产品的定位。

（2）提高处理销售风险的能力。一方面要减少对客户造成的损害，另一方面要尽快采取措施控制损失的扩大。这既包括经济损失的扩大，也包括对企业形象带来的负面影响。

（3）加强对销售人员的管理，避免"唯订单"论的单一考核指标。

🔍 导入案例分析

建设施工合同、道路运输合同是挂靠纠纷多发的领域。就建设承包合同来说，由于被挂靠人是发包方和实际施工方的中间环节，因此其可能承担的法律责任，不仅包括对上游发包方的责任，也包括对下游实际施工方的责任。

1. 对发包方的责任。

《中华人民共和国建筑法》第六十六条规定，建筑施工企业转让、出借资质证书或者以其他方式允许他人以本企业的名义承揽工程……对因该项承揽工程不符合规定的质量标准造成的损失，建筑施工企业与使用本企业名义的单位或者个人承担连带赔偿责任。

2. 对实际施工方的民事责任。

这种情形比较复杂。

（1）挂靠人对外明确以被挂靠人的名义进行施工，且实际施工方也有理由相信其是在与被挂靠人发生经营关系的，挂靠人与被挂靠人列为共同被告。

（2）挂靠人明确以自己的名义进行施工的，被挂靠人一般不应对挂靠人的经营行为对外承担民事责任。但还要进一步细分：①如挂靠人再次以自己的名义将工程非法转包或违法分包，次承包人作为实际施工方，可以根据《最高人民法院关于审理建设工程施工合同纠纷案件适用法律问题的解释（一）》的规定向被挂靠人主张权利，直至向发包方主张权利，被挂靠人应在欠付挂靠人工程款范围内承担责任。②挂靠人虽然以自己的名义对外发生民事行为，但相对方有理由相信挂靠人是在履行与被挂靠人的施工合同义务有关的职务行为，应视为挂靠人以被挂靠人的名义发生民事行为，被挂靠人应与挂靠人对外承担连带责任。③如果挂靠人对外虽然明确以自己的名义进行施工，但挂靠人与实际施工方交易行为的成果，已经物化在建设工程中，而此时挂靠人下落不明，则由被挂靠人在受领的工程款范围内代挂靠人承担责任。

知识点 4　与企业生产经营有关的刑事法律风险及防范①

导入案例

自 2006 年 4 月起，吴某陆续注册成立了 10 余家以"本色"命名的公司。2006 年 10 月成立本色集团。公司股东工商登记为吴某及其妹吴某玲，但吴某玲并未实际出资和参与经营，吴某为集团的法定代表人。此外，吴某还成立了荆门信义投资担保公司、诸暨信义投资担保公司、丽水实业公司等。2007 年 3 月 16 日，吴某因涉嫌非法吸收公众存款而被批捕。2009 年 12 月 18 日，一审法院以集资诈骗罪判处吴某死刑，剥夺政治权利终身，并处没收个人全部财产；2012 年 1 月 18 日，二审法院驳回吴某的上诉，维持原判，并报请最高人民法院复核。经复核后，案件被发回重审。2012 年 5 月 21 日，浙江省高级人民法院经重新审理后对吴某判处死刑，缓期二年执行，剥夺政治权利终身。2014 年 7 月 11 日，浙江省高级人民法院裁定，将吴某的死缓刑减为无期徒刑，剥夺政治权利终身。2018 年 3 月 23 日，再次裁定减为有期徒刑 25 年，剥夺政治权利 10 年。该案在当时引起了社会的广泛关注与讨论，争论的焦点在于该案究竟是民间借贷还是刑事案件；如果已经构成犯罪，究竟是非法吸收公众存款罪还是集资诈骗罪。此外，该案也反映了中小企业融资方面存在的问题。

基本理论

一、企业刑事法律风险概述

企业刑事法律风险是指企业及其工作人员在生产经营过程中因实施了可能触犯刑事法律而导致企业可能会遭受刑事处罚的风险。刑事法律风险是企业生产经营中最为严重的风险。风险一旦转化为现实，其冲击性和破坏力无论对企业还对企业家个人，都是一次重创。改革开放以来，

---

① 本部分内容的数据主要来自北京师范大学中国企业家犯罪预防研究中心 2021 年 4 月 25 日发布的《企业家刑事风险分析报告 2019—2020》。

因企业家入狱而使企业经营陷入混乱最终在市场竞争中消失的案例不胜枚举。近年来，企业刑事法律风险的观念越来越受到我国法律界和工商界的重视。企业刑事法律风险具有以下三个特点：

（一）责任双重性

《刑法》第三十条规定："公司、企业、事业单位、机关、团体实施的危害社会的行为，法律规定为单位犯罪的，应当负刑事责任。"第三十一条规定："单位犯罪的，对单位判处罚金，并对直接负责的主管人员和其他直接责任人员判处刑罚。本法分则和其他法律另有规定的，依照规定。"从上述规定看，单位犯罪的刑罚处罚绝大多数实行双罚制，即对单位判处罚金，对直接负责的主管人员和其他直接责任人员判处刑罚。

（二）全面性

刑法规定几乎涵盖了企业生产经营的内外全过程。就企业自身而言，从设立时的虚报注册资本、虚假注册，到企业破产时的妨害清算、虚假破产行为，都有触犯刑法规定的可能；从企业的对外关系来看，其生产经营不可避免地要与外界其他主体（如行政机关、其他企业、个人等）发生各种联系，行政审批、合同签订、投资融资、税款缴纳、环境保护等领域也早已被纳入刑事法律调整的范畴。

（三）易发性

刑法规定渗透到企业生产经营的方方面面，增加了企业生产经营的行为触犯刑事法律的概率与可能，企业稍有逾越，就有可能构成犯罪。加之社会转型时期，社会经济秩序并非总处于规范运行的状态下，让企业和企业家规则意识缺失，法制观念淡薄，逐利思想严重。此外，有些行为罪与非罪的界限在司法实践中并不容易判定。如果附加一些外部因素，企业的民商事行为很容易被认定为犯罪行为。[①]

二、中小企业及其工作人员犯罪罪名的分布

企业刑事法律风险包括企业本身的风险及其经营者的风险两个方面。除此之外，有些犯罪可能与企业的生产经营没有直接关系，但也需要防范。例如，因为劳资矛盾激化而发生的刑事案件。

（一）中小企业犯罪涉及的类罪及罪名

中小企业犯罪涉及的类罪及罪名如表 8-4 所示。

[①] 2018 年和 2019 年，中央政法工作会议、最高人民法院、最高人民检察院和公安部多次开会强调，要严格区分经济纠纷与经济犯罪、企业主个人与企业、合法企业与犯罪组织、合法财产与违法犯罪所得、企业正当融资与非法集资等的界限，严防刑事执法介入经济纠纷、超标的超范围采取财产强制措施、财产处罚过宽过重等现象发生，切实保护企业和公民的合法权益。这些会议的召开，也从侧面反映出司法实践中企业生产经营行为民刑界限模糊的现实。

表 8-4　中小企业犯罪涉及的类罪及罪名

序号	类　罪		罪　名
1	危害国家安全罪		资助危害国家安全犯罪活动罪
2	危害公共安全罪		帮助恐怖活动罪；非法制造、买卖、运输、邮寄、储存枪支、弹药、爆炸物罪；非法制造、买卖、运输、储存危险物质罪；工程重大安全事故罪
3	破坏社会主义市场经济秩序罪	生产、销售伪劣商品罪	生产、销售伪劣产品罪；生产、销售、提供假药罪；生产、销售、提供劣药罪；生产、销售不符合安全标准的食品罪；生产、销售有毒、有害食品罪；生产、销售不符合标准的医用器材罪；生产、销售不符合安全标准的产品罪；生产、销售伪劣农药、兽药、化肥、种子罪；生产、销售不符合卫生标准的化妆品罪
		走私罪	走私武器、弹药罪；走私假币罪；走私文物罪；走私贵重金属罪；走私普通货物、物品罪
		妨害对公司、企业的管理秩序罪	虚报注册资本罪；虚假出资、抽逃出资罪；对非国家工作人员行贿罪
		破坏金融管理秩序罪	高利转贷罪；非法吸收公众存款罪；伪造、变造金融票证罪；伪造、变造国家有价证券罪；逃汇罪①；洗钱罪
		金融诈骗罪	保险诈骗罪、信用证诈骗罪、金融凭证诈骗罪、票据诈骗罪和集资诈骗罪
		危害税收征管罪	逃税罪；逃避追缴欠税罪；骗取出口退税罪；虚开增值税专用发票、用于骗取出口退税、抵扣税款发票罪；伪造、出售伪造的增值税专用发票罪；非法出售增值税专用发票罪；非法购买增值税专用发票罪、购买伪造的增值税专用发票罪；非法制造、出售非法制造的用于骗取出口退税、抵扣税款发票罪；非法制造、出售非法制造的发票罪；非法出售用于骗取出口退税、抵扣税款发票罪；非法出售发票罪
		侵犯知识产权罪	假冒注册商标罪；销售假冒注册商标的商品罪；非法制造、销售非法制造的注册商标标识罪、假冒专利罪；侵犯著作权罪；销售侵权复制品罪；侵犯商业秘密罪
		扰乱市场秩序罪	损害商业信誉、商品声誉罪；合同诈骗罪；非法经营罪；强迫交易罪；伪造、倒卖伪造的有价票证罪；倒卖车票、船票罪；非法转让、倒卖土地使用权罪；虚假广告罪；串通投标罪；提供虚假证明文件罪

---

① 《刑法》规定的逃汇罪的主体为国有单位，但《全国人民代表大会常务委员会关于惩治骗购外汇、逃汇和非法买卖外汇犯罪的决定》将逃汇罪的主体范围扩展到一般单位。

序号	类　罪	罪　名
4	侵犯公民人身权利、民主权利罪	强迫劳动罪；雇用童工从事危重劳动罪
5	妨害社会管理秩序罪	污染环境罪；非法捕捞水产品罪；危害珍贵、濒危野生动物罪；非法狩猎罪
		非法占用农用地罪；盗伐林木罪；滥伐林木罪；非法收购、运输盗伐、滥伐的林木罪
		走私、贩卖、运输、制造毒品罪
		制作、复制、出版、贩卖、传播淫秽物品牟利罪；传播淫秽物品罪；组织播放淫秽音像制品罪
		非法买卖、运输、携带、持有毒品原植物种子、幼苗罪；非法提供麻醉药品、精神药品罪
		单位受贿罪；对单位行贿罪

（二）中小企业工作人员犯罪涉及的类罪及罪名

工作人员包括企业的实际控制人、股东、董事、监事、财务负责人、技术负责人、销售（采购）负责人及其他核心部门负责人。其中，企业的主要负责人是刑事法律风险高发群体。中小企业工作人员犯罪涉及的类罪及罪名如表 8-5 所示。

表 8-5　中小企业工作人员犯罪涉及的类罪及罪名

序号	类　罪	罪　名
1	危害公共安全罪	重大责任事故罪
2	破坏社会主义市场经济秩序罪	生产、销售伪劣产品罪；走私普通货物、物品罪；非国家工作人员受贿罪；对非国家工作人员行贿罪；骗取贷款、票据承兑、金融票证罪；非法吸收公众存款罪；内幕交易、泄露内幕信息罪；职务侵占罪；挪用资金罪；集资诈骗罪；逃税罪；虚开增值税专用发票、用于骗取出口退税、抵扣税款发票罪；虚开增值税专用发票罪；假冒注册商标罪；侵犯商业秘密罪；串通投标罪；合同诈骗罪；非法经营罪；强迫交易罪
3	侵犯公民人身权利、民主权利罪	侵犯公民个人信息罪
4	侵犯财产罪	拒不支付劳动报酬罪；诈骗罪；敲诈勒索罪

续表

序号	类　罪	罪　名
5	妨害社会管理秩序罪	伪造公司印章罪；拒不执行判决、裁定罪；污染环境罪；非法占用农用地罪；组织、领导、参加黑社会性质组织罪；入境发展黑社会组织罪；包庇、纵容黑社会性质组织罪
6	贪污贿赂罪	挪用公款罪、受贿罪、贪污罪、利用影响力受贿罪、行贿罪、对有影响力的人行贿罪、单位行贿罪、介绍贿赂罪

在上述罪名中，触犯频次由高到低的五大罪名依次为非法吸收公众存款罪、职务侵占罪、拒不支付劳动报酬罪、虚开增值税专用发票罪、合同诈骗罪。同时，与单位犯罪相类似，集资诈骗罪、非法经营罪、拒不支付劳动报酬罪以及污染环境罪等罪名几乎只出现在民营企业工作人员的犯罪案件中。[①]

三、主要刑事法律风险介绍

（一）职务侵占罪与挪用资金罪

很多民营企业的负责人在观念上并没有企业资产和个人资产的界限。他们认为自己是企业的创始人或实际控制人，整个企业都是自己的，所以支配和使用企业的资金是理所当然的，怎么会触犯《刑法》呢？这种想法不符合现代企业的管理制度。如果企业财产与个人财产发生混同，不仅会导致民事连带责任发生，还有可能涉嫌犯罪。

（1）职务侵占罪。《刑法》第二百七十一条规定，公司、企业或者其他单位的工作人员，利用职务上的便利，将本单位财物非法占为己有，数额较大的[②]，处3年以下有期徒刑或者拘役，并处罚金；数额巨大的，处3年以上10年以下有期徒刑，并处罚金；数额特别巨大的，处10年以上有期徒刑或者无期徒刑，并处罚金。

（2）挪用资金罪。《刑法》第二百七十二条第一款规定，公司、企业或者其他单位的工作人员，利用职务上的便利，挪用本单位资金归个人使用[③]或者借贷给他人，数额较大、超过3个月未还的，或者虽未超过3个月，但数额较大、进行营利活动的，或者进行非法活动的，处3年以下有期徒刑或者拘役；挪用本单位资金数额巨大的，处3年以上7年以下有期徒刑；数额特别巨大的，处7年以上有期徒刑。

---

① 国有企业家触犯频次最高的前五大罪名为受贿罪、贪污罪、挪用公款罪、私分国有资产罪和职务侵占罪。

② 根据《最高人民法院关于办理违反公司法受贿、侵占、挪用等刑事案件适用法律若干问题的解释》的规定，职务侵占罪中的数额较大是指侵占公司、企业财物5 000元至2万元以上。

③ 根据全国人民代表大会常务委员会关于《中华人民共和国刑法》第三百八十四条第一款的解释，"归个人使用"是指：将公款供本人、亲友或者其他自然人使用的；以个人名义将公款供其他单位使用的；个人决定以单位名义将公款供其他单位使用，谋取个人利益的。

（二）高利贷和非法集资

一方面，在我国现行金融管理体制下，中小企业普遍存在融资难的问题；另一方面，经济发展和社会稳定使得人民生活富裕，可支配收入增加，很多老百姓的投资意愿强烈。在这样的背景下，民间融资就成为很多中小企业的选择。民间融资所对应的高额利息使企业的刑事法律风险增加，稍有不慎，就会落入犯罪的领域。

根据《最高人民法院关于审理民间借贷案件适用法律若干问题的规定》（2020），双方约定利率超过合同成立时一年期贷款市场报价利率4倍的，法院不予保护。例如，央行公布2021年1月一年期贷款年利率是3.85%，4倍利率则是$3.85\% \times 4 = 15.4\%$。如果双方约定借款利息是月利4分，显然就属于高利贷了，因为同期银行贷款月利的4倍是$3.85\% \div 12 \times 4 = 1.2833\%$。在刑事领域，最高人民法院、最高人民检察院、公安部、司法部于2019年10月21日联合印发《关于办理非法放贷刑事案件若干问题的意见》。在该意见中，非法放贷的行为如果达到一定的条件，就要以非法经营罪论处。[1]

单纯的高利借贷行为并不会直接导致犯罪，因此不存在高利贷罪这个罪名。发放高利贷的行为结合其他不同的行为，符合法定的构成要件时，构成不同的罪名。非法集资也不是一个独立的罪名，刑法上的非法集资是指非法吸收公众存款罪、集资诈骗罪。

（1）非法经营罪[2]。根据《关于办理非法放贷刑事案件若干问题的意见》的规定，放贷行为如果"以营利为目的，经常性地向社会不特定对象发放贷款""情节严重的""以非法经营罪定罪处罚"。这里的"经常性地向社会不特定对象发放贷款"，是指两年内向不特定多人（包括单位和个人）以借款或其他名义出借资金10次以上。

（2）高利转贷罪[3]。现实生活中很少有人用自有资金从事高利贷行业。很多高利贷的主要资金来源是银行贷款。高利转贷行为披着合法借贷的外衣，严重破坏了金融秩序，有很大的危害性，属于应当严厉打击的犯罪。此外，高利转贷达到一定数额的，构成非法吸收公众存款罪。

---

① 《最高人民法院关于审理民间借贷案件适用法律若干问题的规定》（2020）对民间借贷利率的规定是，出借人请求借款人按照合同约定利率支付利息的，人民法院应予支持，但是双方约定利率超过合同成立时一年期贷款市场报价利率4倍的除外。刑事司法实践一直按最高人民法院在《关于被告人何伟光、张勇泉等非法经营案的批复》（2012）中确定的"对于非法放贷行为不宜以非法经营罪定罪处罚"的原则执行。之所以在民刑领域同时出现这种转变，是因为之前为了解决民营企业融资难的问题而营造的宽松环境，反而造成了高利贷泛滥，甚至还造成了校园贷逼死大学生等。高利贷裹挟吞噬的群体不断扩大，社会矛盾隐患日益突出，因此而引发的刑事案件日益增多。基于此种社会背景，国家开始整顿以民间借款为名的高利贷现象。

② 非法经营罪（《刑法》第二百二十五条）：违反国家规定，有下列非法经营行为之一的：未经许可经营法律、行政法规规定的专营、专卖物品或其他限制买卖的物品的；买卖进出口许可证、进出口原产地证明以及其他法律、行政法规规定的经营许可证或者批准文件的；未经国家有关主管部门批准非法经营证券、期货、保险业务的，或者非法从事资金结算业务的；其他严重扰乱市场秩序的非法经营行为。

③ 高利转贷罪（《刑法》第一百七十五条）：以转贷牟利为目的，套取金融机构信贷资金高利转贷他人，违法所得数额较大的，处3年以下有期徒刑或者拘役，并处违法所得1倍以上5倍以下罚金；数额巨大的，处3年以上7年以下有期徒刑，并处违法所得1倍以上5倍以下罚金。

（3）骗取贷款罪①。借款人取得金融机构的贷款后，有些是用于正常的生产经营，有些是用于归还高利贷（本金或利息），有些是用于高利放贷，有些则是用于个人挥霍或者其他用途。如果是用于高利放贷，究竟是认定为本罪还是高利转贷罪，需要看贷款名义、贷款资料、是否给金融机构造成重大损失或有其他严重情节。如果提供的贷款资料也是虚构的，那么被认为骗取贷款罪的可能性就会增大。另一个比较容易混淆的是贷款诈骗罪。骗取贷款罪和贷款诈骗罪的区别是行为人主观上是否以非法占有为目的。如果骗取贷款后用于个人挥霍，那么被认定为贷款诈骗罪的可能性较大。

（4）非法吸收公众存款罪②。满足下列三个条件之一的就可以追诉：①个人20万元以上或单位100万元以上；②个人30户以上或单位150户以上；③给存款人造成直接经济损失个人10万元以上或单位50万元以上。③

（5）集资诈骗罪④。集资诈骗罪和非法吸收公众存款罪都具有未经批准、公开向社会募集资金和承诺在一定期限内给予回报的特点。由于非法吸收公众存款的重点是"未经批准"，而集资诈骗本质上是一种诈骗行为，因此二者在刑罚上的差异极大。非法吸收公众存款罪的最高刑是有期徒刑15年，而集资诈骗罪的最高刑期可以到无期。因此，以集资诈骗罪被提起公诉的被告人，通常会选择刑罚较轻的非法吸收公众存款罪来辩护。二者在理论上的区分较为清晰：集资诈骗罪主观上具有非法占有的故意，客观上使用了诈骗的方法，且集资诈骗罪对数额有一定的要求。不过，在司法实践中，对这两个罪名的区分有一定的难度。

（6）催债方式引发的其他犯罪，如强迫借款人低价以房抵债、以物抵债的强迫交易罪，故意伤害借款人及其亲属的故意伤害罪，非法限制借款人人身自由的非法拘禁罪，故意打砸借款人所有物品的故意毁坏财物罪，破坏设备、捣毁农作物等的破坏生产经营罪，硬闯或拒绝离开影响借款人正常生活的强制侵入住宅罪。

（三）虚开增值税专用发票罪

近年来，随着国家查处力度的加大，虚开增值税专用发票的案件越来越多。⑤企业虚开增值税专用发票的原因有很多，有些是为了享受税收优惠，有些是为了虚增销售收入。

---

① 骗取贷款罪（《刑法》第一百七十五条之一）：以欺骗手段取得银行或者其他金融机构贷款，给银行或者其他金融机构造成重大损失的，处3年以下有期徒刑或者拘役，并处或者单处罚金；给银行或者其他金融机构造成特别重大损失或者有其他特别严重情节的，处3年以上7年以下有期徒刑，并处罚金。

② 非法吸收公众存款罪（《刑法》第一百七十六条）：非法吸收公众存款或者变相吸收公众存款，扰乱金融秩序的，处3年以下有期徒刑或者拘役，并处或者单处罚金；数额巨大或者有其他严重情节的，处3年以上10年以下有期徒刑，并处罚金；数额特别巨大或者有其他特别严重情节的，处10年以上有期徒刑，并处罚金。

③ 《关于经济犯罪案件追诉标准的规定》第二十三条。

④ 集资诈骗罪（《刑法》第一百九十二条）：以非法占有为目的，使用诈骗方法非法集资，数额较大的，处3年以上7年以下有期徒刑，并处罚金；数额巨大或者有其他严重情节的，处7年以上有期徒刑或无期徒刑，并处罚金或者没收财产。

⑤ 登录中国裁判文书网，选择"刑事案件"，以"虚开增值税专用发票罪"为关键词，所得案件量为：2016年4 244件，2017年4 928件，2018年6 280件，2019年6 698件，2020年5 924件。

法律上的"虚开"是指不实填写能反映纳税人纳税情况、数额的有关内容致使所开发票的税款与实际缴纳不一致的行为。也就是说，虚开的发票不能反映交易双方实际的经营活动和税款的真实情况。包括：①没有货物购销或者没有提供或接受应税劳务而为他人、为自己、让他人为自己、介绍他人开具；②有货物购销或者提供或接受了应税劳务但为他人、为自己、让他人为自己、介绍他人开具数量或者金额不实；③进行了实际经营活动，但让他人为自己代开。①

虚开增值税专用发票需达到一定数额才能构成犯罪，即虚开税款 1 万元以上或者虚开致使国家税款被骗取 5 000 元以上。

（四）串通投标罪

招投标是市场交易的一种方式。公开的招投标程序能够达到公平、公正的效果，越来越受到交易主体的青睐。② 但同时，程序也容易被人利用，以合法的形式达到不正当的目的。串通投标在客观上表现为投标者间的相互串通和投标者与招标者串通，一般属于不正当竞争行为。情节严重的，构成串通投标罪，将被处 3 年以下有期徒刑或者拘役，并处或者单处罚金。

（五）逃税罪和隐匿、故意销毁会计凭证、会计账簿、财务会计报告罪

在某明星逃税案件中，该明星及其工作室以及其担任法定代表人的企业需补缴的税款、滞纳金以及罚款高达 8 亿多元。最终，该明星被税务部门行政处罚，其经纪人因指使公司员工隐匿、故意销毁公司会计凭证、会计账簿，阻挠税务机关依法调查，而被公安机关采取强制措施。

此案件的纳税人之所以没有被刑事追诉，是因为我国《刑法》对逃税罪③的认定有"经税务机关依法下达追缴通知后，补缴应纳税款，缴纳滞纳金，已受行政处罚的，不予追究刑事责任"的规定。既然该明星逃税属于首次被处罚且此前未因相同事由受过刑事处罚，那么在积极补缴了相应的款项后就不必再进行刑事处罚。因为该罪名的立法目的在于以刑罚为后盾及时追缴税款，督促纳税人依法纳税，保障国家税收安全。当然，纳税人 5 年内因逃避缴纳税款受过刑事处罚或者被税务机关给予两次以上行政处罚的除外。

---

① 《最高人民法院关于适用〈全国人民代表大会常务委员会关于惩治虚开、伪造和非法出售增值税专用发票犯罪的决定〉的若干问题的解释》（1996）。

② 招投标最早起源于英国，现代以来，招投标的影响力不断扩大，主要集中在货物采购、工程承包领域。《国务院关于开展和保护社会主义竞争的暂行规定》（1980）中提出，对一些适应承包的生产建设项目和经营项目，可以试行招标投标的办法。至今，我国的招投标已经不再局限于工程项目及其服务领域，法律服务领域的招投标已经有越来越强的趋势。

③ 《刑法修正案（七）》以逃税罪替代了偷税罪：纳税人采取欺骗、隐瞒手段进行虚假纳税申报或者不申报，逃避缴纳税款数额较大并且占应纳税额 10%以上的，处 3 年以下有期徒刑或者拘役，并处罚金；数额巨大并且占应纳税额 30%以上的，处 3 年以上 7 年以下有期徒刑，并处罚金。该规定同样适用于扣缴义务人。多次实施未经处理，累计数额。

但该案中的经纪人和会计则违反了《会计法》对"会计凭证、会计账簿、财务会计报告和其他会计资料应当建立档案，妥善保管"的规定。根据《会计法》第二十三条和第四十四条的规定，会计档案的保管期限和销毁办法，要按照国务院财政部门会同有关部门制定的专门办法执行，"隐匿或者故意销毁依法应当保存的会计凭证、会计账簿、财务会计报告，构成犯罪的，依法追究刑事责任"。

由于是单位犯罪，因此被追究刑事责任的主体主要是直接负责人和直接责任人员：直接负责人是违法行为的指使者，可以是法人代表人，也可以是财务经理、财务总监；直接责任人是违法行为的经办人，一般是单位的会计。

隐匿、故意销毁会计凭证、会计账簿、财务会计报告罪[①]立案标准为：①隐匿、销毁的会计资料涉及金额在 50 万元以上的；②为逃避依法查处而隐匿、销毁或拒不交出会计资料的。[②]

四、企业刑事法律风险的防控

企业主动防控刑事法律风险，不仅可以使企业避免遭受颠覆性的损失，还可以保全财富积累，提升企业商誉，为企业发展获得更多的商机，确保企业利益最大化。为此，企业及其负责人和管理层要从观念、制度等方面着手，推动企业形成经营与风控"两手抓"的良性治理格局，增强企业发展的软实力。

（一）增强刑事法律风险防控意识

刑事法律风险防控意识严重不足是企业及其工作人员刑事法律风险高发的内生性原因之一。只有在意识上重视起来，才能够付诸行动。因此，增强企业及其工作人员的刑事法律风险防控意识是企业避免一切刑事追诉的前提条件。其中，企业主要负责人是刑事法律风险防控的关键人群。

（二）建立、健全完善的企业刑事法律风险内控机制

企业刑事法律风险内控机制缺失是企业及其工作人员刑事法律风险高发的另一个内生性原因。健全的规章制度不仅是岗位职责和奖惩机制的健全和完善，还包括在各风险环节适当引入刑法的相关规定，提醒和约束相关责任人，以达到使其不敢、不愿违法的效果。

企业同时还应构建起独立于企业主要负责人的监控体系，并确保监控体系切实、有效运

---

① 隐匿、故意销毁会计凭证、会计账簿、财务会计报告罪（《刑法》第一百六十二条之一）：隐匿或者故意销毁依法应当保存的会计凭证、会计账簿、财务会计报告，情节严重的，处 5 年以下有期徒刑或者拘役，并处或者单处 2 万元以上 20 万元以下罚金。单位犯前款罪的，对单位判处罚金，并对其直接负责的主管人员和其他直接责任人员，依照前款的规定处罚。

② 《关于经济犯罪案件追诉标准的规定》第七条。

行，以避免企业被企业主要负责人或实际控制人个人意志所左右。

（三）充分发挥法务人员的作用

法务人员应尽职尽责，做好调查研究，结合企业自身及其所在行业的性质、特点，找准企业面临的刑事法律风险，督促企业转变观念，并提出切实可行的方案，使法律风险管理的重点从事后法律纠纷处理向事前防范转移，使企业所面临的未知法律风险率降到最低，保证企业良好运行和发展。

🔍 导入案例分析

控辩双方关于罪与非罪的争论主要集中在构成集资诈骗罪的三大法律要素：①是否以非法占有为目的。检方认为，吴某借贷利息高达100%甚至400%，而2008年世界金融行业最高盈利率也不过17.5%，本色集团不可能具有还贷能力。辩方称，是否以非法占有为目的，要看是否存在明知没有归还能力而大量骗取资金、肆意挥霍骗取资金等条件。而吴某投资时不可能知道自己的经营一定会失败，不属于"明知没有归还能力而大量骗取资金"。另外，虽然吴某购置了大量高级轿车，但这些车辆是用于公司经营，所借资金也大部分用于公司经营，不存在肆意挥霍。②是否使用诈骗方法。检方认为，吴某明知本色集团的经营状况不可能负担如此高额利息，却仍向债权人大量借贷用于偿还利息，明显属于诈骗。辩方称，诈骗是指行为人采取虚构集资用途，以虚假的证明文件和高回报率为诱饵，骗取集资款的行为。吴某没有进行虚假宣传，没有虚构借款用途，用借款偿还公司经营债务，不构成诈骗。③集资对象是否属于"社会公众"。检方认为，吴某与大部分集资对象之前并不认识，这些集资对象应该归入"社会公众"的范畴。辩方称，集资对象有些是吴某的亲朋好友，有些后来成为本色集团的高管，他们不属于"社会公众"。

法院认为，《最高人民法院关于审理非法集资刑事案件具体应用法律若干问题的解释》第一条规定"非法吸收公众存款或者变相吸收公众存款"应同时具备四个条件：①未经有关部门依法批准或者借用合法经营的形式吸收资金；②通过媒体、推介会、传单、手机短信等途径向社会公开宣传；③承诺在一定期限内以货币、实物、股权等方式还本付息或者给付回报；④向社会公众即社会不特定对象吸收资金。最高人民法院、最高人民检察院、公安部《关于办理非法集资刑事案件适用法律若干问题的意见》进一步规定，在向亲友或者单位内部人员吸收资金的过程中，明知亲友或者单位内部人员向不特定对象吸收资金而予以放任的，属于向"社会公众"吸收资金。

本案中，被告人吴某未经有关部门批准，通过发放宣传册、买断广告位集中推出本色集团广告等公开宣传手段，以高息为诱饵，从林某平等人处非法集资7亿余元，具备法律规定的"非法性""公开宣传性""利诱性""社会性"四大特征，属于非法集资行为。11 名被害人中，有 2 名在借钱之前认识吴某，其余都是经中间人介绍为集资而认识，并非亲友。且吴某知其向林某平等人吸收的资金是林某平等人向其他社会不特定公众吸收来的，属于向"社会公众"吸收资金。

法律法规索引

1. 《中华人民共和国刑法》
2. 《中华人民共和国合同法》
3. 《企业法律风险管理指南》
4. 《律师办理企业法律风险管理业务操作指引》
5. 《国家税务总局关于发票专用章式样有关问题的公告》

思考题

1. 签订合同时应注意哪些事项？
2. 合同履行中应注意哪些事项？
3. 如何防范"萝卜章"？

案例实训

上银公司起诉称：本公司是传动控制产品制造厂商，罗升公司主营传动控制产品的经销。从 1999 年开始，上银公司授予罗升公司产品经销权。迄今为止，罗升公司仍欠付货款 8 594 625.11 美元。罗升公司辩称：双方是代理关系而非经销关系，双方从 1999 年开始合作，2003 年 10 月 1 日签署了《代理协议书》，其中第一条约定"上银公司委托罗升公司在中国大陆代理推广上银公司的产品"，上银公司的所有广告、媒体澄清资料、上银公司董事长的说明会录音等都明确了罗升公司是其代理商。罗升公司提交了《代理协议书》。上银公司提交了名为 *DISTRIBUTION AGREEMENT* 的英文协议。

问题：你认为上银公司和罗升公司是代理关系还是经销关系？

思考题与案例实训

参考答案

Unit 9 单元九

企业民商事纠纷的解决

🎯 学习目标

完成本单元的学习之后，你将可以：

1. 了解民商事纠纷解决的方式。

2. 熟悉诉讼程序，掌握诉讼策略，规避诉讼风险。

3. 了解如何选择律师事务所和律师。

4. 了解企业法务人员与律师事务所和律师的合作。

💡 要点提示

1. 民事纠纷与商事纠纷的区别。

2. 民商事纠纷解决的方式。

3. 诉讼策略的制定。

4. 如何选择律师事务所和律师。

5. 企业法务人员与律师事务所和律师的合作。

知识点 1　企业民商事纠纷解决的方式及特点

导入案例

腾讯 QQ 和奇虎 360 是 2010 年左右国内两个最大的 PC 客户端软件，双方在浏览器与安全软件等领域形成了竞争关系。2010 年 10 月 14 日，深圳市腾讯计算机系统有限公司（简称腾讯）正式起诉北京奇虎科技有限公司（简称奇虎）不正当竞争，要求奇虎及其关联公司停止侵权、公开道歉并做出赔偿。奇虎在回应中指出，腾讯的起诉是打击报复，转移视线，回避外界质疑，自己将提起反诉。10 月 29 日，奇虎推出"360 扣扣保镖"，72 小时内下载量突破 2 000 万。2010 年 11 月 3 日晚 6 点，腾讯公开宣称将在装有 360 的电脑上停止运行 QQ 软件，倡导只有卸载 360 才可登录 QQ。晚 9 点左右，奇虎发表回应"保证 360 和 QQ 同时运行"。4 日工业和信息化部和公安部介入，分别找两家公司问询。10 日，奇虎发布《QQ 和 360 已经恢复兼容 感谢有您!》的公告。21 日，腾讯发布名为《和你在一起》的致歉信。2011 年 4 月，北京市朝阳区法院就腾讯诉奇虎不正当竞争案做出一审判决，认为奇虎构成不正当竞争，判令奇虎赔偿腾讯 40 万元。奇虎不服，提起上诉。9 月 29 日，北京市第二中级人民法院二审驳回上诉，维持原判。2011 年 8 月，腾讯向广东省高级人民法院起诉奇虎，索赔 1.25 亿元。2013 年 4 月 25 日，一审判决奇虎赔偿腾讯 500 万元。奇虎不服，提起上诉。2014 年 4 月 24 日，最高人民法院二审驳回上诉，维持原判。2012 年 11 月，奇虎诉至广东省高级人民法院，指控腾讯滥用市场支配地位，索赔 1.5 亿元。2013 年 3 月 28 日，广东省高级人民法院一审判决，腾讯不构成垄断，奇虎承担诉讼费 79 万元。奇虎不服，提起上诉。2014 年 10 月 16 日，最高人民法院二审驳回上诉，维持原判。至此，持续四年之久的腾讯与奇虎的竞争纠纷在历经工业和信息化部调解和三场诉讼之后，终于落下帷幕，史称"3Q 大战"。

基本理论

一、民商事纠纷概述

法律上的纠纷大致涉及民事、行政和刑事三个大的领域。民事，是一个大的集合概念，泛指一切除刑事犯罪与行政管理之外的所有法律关系，包括民事、商事、婚姻、收养、继承、劳动、知识产权、海事海商、对外贸易等。在"大民事"的格局下，随着市场经济的发展，商事法律、商事主体、商事纠纷、商事审判等概念逐渐出现，商事纠纷也就开始独立于传统的民事纠纷，并被称为民商事纠纷。

简单来说，民事关系以生活为目的，商事关系则以生产经营等为目的。例如，为了居住而购买商品房，就属于民事关系；为了出租、转卖而购买商品房，就属于商事关系。与企业有关的纠纷大多是商事纠纷，而企业与劳动者之间的劳动纠纷就属于民事纠纷。

区分民事纠纷与商事纠纷的意义在于：尽管解决两种纠纷的程序法相同，如都可以用民事诉讼和仲裁程序解决，但纠纷解决过程中的理念和方法不完全相同。民事纠纷源自生活，传统、道德、风俗、习惯等因素浸入较深，需要综合发挥"情、理、法"的作用，纠纷的双方愿意接受调解是为了关系和睦；商事纠纷源自市场交往，以诚信、习惯、规则、安全、自由、互赢互利等为准则，纠纷双方愿意接受调解更多是基于成本与收益考虑。例如，民事纠纷中经常会掺杂"为争一口气"而不计成本干到底的感情因素，而商事主体的生产经营却需要冷静和理智，尽力避免"感情用事"。

二、民商事纠纷解决的方式

以是否需要第三方介入以及第三方的作用为标准，纠纷解决的方式有当事人自行和解、调解和第三方强制解决三种。当事人自行和解主要通过交涉[①]、谈判[②]、妥协、让步等达成；调解包括民间调解、行政调解和诉讼调解等；第三方强制解决主要指通过诉讼、仲裁和行政解决。

（一）和解

和解，俗称"私了"，是指纠纷双方自行沟通、协商，最终就纠纷的解决达成协议。双方能够和解，通常是一方做出妥协和让步，不过也有可能是双方互谅互让。之所以让步，可能是基于情感，也可能是基于利益，还有可能是受到暴力或威胁等，但只要这种暴力或威胁没有达到违法犯罪的程度，法律并不能进行干涉。

和解的优势：①成本低。和解能够较为快速、便捷地解决纠纷，极大地减少了纠纷解决的成本。②有利于纠纷双方日后相处。和解协议的达成并不完全依赖法律规则，更多考虑的

---

① 交涉一般通过律师进行。律师可以面对面交涉，也可以发出律师函。律师函通常以"将提起诉讼"或者"保留提起诉讼的权利"或者"依法承担相应的法律责任"等内容提示和警示，并不具有强制性效果。对于确实实施了违法行为的人，有可能会停止或撤销自己的行为。

② 新东方教育科技集团与美国教育考试中心（ETS）的版权纠纷的解决是商务谈判的成功案例。2001年，ETS以TOEFL试题的版权和考分为由，向北京市第一中级人民法院起诉，要求新东方赔偿100万元。新东方在积极应诉的同时，向ETS表达了合作的诚意。经过谈判，双方在多个领域达成了战略合作。

是情、理、利益等非法律因素，因此，和解不仅有利于恢复纠纷双方原有的关系，还有可能使纠纷双方互利互赢，实现双方经济效益最大化。③有利于保守纠纷双方的商业秘密。和解协议没有向社会和他人公开的义务，这就有利于保守纠纷双方的商业秘密。

和解的弊端在于它的非强制性。是否选择和解、和解能否达成协议以及协议达成后能否履行，都需要纠纷双方自愿。只要一方在任何一个环节不愿意，就无法利用这种方式解决纠纷。以交涉为例。中国作家联盟曾就 App 侵权事件向苹果公司发出律师函，苹果公司拒不理睬，中国作家联盟不得不向法院提起诉讼。

（二）调解

现实生活中的民商事纠纷大多数是通过调解解决的。[①] 对企业来说，如果面临"1 000万，走判决"和"800 万，可调解，10 天内给付"的选择，通常都会选择后者。因为二者之间的差别不仅是 200 万，更重要的是时间成本和权利兑现的可能。判决采用两审终审制度。如果对方不服判决或者根本就是想通过诉讼"拖死"另一方，那么一审、二审、再审、执行等程序必然要走一遍。执行中如果有隐匿财产的行为，权利实现更是遥遥无期。而接受调解，就意味着大多能及时回款，有利于企业的生产经营。

调解包括民间调解、行政调解和诉讼调解等。民间调解中的第三方可以是个人，也可以是特定的组织。一般情况下，第三方与纠纷双方有特定的血缘、亲缘、地缘和业缘等关系，如共同的长辈、老师、同学或者人民调解委员会、消费者协会、行业协会等。行政调解一般是主管机关就职权范围内的事务附带解决民商事纠纷。例如，导入案例"3Q 大战"中，行业主管机关——工业和信息化部就曾出面调解。诉讼调解就是由法院进行调解。诉讼调解是法院的一种结案方式，调解书经双方当事人签收后具有与生效判决相同的效力。因此，法律允许当事人在签收调解书前反悔。一旦签收，就不能反悔，也不可以提起上诉。只有在有证据证明调解书违反自愿或合法原则才可以申请再审。

（三）民事诉讼

民事诉讼是指民事争议的当事人向法院提出诉讼请求，法院在双方当事人和其他诉讼参与人的参加下，依照证据和法律审理民事纠纷，并依法做出判决的程序和制度。与其他纠纷解决方式相比较，民事诉讼具有以下几个特点：

（1）强制性。民事诉讼是国家司法机关运用强制力解决纠纷的方式。法院的生效判决对纠纷双方均具有约束力，一方不愿意履行的，对方当事人可以向法院申请强制执行。

（2）法定性。一方面，民事诉讼要严格按照法律预定的程序进行；另一方面，纠纷的

---

① 以法院调解为例。近年来，最高人民法院公布的司法数据中不再公布"调撤率"，但在百度上搜索"法院调撤率"时，所显示的条目基本是某法院调撤率高的新闻。

解决要严格依照实体法的规定进行判决。

（3）公开性。民事诉讼以公开审理为原则。对于不公开审理的案件，如涉及商业秘密的案件，判决书也必须公开。

（4）专业性。要想在民事诉讼中取得胜利，不仅需要大量的、准确的、扎实的法律专业知识，还需要掌握一定的诉讼技巧，这些都是普通人所不具备的，只能由专业人士完成。

（5）终局性。法院的判决一旦生效，就意味着纠纷已经被永久性解决，纠纷双方不得对该纠纷再进行争执。任何一方不能就该纠纷再次提起诉讼。

（6）成本高。民事诉讼需要消耗大量的财力、物力、人力和时间。尽管案件受理费等诉讼费用由败诉方承担，但律师费等其他为了应对诉讼的费用仍然要由当事人自己负担。而且，诉讼程序的复杂性使得民事诉讼比其他纠纷解决方式更加消耗时间和精力。

（四）仲裁

仲裁是当事人根据双方的约定将纠纷提交给仲裁机构，仲裁机构审理后做出对双方均有约束力的裁决。我国实践中的仲裁主要有两种：民商事仲裁和劳动仲裁，二者的区别较大，具体如下：

（1）机构设置和名称不同。民商事仲裁委员会只在直辖市、省会、设区的市设立，名称也不带有"市""区""县"等行政区划的表述，如北京仲裁委员会。[①] 而劳动争议仲裁委员会由省、自治区、直辖市人民政府根据需要在区、县设立，是区、县级人力社保部门的下属事业单位，接受人力社保部门的领导。[②] 机构名称一般要标明"市""区""县"等行政区域名称，如北京市丰台区劳动争议仲裁委员会。

（2）适用范围不同。根据《中华人民共和国仲裁法》（简称《仲裁法》）第二条和第三条的规定，民商事仲裁适用于"平等主体的公民、法人和其他组织之间发生的合同纠纷和其他财产权益纠纷"，但并非所有的民商事纠纷都可以通过仲裁解决。例如，婚姻、收养、监护、扶养、继承纠纷和依法应当由行政机关处理的行政争议就不能申请仲裁。民商事仲裁的审理程序适用《仲裁法》及各仲裁委员会的仲裁规则。劳动仲裁则适用于与劳动关系有关的争议[③]，审理程序适用《中华人民共和国劳动争议调解仲裁法》（简称《劳

---

① 这样的名称只表明该机构的所在地，与行政区划没有隶属关系，在书写仲裁委员会名称时需要注意。有当事人选择"北京市仲裁委员会"的，可能会被认为选择了一个并不存在的仲裁机构，导致对仲裁方式的选择无效。

② 直辖市、设区的市也可以设立一个或若干个劳动争议仲裁委员会，如北京市既有北京市劳动争议仲裁委员会，各区县也设有自己的劳动（人事）争议仲裁委员会（院）。但北京市劳动争议仲裁委员会和各区县劳动（人事）争议仲裁委员会（院）间并无上下级隶属关系。见《劳动争议调解仲裁法》第十七条、第十八条和第十九条。

③ 因确认劳动关系发生的争议；因订立、履行、变更、解除和终止劳动合同发生的争议；因除名、辞退和辞职、离职发生的争议；因工作时间、休息休假、社会保险、福利、培训以及劳动保护发生的争议；因劳动报酬、工伤医疗费、经济补偿或者赔偿金等发生的争议；法律法规规定的其他劳动争议。

动争议调解仲裁法》）的规定。

（3）与诉讼的关系不同。民商事仲裁的约定排斥法院的诉讼管辖。[①] 而劳动案件中，除法律规定的案件外，劳动仲裁是劳动诉讼的前置程序，即要想提起劳动诉讼，必须先劳动仲裁。[②]

（4）裁决的效力不同。民商事仲裁实行一裁终局制，裁决自做出之日起发生法律效力，不可再向法院提起诉讼。而劳动仲裁的裁决，除《劳动争议调解仲裁法》第四十七条规定的案件实行一裁终局外，当事人不服仲裁裁决的，可以向法院起诉。

民商事仲裁具有契约性、民间自治性和准司法性的特点。契约性是指仲裁方式、仲裁机构和仲裁庭的选择需要双方当事人自愿。民间自治性是指仲裁机构是民商事仲裁机构，是独立于政府部门的民间自治组织，各仲裁机构之间也没有隶属关系。准司法性一方面表现为立法赋予仲裁裁决强制执行的效力，另一方面表现为仲裁中如果需要财产保全，法院可以提供协助。

（五）行政解决

在我国，行政机关具有某些民商事纠纷的处理权。这些纠纷尽管是民商事纠纷，但又与行政行为有关联。[③] 例如，婚姻纠纷（涉及婚姻登记）、医疗和工伤事故纠纷（涉及事故责任认定）、房地产纠纷（涉及产权登记、房屋拆迁争议裁决等）、知识产权纠纷（涉及产权授权注册、许可使用登记、产权权属争议裁决等）、企业改制纠纷（涉及审批）、外商投资纠纷（涉及审批）、公司纠纷（涉及公司登记）、金融纠纷（涉及证券、期货、信托等经营许可）等，有些只能由行政机关处理，有些实行"先行后民"原则，需要具体情况具体分析。

🔍 导入案例分析

　　腾讯和奇虎之间的竞争纠纷涉及多种纠纷解决方式的使用。首先是自行和解。自行和解属于私力救济的范畴。现代社会，基于民商事主体之间的平等性，不允许一方有凌驾于另一方之上的特权，因此，平等、友好、协商的私力救济是被鼓励的。但后来腾讯和奇虎各自采取强力的方式，不但不利于解决纠纷，还损害了广大用户的利益，因此引起工业和信息化部的介入调解。调解尽管使双方达成了协议，但由于行政调解没有强制约束力，纠纷并没有彻底解决。最终，双方通过一系列诉讼使得纠纷得到彻底解决，用户的利益也得到了维护。

---

① 《仲裁法》第四条。

② 《劳动争议调解仲裁法》第五条。

③ 《社会保险费征缴暂行条例》（2019）第六条规定：征收机构可以是税务机关，也可以是劳动保障行政部门按照国务院规定设立的社会保险经办机构。具体由省、自治区、直辖市政府规定。

知识点 2　企业民商事纠纷的诉讼（仲裁）解决

导入案例

物资公司与路桥公司签订供货协议。路桥公司收货后认为货物存在质量问题，就在收料单上标注了"不合格退"字样后自行封存，并函告物资公司停止发货。由于不合格货物已投入使用并造成了损失，路桥公司中止了货款结算。路桥公司向甘肃省高级人民法院起诉，请求物资公司：①返还路桥公司已为不合格货物支付的货款××元；②赔偿路桥公司损失××元；③物资公司承担诉讼费。甘肃省高级人民法院就路桥公司与物资公司的诉讼做出一审判决。路桥公司不服，向最高人民法院提起上诉。最高人民法院经审理后裁定将案件发回重审。甘肃省高级人民法院另行组成合议庭审理。

同时，物资公司的供货商翼龙公司向兰州市中级人民法院起诉要求物资公司支付货款，物资公司以货物质量不合格反诉翼龙公司赔偿损失。兰州市中级人民法院做出一审判决：物资公司应支付货款，同时驳回了其反诉请求。物资公司不服该判决，向甘肃省高级人民法院提起上诉。甘肃省高级人民法院以翼龙公司对物资公司的诉讼需要以路桥公司对物资公司的诉讼结果为前提，而此诉讼正在进行中为理由，裁定将翼龙公司与物资公司的上诉案中止审理。

在路桥公司对物资公司的案件重审期间，翼龙公司被追加为第三人参加诉讼。同时，物资公司向甘肃省高级人民法院提出反诉，请求：①判令解除与路桥公司的合同。②判令路桥公司返还未结算货物××吨；若不能返还原货物，赔偿同等货物价值的钱款××元。③路桥公司承担本诉与反诉的诉讼费用。甘肃省高级人民法院以"物资公司对路桥公司的反诉"与"翼龙公司对物资公司的诉讼构成重复诉讼"为由，裁定不予受理该反诉。物资公司不服，向最高人民法院提起上诉。最高人民法院经审理后做出裁定，撤销不予受理的裁定，指令甘肃省高级人民法院受理。这样，物资公司对路桥公司的反诉与路桥公司对物资公司的本诉合并审理。

重审法院认为：①本诉：双方在合同中并未约定货物验收标准及方式。路桥公司作为收货方，应对自己主张的货物质量不合格承担举证责任。现路桥公司没有提供证据证明自己在接收验货时提出过质量异议，并已将货物投入使用。路桥公司尽管提供了质监局出具的送检货物不合格的证据，但该证据并未指出送检货物是否为物资公司所供。由于路桥公司没有证据证明货物质量不合格，其诉讼请求不能成立。②反诉：由于物资公司没有及时行使解除权，因此合同不能解除。本案中返还货物的主张是基于买卖合同发生的债权关系，并非物权法上的返还原物，因此应适用诉讼时效的规定。而本案的诉讼时效已过，物资公司也没有提供时效中止、中断或路桥公司同意履行的证据，其反诉请求不能成立。于是，法院判决驳回路桥公司的诉讼请求，同时也驳回了物资公司的反诉请求。

路桥公司与物资公司均不服一审判决，向最高人民法院提起上诉。最高人民法院经审理后，驳回了双方的上诉，维持原判。

基本理论

仲裁程序依照《仲裁法》的规定和各仲裁委员会的仲裁规则进行。这些规定与民事诉讼一审程序的规定大同小异。因此，本知识点内容以诉讼解决为主，仅在最后一部分阐述仲裁中需要注意的事项。

一、诉讼策略的制定

俗话说，将军不打无准备的仗。无论是原告、被告还是第三人，在决定起诉或应诉前，都要认真分析案情。根据事实和证据，明确案件的性质，确定争议的法律关系，研究可以适用的法律，制定出切实可行的诉讼策略。诉讼策略一般包括以下几个方面：

（一）明确诉讼的目的

民商事诉讼基本都与经济利益相关，只不过目的各异。有的是为了实现债权，有的是为了实现企业某种目的，如阻止对方上市、促成与对方的谈判、宣传自己的产品等。因此，当企业决定起诉时，法务人员必须清楚：为什么起诉？起诉要达到什么目的？如果企业领导并不关心结果，只是想查封对方的财产，防止对方财产被其他债权人执行走，那么就需要尽快申请财产保全，后续的诉讼就无须投入太多的精力。再如，如果企业要求必须在一年内结案，那就可能要牺牲一部分实体利益。毕竟结案时间不仅取决于案件的复杂程度，还取决于对方的态度。如果对方不配合，其就会利用一切可能把案件拖下去。与其这样，还不如与对方和解。

（二）起诉谁与谁诉"我"

当事人适格是赢得诉讼的基本前提。当事人适格就是提起诉讼的人和被提起诉讼的人必须和案件有利害关系。需要注意的是，当事人是否适格，影响的是诉讼请求能否成立，不一定会影响法院的立案。因为《民事诉讼法》规定在立案时要求原告必须是利害关系人，被告是明确的。所以，如果原告不是利害关系人，那么肯定立不了案；但如果告错了人，立案没有问题，被错告的人仍然是被告，但由于这个"被告"和原告之间没有实体权利义务关系，如果原告坚持诉讼，那结果必定就是败诉。例如，原告是被劳务派遣公司派到某公司工作的，原告要求某公司支付解除劳动关系的经济补偿金。这就属于被告不适格，法院会驳回诉讼请求。

（三）"诉什么"与反诉

1. "诉什么"

"诉什么"主要包含两个内容：诉讼标的和诉讼请求。诉讼标的和诉讼请求是法院审理的对象。而案由是"诉什么"需要确定的另一个内容。

（1）诉讼标的就是提请法院解决的发生争议的民事实体法律关系。例如，双方争议的是买卖合同还是加工承揽合同、是承包合同还是租赁合同等。选择何种诉讼标的提起诉讼或抗辩，是制定诉讼策略时必须考虑的问题。因为诉讼标的会影响案件的管辖、证明对象、证明责任、诉讼费用以及适用的法律和实体权益等相关事项。[1]

（2）诉讼请求是指原告根据争议的民事实体法律关系向被告提出的要求。例如，原告根据双方的买卖合同，是要求支付拖欠的货款还是要求支付违约金或者两者都要求？诉讼请求决定着法院的审理范围，法院原则上不能超出原告的诉讼请求做出判决。例如，原告如果只要求返还本金而没有主张借款利息，法院是不能主动判决被告偿还原告利息的。诉讼请求的提出，既要合法，也要合理，不能获得支持的诉讼请求，属于原告败诉的部分，原告应承担相应的诉讼费用。[2]

（3）案由是最高人民法院为了管理案件方便而根据争议的法律关系对案件进行的概括。案由与诉讼标的具有一定的关联性，但分类比诉讼标的细致。《民事案件案由规定》（2020）中共有11部分一级案由、54类二级案由、473个三级案由。在实际运用中，尽管《民事诉讼文书样式》（2016）的起诉状中不要求原告写明案由，法院也不得以没有相应案由而裁定不予受理或驳回起诉，但立案庭仍然会要求原告明确自己的案由。"案由错误"是当事人答

---

① 例如，甲方根据买卖合同给乙方供货，乙方认为货物不合格且给自己造成了损失，由此产生违约请求权与侵权请求权的竞合。如果乙方行使违约请求权，那么本案的诉讼标的为买卖合同，管辖法院为被告住所地或合同履行地（若双方无约定管辖法院），甲方是否具有过错并非本案的证明对象，甲方负有货物是合格的证明责任，乙方可享有请求甲方支付违约金的权利（无论是否有损失，都要支付），法院审理时主要适用《民法典》"合同编"的规定；但如果乙方选择行使侵权请求权，那么本案的诉讼标的即为侵权案件，管辖法院为被告住所地、原告住所地或侵权行为地，甲方的过错是本案的证明对象之一，并且要由乙方就甲方的过错承担举证证明责任，乙方只享有请求甲方支付赔偿金的权利（没有损失就无须支付），法院审理时主要考虑《民法典》"侵权编"和《产品质量法》的规定。

② 例如，在大阪国际机场诉讼案中，原告起诉要求被告在晚9点至次日早7点间禁止飞机起降，并要求赔偿过去和将来的损失。法院认为，尽管原告的休息权应当获得保障，但也应考虑机场、航空公司和公众的利益。大阪地方裁判所一审判决禁止飞机在晚10点至次日早7点起落。二审中，最高裁判所驳回了禁止飞机夜间起落和赔偿将来损失的请求，原则上支持了赔偿过去损失的请求。

辩、上诉或者申请再审的重要理由。[①]

作为被告，面对原告提出的诉讼请求，首先要积极应诉。司法实践中，有很多被告认为原告是诬告，根本不屑与其讲道理，所以就不出庭。殊不知，接到法院应诉通知后不予理睬，是对法院权威的无视。法院经合法传唤后，依照原告提交的诉讼材料做出缺席判决。这种情况下做出的判决对于被告通常是不利的。因此，被告应当积极应诉，收集证据，提交答辩状，参加法庭审理，向法庭说明案件的来龙去脉，争取对自己有利的判决。法律规定被告对原告的诉讼请求可以承认、否认或者辩解，但是被告通常会选择否认的诉讼策略。因为这样，原告就必须举证。一旦原告无法收集到证据或者证据不足以证明事实的存在，法院就会认定事实不存在。这样，被告可以不费吹灰之力就胜诉。

2. 反诉

反诉，简单说就是反过来诉，是在原告对被告提起的诉讼中，被告又反过来诉原告。在这种诉讼结构中，原告诉被告叫作本诉，被告诉原告叫作反诉。必须有本诉，才能有反诉。反诉和本诉是基于同一个法律关系或者同一个法律事实提起的。两个诉共用一个审判程序（合并审理），诉讼当事人地位互换，双方互有请求。例如，原告起诉被告支付违约金，被告反诉要求确认合同无效。如果合同被认定为无效，那么原告要求支付违约金的请求当然就不能成立了。正因为反诉具有抵消、吞并或者使本诉失去意义的功能，所以如果被告想要提出反诉就要及时提出。对于及时提出的反诉，法院可以将它和本诉合并在同一个程序中进行统一的审理和认定，不会产生矛盾的判决。如果等到原告的本诉（前诉）判决完再另行起诉（后诉），前诉认定的事实会对后诉的审理产生影响，这对被告提出后诉非常不利。

（四）到"哪里"诉与管辖权异议

发生了纠纷，原告应该到哪个法院去起诉？这就是管辖所要解决的问题。我国《民事诉讼法》规定了级别管辖和地域管辖的制度。原告在起诉时要从这两个方面确定案件的一审法院。一般来说，原告在级别管辖方面通常没有太多的选择。[②]但在地域管辖方面，原告就有一定的选择。一方面，地域管辖大多是共同管辖，可以让原告选择，如因合同纠纷提起的诉讼，原告可以选择被告住所地或合同履行地人民法院起诉。[③]另一方面，法律规定的单一管辖可能由于事实原因造成可以选择的状态。例如，法律规定"对法人或者其他组织提起的民事诉讼，由被告住所地人民法院管辖"[④]；如果本案的被告不止一个，那么原告就可以选择任何一个被告住所地的法院进行起诉。审理法院是由原告确定的。但是，为了贯彻诉

---

① 登录中国裁判文书网，以"民事案件""裁定""案由错误"为基本选项，添加"基层法院"得到 579 份管辖异议的裁定书，添加"二审程序"得到 7 180 件判决书和 1 225 件裁定书，添加"审判监督程序"得到 1 492 件裁判。

② 《民事诉讼法》第十七条至第二十条是关于各级人民法院受理第一审民事案件权限的规定。但司法实践中，确定级别管辖时更重要的依据是《最高人民法院关于调整部分高级人民法院和中级人民法院管辖第一审民商事案件标准的通知》（2018）。

③ 《民事诉讼法》第二十三条。

④ 《民事诉讼法》第二十一条第二款。

讼权利平等的原则，法律赋予被告管辖权异议。如果被告认为原告选择的法院没有管辖权，就可以行使这项权利。管辖权异议提出的时间是在收到应诉通知书后的 15 日内。如果在这个期限内被告没有提出管辖权异议，就会被认为放弃了这项权利，以后便不能再提出，也不能以受诉法院没有管辖权为理由提起上诉或申请再审。

通常情况下，当事人都想选择方便自己的法院起诉，因此，司法实践中就出现了通过虚设连接点来满足自己选择法院的想法。例如，甲地的 A 公司想要起诉乙地的 B 公司，依照法律规定应由乙地法院管辖。但 A 公司想在甲地起诉，就将位于甲地的与 B 公司有关联关系但与 A 公司无关系的 C 公司列为共同被告，这样，就满足了在甲地（被告 C 公司住所地）起诉的愿望。而 B 公司同样有想在自己住所地乙地应诉的愿望，这时其就应当行使法律赋予的管辖权异议，及时提出甲地法院无权受理的管辖权异议，请求将案件移送到乙地法院审理。如果一审法院驳回异议，B 公司还可以提起上诉继续异议。

（五）是否申请保全及如何解除保全

我国《民事诉讼法》规定的保全有三种：财产保全、行为保全和证据保全。三种保全的功能和作用各不相同。

财产保全是为了避免因对方转移、隐匿、毁损财产导致判决生效后无财产可供执行而设立的制度。财产保全是申请法院对对方的财产采取查封、扣押或者冻结的措施。

行为保全是为了避免因对方的侵害行为导致损害持续扩大甚至达到难以弥补的程度而设立的制度。行为保全是申请法院发出禁令禁止对方做或者不做特定的行为。

证据保全是为了防止证据灭失或者以后难以取得而设立的制度。证据保全是申请法院对证据采取的及时固定措施，如拍照、查封等，具体措施要看证据种类和当时的情况来决定。

司法实践中，当事人之间对证据的保全更多选择公证机关。保全措施一旦被采取，就会对被保全人的利益造成影响，例如，账户被冻结，资金出入就非常不便，企业声誉也会受到影响；产品被法院以可能侵犯他人专利权而被暂停生产或销售就会影响企业正常的生产。因此，司法实践中，保全措施已经越来越被原告所重视，一方面为保障胜诉判决的顺利执行，另一方面可以迫使对方接受和解或调解。需要注意的是，申请财产保全需要申请人提供被保全人财产的线索、提供担保并缴纳保全费。这就需要原告在做准备时要避免"打草惊蛇"。

作为被告，如果财产被法院采取了保全措施，就要考虑是否要尽快采取措施解除保全。因为除冻结裁定外，其他保全措施的效力通常会维持到判决生效（冻结裁定的效力是 6 个月。如果 6 个月后还有冻结必要的，就要提前办理续冻的手续）。财产一旦被采取保全措施，任何人都不得非法处置，这会严重影响被告的生产经营。因此，被告要积极采取措施消除保全措施所带来的不利影响。一方面，积极行使申请复议的权利；另一方面，可以通过提供相当价值的担保来替换保全。诉讼结束后，如果被告因错误的保全而遭受损失，还可以向法院起诉要求原告给予赔偿。

（六）请求所依据的事实、证据和法律规范

司法实践中，有些当事人在诉讼中会陈述很多事实，但有些事实与权利义务、是非责任的确定无关，开庭时要尽量避免陈述无关事实，因为庭审时间有限，所以要尽可能地向法庭展示有效的信息。有些信息虽然与案件有关，却是双方无争执、众所周知或无关紧要的，对于这些事实就无须证明。必须要证明的事实是要件事实。要件事实是指对实体法律关系的成立、变更和消灭有影响的事实。例如，在有关合同的法律关系中，合同的订立、双方的民事行为能力、合同的履行、意思表示、诉讼时效等就是要件事实。

有经验的律师在进行诉讼准备时，会根据案件所涉及的要件事实及所需要的证据制作一张表格，以确保每个证明对象都有证据支撑，避免因遗漏了证明对象而使自己陷入不利的境地。无论是原告还是被告，都应当对自己诉讼请求或答辩请求所依据的事实和法律进行认真准备。事实上，自己能够提出哪些请求是根据所选择适用的法律来判定的。诉讼双方可以向法庭提出本案应当适用的法律依据，但法律适用最终是法官职权范围内决定的事项。这一点与事实和证据不同。也就是说，法庭虽然应当受当事人提出的事实和证据的限制（原则上法庭不会主动调查事实和收集证据），但是不会受当事人所援引的法律依据的限制。

（七）是否准备接受和解或调解？方案是什么？

判决并不是纠纷解决的最佳方案。如前所述，企业之间的诉讼如果能够以和解或调解的方式解决，不仅能够及时回款，还有利于纠纷双方日后和睦相处。因此，企业在提起诉讼之前，应商讨是否具有和解或者接受调解的可能。如果接受和解或调解，方案是什么？希望对方给出什么条件？自己能接受的底线是什么？提起诉讼的目的，并不仅仅是求得判决，也可以是"以战促和"。如果纠纷双方有意愿和解，就要研讨和解方案的细节。司法实践中，有些企业达成和解之后会向法院申请撤诉。就此问题，我们的建议是不要申请撤诉，而应申请法院根据和解协议制作调解书。因为撤诉在性质上属于双方的实体争议并没有得到解决，撤诉之后还可以再起诉。和解协议没有强制力保障。如果法院出具调解书，效果就不一样。调解书是法院出具的法律文书，具有与生效判决同等的效力。如果一方不履行，另一方可以申请法院强制执行。

（八）是否要穷尽一切救济手段？

为了实现诉讼程序的公正价值，程序法会在每个涉及当事人权利义务的重要程序环节设置救济手段，即赋予受不利结果影响的当事人以异议权。异议权的表现形式有异议、复议、上诉、再审、申诉等。例如，如果对法院不予受理或驳回起诉的裁定不满，可以提起上诉；当事人认为审判人员具有应当回避的法定情形的，可以申请审判人员回避，当回避申请被驳回后可以就驳回决定申请复议；当一审判决没有满足自己诉讼请求的时候，可以提起上

诉；当认为终审判决确有错误时可以向法院申请再审；等等。但是，这些措施在司法实践中存在被不当使用的现象。例如，"逢案必打管辖权""逢判必上诉"，几乎已经成为大家的共识。即使做出了终审判决，申请再审或申诉也是经常性的做法。导致这种做法的心理是"即使你赢了官司，也不让你赢得那么痛快"或者"拖也要拖死你"。作为原告，要预见到这种可能性；作为被告，要考虑是否需要这样做。

以上是企业制定诉讼策略时应考虑的。总的来说，诉讼策略应当提前制定，内容应尽量全面、细致，尽可能地考虑到诉讼的每个环节，事实的选择、庭审的表达，甚至出庭的着装等细节，都要服务于"成功地说服法官接受我的观点"这一目的。

二、证据的收集和使用

法院的判决必须事实清楚、法律正确。由于事实发生在过去，法官只能根据证据来认定案件事实。因此，证据的收集就是影响诉讼胜败的关键。尽管《民事诉讼法》规定了当事人收集证据、经当事人申请由法院收集证据和法院依职权收集证据三种途径，但司法实践中法院收集证据的情况并不多见，证据仍然由当事人自行收集。这就需要双方当事人在交往之初就有较强的证据留存意识。法律并没有规定具体的证据收集方法，证据的收集很大程度上取决于律师这方面的意识和经验。

有经验的律师在开庭前会将证据按照证明目的进行分类、编排，并制作一份证据目录提交给法庭，证据目录中清楚地列明证据的名称、所在页码与证明目的。条理清晰、一目了然的证据目录，不仅方便法院审查，也有利于当事人自己审查是否有遗漏。作为判案依据的证据必须具有客观性、关联性和合法性的特点。庭审时，双方的质证也主要围绕这三个特点进行。

需要注意的是证据的合法性问题。证据的合法性包括四个方面：主体合法、形式合法、转化合法和收集合法。司法实践中，有当事人提交了一份"声明"，声称是单位就某事项出示的书证，但该"声明"并没有加盖单位的公章，只是某部门的工作人员对事项做的说明，那么该"声明"就不能作为单位出具的书证来使用，因为该证据的主体和形式都不合法：单位出具的证据必须以单位名义做出，且必须加盖单位的公章。转化合法是证据必须在法庭上出示并经过质证才可以作为定案的根据。因此，对于所收集的证据必须及时提交并在法庭上出示。尽管为法律规定"违反社会公益或采取法律所禁止的方法"所收集的证据属于非法证据，不能作为认定案件事实的根据，但受我国目前当事人收集证据能力的限制，司法实践中对证据收集合法性的要求并不是很严格，证据最终是否会被排除使用，不同的法院做法并不相同。

当事人如果就自己承担举证证明责任的要件事实无法提供证据，就得依照《最高人民法院关于适用〈中华人民共和国民事诉讼法〉的解释》第九十一条的规定承担不利的后果。当事人提起诉讼之前或应诉答辩之前应对自己就何种事实承担举证证明责任有清晰的认识，并据此收集相应的证据。如果没有相应的证据支持，就要考虑是否要与对方达成和解。

三、审理程序的利用

我国民事诉讼实行两审终审制，即一个案件最多经过两级法院的审理就告终结。对这个制度的理解有四层含义：①最多经过两级法院，而不是必须经过两级法院。如果一审判决做出后双方当事人都不上诉，上诉期届满后一审判决就生效。这种情形下就不需要两级法院审理。②两级法院不一定是两次审理。如果二审法院认为原判决错误，就可以撤销原判，发回重审。重审适用一审程序，判决后当事人可以上诉。③案件的正常审理程序是一审程序和二审程序。二审的判决是终审判决，也就是生效判决。如果当事人认为生效判决确有错误，可以申请再审。并非所有的再审申请都会开始再审程序。④如果法院决定再审，再审时适用的程序是一审普通程序或二审程序。

（一）了解诉讼程序的风险点

根据最高人民法院《民事诉讼风险提示书》的内容，当事人进行民事诉讼，需要注意以下程序风险点：起诉不符合条件；诉讼请求不适当；逾期改变诉讼请求；超过诉讼时效；授权不明；不按时缴纳诉讼费用；申请财产保全不符合规定；不提供或者不充分提供证据；超过举证时限提供证据；不提供原始证据；证人不出庭作证；不按规定申请评估、鉴定；不按时出庭或者中途退出法庭；不准确提供送达地址；超过期限申请强制执行；无财产或者无足够财产可供执行；不履行生效法律文书确定义务；等等。

（二）对民事诉讼一审程序的利用

一审程序的重点环节是开庭审理前的准备阶段和开庭审理阶段。在这两个阶段，当事人要注意以下几点：

1. 诉状的内容

尽管法律规定被告应当在收到应诉通知书后的15日内提交答辩状，但事实上如果不提交答辩状也没什么不利影响。因为被告可以在开庭阶段直接答辩。所以司法实践中，被告收到原告的起诉状副本后，即使写好了答辩状，也不会交给原告，导致原告只能知己而不能知彼，在开庭时经常遭到被告的"突袭"。因此，很多原告为了避免对方知道自己的底牌后提前想好对付自己的办法，在起诉状中只交代基本的事实，并不会把事实依据全盘托出。

2. 证据的收集、交换和提交

原告起诉时需要向法院提交基本的证据才能够被立案。有些证据需要在立案后调取，如需要从法院申请调查令取证。尽管法律有关于举证期限和交换证据的规定，也有关于新证据的规定，但开庭前交换证据并不是强制性要求，司法实践中对举证时限和新证据的掌握也比较宽松，因为一审程序的目的是查明事实。如果证据确实对证明案件事实有重要作用，却因为时间问题不能被使用，这与一审程序的目的就不符合。正是司法实践的宽松态度，导致诉讼中的"证据突袭"现象比较严重。当事人通常不会在开庭前提交证据，更不会与对方交换证据，而是选择开庭时当庭提交，甚至在二审程序中提交。由于我国二审程序并不禁止新证据，因此会出现由于新证据而改判或发回重审的现象。

3. 用好回避权

合议庭人员名单公布之后，当事人就可以调查合议庭组成人员与对方当事人的关系，以决定是否行使回避权。如果合议庭人员有法律规定的情形而未回避，属于严重的程序违法。当事人可以此为理由提起上诉，要求撤销原判决。

4. 开庭审理

一审程序必须开庭审理。开庭的目的是查明事实，如果没有经过开庭，就直接做出一审判决，属于严重的程序违法。缺席判决，必须以缺席开庭为前提。也就是说，尽管一方缺席，但开庭是必须的。已经到庭的当事人需要陈述事实、出示证据，法庭也要做必要的询问和调查。因此，如果当事人未接到法院的开庭传票，就被告知已经开过庭或直接收到判决，或者法院在一方当事人无正当理由缺席或中途退庭的情况下决定不开庭直接判决，当事人可以程序严重违法为由提起上诉，要求撤销判决。此外，还要注意开庭是否是实质性开庭，即法庭是否给予了当事人陈述事实、出示证据和表达意见的机会。如果当事人只是坐在当事人的席位上却没有机会陈述事实、表达意见，或者判决采用了未经出示的证据、未曾陈述的事实和观点，就构成非实质性开庭。这也是程序违法的一种表现。

（三）对民事诉讼二审程序的利用

一审只具有解决纠纷的审理功能，二审除了具有解决纠纷的审理功能，还具有监督功能。这就决定了二审与一审相比较有两个最主要的不同：①二审要纠正一审的错误；②二审可以不开庭审理。而这两个特点之间是相互联系的，即如果二审认为一审判决不大可能有错误，就不会开庭审理，而是径行判决（或者维持原判，或者改判）。一旦二审决定不开庭审理，那么上诉的意义就不大了。因此，上诉人如果想获得有利于自己的判决，就要先想办法促成二审开庭审理。这可以通过上诉状的撰写和证据的使用来实现。

尽管法律将上诉理由简单地描述为"不服一审判决"，但上诉状是非常体现法律专业水平的法律文书。上诉状的内容相对简单，在陈述事实的基础上明确提出要对方做什么的需求即可。但上诉请求并非是要对方当事人做什么的实体权利请求，而是向二审法院提出以撤销或变更一审判决为内容的请求。因此，对上诉请求的论证就必须围绕为什么要"撤销""变更"一审判决进行，即要指出一审判决有什么错误，为什么说一审判决是错误的，是事实错误、程序错误还是法律错误，是遗漏了诉讼请求、反诉请求还是使用了未经质证的证据，都需要详细写明，切不可过于简单。

上诉人在提起上诉的同时，还应尽早提交证据。这样做的好处是，只要不是一审中出现过的证据，法官就很难私下判断这是否属于新证据。即使证据经过仔细判断不属于"新证据"，如前所述，如果证据对认定案情有重大影响，法官也不会轻易放弃。而且，这样还可以避免二审法院误认为没有新的情况、新的证据而无须再指定举证期限的情况。

综上所述，为了防止二审程序被简化处理而导致上诉无法达到实质性的效果，上诉人需要采取办法，尽力避免让二审法院形成"不需要开庭"的先入为主的印象。

（四）对民事诉讼再审程序的利用

再审程序是要推翻一审法院已经生效的判决。尽管我国启动再审程序的路径有三条：当事人申请再审、检察院抗诉和法院依职权再审，但再审程序的启动并不容易。法律对当事人申请再审和检察院抗诉再审设置了明确的条件，当事人和检察院必须有充分的证据证明原生效判决存在《民事诉讼法》第二百条规定的情形之一，才有可能启动再审程序。

司法实践中存在一审和二审都败诉的当事人在判决生效后继续申请再审且最终改判的案件，但大多数当事人在两审都败诉后会选择息诉服判。相比较而言，一审和二审判决结果不同的当事人更多地会寻求再审的救济。如果当事人的再审申请被法院驳回，当事人还会依照《民事诉讼法》第二百零九条的规定向检察院提出申请。但是，这条路也并不顺畅，由于检察院抗诉而再审的案件毕竟是极少数。

（五）对仲裁程序的利用

司法实践中，有些当事人选择仲裁是因为仲裁收费少，或者仲裁裁决能让对方负担自己的律师费，或者仲裁比诉讼快捷等，但这些都不应作为当事人选择仲裁的主要原因。仲裁实行一裁终局制。仲裁裁决一经做出立即生效，并且具有强制执行的效力。尽管当事人可以申请法院撤销或不予执行仲裁裁决，但要想达到这个效果也是非常困难的。因此，当事人选择仲裁必须是基于对仲裁裁决公正性的充分信任。而这种信任，既来自仲裁机构，也来自仲裁员。一般情况下，要优先选择信誉较好的知名仲裁机构，其次是选择大城市的仲裁机构，再次是选择就近的仲裁机构，最后才是选择仲裁成本低的仲裁机构。同时，要选择熟悉相关专业知识的仲裁员。各仲裁机构的仲裁员名册上会有仲裁员背景及擅长领域的相关介绍。

◎ 导入案例分析

本案反映出一个现实情况，就是一旦案件进入诉讼程序，当事人大多会穷尽法律救济手段。经过一审之后，如果判决对自己不利，当事人就会提起上诉。上诉的结果可能是维持原判，也可能是发回重审。本案中还涉及本诉和反诉的合并、第三人参加诉讼、诉讼中止等问题，是一个很好的了解民事诉讼法规定和司法适用的案例。

知识点 3 企业法务人员与律师事务所和律师的合作

📁 导入案例

　　老金是一家大型集团公司的法务。集团需要聘请一个律师团队来完成某个大项目。为此，集团像往常一样启用了招标采购流程。除了邀请以往合作过的口碑不错的律师事务所来参与竞标，集团也接受了内部人推荐的律师事务所，理由是该律师事务所的牌子不错，合伙人的背景看上去也不错。最后，这家律师事务所以低价中标。由于是内部人推荐，法务部门就没再做背景调查。合同签订后，律师事务所派出律师团队开始工作。但双方合作并不愉快。首先，派到集团对接尽调服务的律师不熟悉尽调业务，错误百出；其次，合伙人总联系不上，打电话很少接，偶尔接电话总说自己在开会，让助理来对接集团的法务总监；最后，对工作总想推给甲方自己核对，加上中间核对和沟通不畅，法务人员工作量几乎增加了三倍多。老金自我反省：光看律师事务所的牌子是不够的。律师事务所提供的服务，最终还是要由一个或几个律师和他的团队来提供，个人的职业素养和专业水准应该被重点考察。其次，千万不要将价格低作为关键考察指标。价格低可能是偷工减料的前兆。最后，大项目上，做生不如做熟；对于不熟悉的律师事务所，从小项目一起磨合比较好。老金和同事一合计，趁发现得早，把这家律师事务所解聘了。

📚 基本理论

一、如何选择律师事务所和律师

　　很多企业认为，我们已经有法务人员了，不需要找律师事务所或律师，这显然是没有意识到法律对企业发展的重要性的表现。以诉讼为例。在英美法系国家，人们将诉讼比作战争，我国很多法律人士也认同此观点。既然是"战争"，当然就会有正面冲突，也会有突然袭击，还会有计谋陷阱。要想赢得胜利，除了精良的装备，参战的人也很重要。参战的人不仅要有很强的战斗力，还要有精准的判断力。因此，诉讼对代理人的法律能力要求是很高的：不仅要熟知法律文本的规定，还要了解实践中的法律运用；不仅要熟悉法律，还要掌握并合法地运用一些策略和技巧；不仅要法律知识渊博，还要实践经验丰富。而这些能力的提升，通常只能通过办理一定数量的真实案件才能做到。而企业法务人员，由于工作性质，专注于处理与企业生产经营有关的内外部法律事务，但企业一年能有多少诉讼案件？显然，企业法务人员在处理诉讼事务方面不如诉讼律师专业。因此，当企业有诉讼或仲裁需求时，建议聘请律师代理相关事务，以便能获得更好的法律服务。

对于不了解法律行业的人来说，大多会以为找到律师就能解决所有问题。所以遇到事情后，可能会首先向亲朋好友询问有没有认识的律师。但事实上，找律师处理法律事务就如同找医生看病一样，内科医生治不了眼睛，擅长处理婚姻纠纷的律师也难以处理企业法律事务，不如到法律服务市场去选择。但是，法律服务市场和其他商品、服务市场一样，也存在质量良莠不齐的问题。那么，如何寻找既专业又符合自己需求的律师事务所或律师？律师事务所和律师个人，哪一个更重要？规模大的律师事务所，律师是不是更厉害？地域、名气、收费、态度、学历、经历、背景、关系等因素，哪些是应着重考虑的？收费高，是不是就更专业，胜诉的可能性就更大？这些都是企业管理层在选择外聘律师时普遍疑惑的问题。也有一些管理层会有自己的某种偏好。例如，有的偏爱某个地域的律师，即使异地代理有诸多不便，也坚持聘请；有的觉得关系比法律重要，愿意聘请那些自称和司法机关有关系的律师；有的认为不值得花钱诉讼或仲裁，只想出尽可能少的律师费；有的只迷信大的律师事务所或出名的律师事务所或广告打得响的律师事务所，却忽视了诉讼或仲裁业务更多体现律师个人的能力。

诉讼或仲裁的胜败，会直接影响企业的利益和声誉。所以，企业应尽量与专业人士合作。管理层应抛弃个人偏好，冷静、客观地做出选择。一般来说，选择律师事务所和律师时，需要考虑以下几个方面：

（一）对法律服务市场有基本的了解

"精"和"全"，通常是矛盾与冲突的，二者无法达到和谐统一。法律服务行业也是如此。法律事务包罗万象、纷繁复杂，而人的知识和精力有限。随着律师事业的发展，律师业务越来越向专业化领域发展。大的方向上有民商事、刑事、行政的区分，更细分的领域里，民商事又分为诉讼业务与非诉讼业务，诉讼业务又分为擅长婚姻、借贷业务等。但在现阶段，我国尚未达到完全专业化的程度。因此，代表"精"的专业化律师与代表"全"的"万金油"式律师在我国法律服务市场将长期共存。

根据《中华人民共和国律师法》的规定，律师执业必须要有律师事务所同意接受的证明。这就是说，我国法律是不允许律师以个人身份执业的，每个正规的执业律师都有自己所属的律师事务所。一般来说，律师事务所的定位基本上就定义了律师的业务发展类型。如果律师事务所是走专业化道路的，那么律师也会逐渐形成自己的主攻领域；如果律师事务所本身规模不大，但什么案子都接，那么律师的风格也多半如此。法律服务市场上还有许多"挂所律师"。律师挂所的目的各有不同，律师事务所允许律师"挂所"

的目的是收取挂靠费。这些律师与律师事务所之间的联系不紧密，基本不会有培训、培养、发展、业务指导、研讨案例之类的活动安排，律师之间基本是单打独斗，业务范围也比较宽泛。所以选择律师的时候，不能只看他名片上的办公地址，还得亲自到律师事务所去看看他在这家律师事务所有没有工位或办公室。当然，并不是说"挂靠律师"的专业水平不高，但由于"挂靠律师"无法从律师事务所汲取更多的营养，在长远发展上会受到一定的影响。

（二）根据所处理的事项进行选择

如果需要处理的事项是需要多人协作完成的，如招投标、破产重组等，就要重点考虑律师事务所、律师团队的专业能力。如果需要处理的事项不需要多人协作完成，如诉讼代理，那么律师就比律师事务所更重要。如果案子本身没那么复杂，就不一定要聘请著名律师，因为一般情况下著名律师收费都比较高，且业务繁忙，对于简单的案子并不一定亲力亲为，大多由助理或团队中的其他人做具体事务，自己只是开庭时露个脸甚至开庭也不去。如果需要处理的事项当地少见，例如，在一些经济不发达的地区金融业相应地也不那么发达，当地的律师处理这类金融案件少，相应的知识储备和处理经验就没那么丰富，而在一些大城市，已经成立了专门的金融法院，相应地就会产生一大批以金融案件为主攻方向的律师，那么对于这类案件，聘请主攻金融案件的律师，显然比在当地聘请律师更加值得。如果需要处理的事项比较普通，那么最好还是在当地聘请律师。当地的律师熟悉当地的司法环境，不仅成本低，而且处理事项更加得心应手。

（三）根据律师事务所和律师的专业性进行选择

精通某一个领域的律师，未必精通另一个领域。如何对一个律师或律师事务所的专业性进行判断？首先，可以通过业界的声誉判断。例如，企业破产案件，人们通常会想到金杜律师事务所。也可以通过律师事务所的网站、公众号等宣传媒介的介绍来判断。一些规模比较小的律师事务所，可能没有正式的网站，那么可以到律师事务所的办公场所去看看。查看处理过的案件也是一个比较有效的判断方法。现在我国实行裁判文书上网公开的制度。如无特殊需要，生效的民商事裁判都能在中国裁判文书网查到并下载。所以，可以通过输入律师事务所或律师的名称，搜索其所代理的案件，从案件的性质、类型、复杂程度、胜诉结果等方面对律师事务所或律师的专业性进行判断。

（四）选择报价合理、收费正规的律师事务所和律师

一般而言，专业化程度的高低与律师收费的数额呈正向关系。专业水平有保障、讲究职业纪律与职业道德的律师事务所与律师既不会漫天要价，也不会随意降低收费标准，而是根据案件本身的复杂程度，委托事项所涉及的金额，办理案件所需要投入的人力、时间，律师的社会信誉和工作水平，律师可能承受的风险和责任，委托人的承受能力，以及委托人对代

理结果的预期等因素，结合当地的律师收费政府指导价①综合考虑，并与客户协商确定。现阶段，我国民商事诉讼、仲裁案件的律师代理费主要有两种收费模式：一种是按指导价上下浮动确定一次性支付的总数；另一种是以胜诉为条件，以标的额为基数，按比例计算，待条件成就后再行支付。后一种方式也称"风险代理"。如果采用风险代理，那么至少需要注意三点：

（1）要了解哪些案件法律是禁止风险代理收费的。违反这些禁止性规定，将会受到行政处罚。根据《律师服务收费管理办法》第十一条和第十二条的规定，婚姻、继承案件，请求给予社会保险待遇或者最低生活保障待遇的案件，请求给付赡养费、抚养费、抚恤金、救济金、工伤赔偿的案件，请求支付劳动报酬的案件，以及刑事诉讼案件、行政诉讼案件、国家赔偿案件、群体性诉讼案件，禁止实行风险代理收费。

（2）要与律师事务所签订收费合同。根据《律师法》的规定，律师必须以律师事务所的名义执业，并且律师只能同时在一家律师事务所执业。所以，律师是不能以个人名义代理案件、收取律师费的。企业应当与律师事务所签订委托合同，合同中约定收费条款；也可以对收费事项单独签订合同。双方书面明确约定收费的数额或比例、支付方式、支付阶段、应承担的风险责任等事项。这里要注意的是，委托执业律师代理案件，与委托人签订委托合同的是律师事务所（即使律师是委托人自己找的，也只能与律师事务所签订合同，律师事务所再将案件指派给指定律师），因此费用也是由律师事务所收取（律师事务所收到委托人的律师费后，按收入分配比例将律师应得的部分定期发给律师）。律师事务所收到委托人支付的律师费后，应当及时给委托人开具发票。实践中，有些律师要求委托人将费用分为两部分，一部分交给律师事务所，另一部分交给律师个人。这对于委托人和律师双方都是高风险的行为。对于委托人而言，由于律师私下收取的这部分费用没有发票，一旦发生纠纷，性质上很难判定，也不能防止对方以各种名义多次索要；对于律师而言，由于私下收费是违法的行为，很难防止委托人事后反悔向主管部门举报，最后得不偿失。

（3）要注意计算的基数和比例、支付的时间节点等细节。依照规定，风险代理的最高收费金额不得高于收费合同约定标的额的30%。但是，具体计算时基数如何确定，就要看双方的经验和谈判能力。有的是以合同的标的额计算，有的是以胜诉的标的额计算，有的是以实际收回的标的额计算等。尽管看上去比例都是30%，但收费的数额相距甚远。有些风险代理是部分风险代理，也就是前期支付一定基本律师费用后，再根据结果按比例支付一部分。要注意前期支付的律师费是不是算在总数里面。例如，某企业和某律师事务所签订的收费标准是前期支付3万元，判决生效后按照胜诉额的20%支付。胜诉后支付剩余部分律师费

---

① 律师收费政府指导价的基准价和浮动幅度由各省、自治区、直辖市人民政府价格主管部门会同同级司法行政部门制定，其他级别的地方政府相关部门无权定价和调整，否则，上级价格主管部门或同级人民政府应责令改正；情节严重的，提请有关部门对责任人予以处分。律师服务收费管理办法和收费标准依法制定或调整后应当及时向社会公布。各律师事务所也应当在所内张贴公示，接受社会监督。参见《律师服务收费管理办法》第六条、第十五条、第十六条和第二十九条。

时，双方就胜诉额的 20% 是否包括前期支付的 3 万元发生争议。

（五）选择责任心强、认真了解企业需求的律师事务所和律师

律师事务所和律师为企业提供的是法律服务。服务态度是否良好、做事是否用心、能否倾听企业的意见、及时回应企业的要求、能否与企业融洽合作等都可以作为选择时的参考。毕竟对于绝大多数案件而言，能够提供同类服务的律师事务所和律师不止一家。在法律服务方面也可以"货比三家"。当然，比的不只是价格。以法律专业知识满足客户合理合法的需求是律师工作的核心，也是专业素养和律师职业道德的体现。缺乏责任心的律师在业务钻研方面必定不会投入太多的精力，职业水准也会被质疑。

（六）逐步建立法律服务资源库，做好法律服务资源储备

企业应当根据生产经营中的法律风险点，提前做好外部律师及律师事务所的资源储备，与他们建立长期的合作关系。在这方面，应当注意"面"和"点"的结合。所谓"面"，是指有些企业会聘请外部律师做常年法律顾问，与企业法务人员形成合力，共同处理企业所面临的法律事务。这样，外部律师一方面可以了解企业的生产经营状况，思考问题的角度更加全面，而不是只专注法律角度；另一方面，合作久了，外部律师必定会对企业产生感情，做事时就不只是拿钱办事、钱结走人，这些会更加有利于维护企业的利益。但常年法律顾问未必精通每一类法律事务，这就需要"点"的补充，即对特定的诉讼事务单独聘请专门的诉讼律师。如果合作好的话，即使诉讼结束，双方也要经常保持联系，以便日后合作。企业一定要意识到外部律师代理诉讼，绝不是单纯的有个人去开庭就可以了，这个人是企业利益的维护者。要做到这一点，企业的负责人和管理层必须要修正法律可有可无的观念，充分重视法律对于企业生产经营和利益的重要作用。

二、法务人员与律师事务所和律师的诉讼合作

律师事务所和律师在企业法律事务上的合作，更多是在非诉讼领域，如合同起草和审核、项目谈判、公司上市、股权运作、业务培训等方面。需要诉讼或仲裁解决的法律纠纷在企业日常经营中尽管是少数，但对企业利益和声誉的影响很大。为了帮助企业赢得诉讼，维护企业利益，挽回经济损失，双方应当通力合作。为此，双方至少要注意以下事项：

（一）律师尽早介入，共同研讨诉讼方案

当企业决定诉或应诉之后，法务人员就要在了解企业需求、费用预算、自身能力匹配的基础上，尽早聘请律师。法务人员要尽量争取自己选择合作律师事务所的机会。如果无法自己选择，就要尽快了解上级指定的律师事务所，主办律师的基本情况、品行、水平和工作风格等。委托代理协议签署后，应尽早让律师开展工作。诉讼，忌讳的是为了诉讼而诉讼，也

要避免意气用事。法务人员可以邀请律师、业务部门、企业领导、管理层共同商讨诉讼目标，制订诉讼策略和方案，绘制时间路线图，明确重要的时间节点，做好任务计划。

（二）相互信任，相互尊重，分工明确，优势互补

律师与法务人员是为了个案的诉讼联系在一起的，因此，双方的合作是以任务为导向。不同主体之间的合作，最忌讳的就是一方给另一方"高高在上"的感觉。法务人员要避免"花钱雇人"的老板思维。不要以为付了律师费就会得到最好的服务。都说诉讼律师干的是"良心活"，律师在案件上愿意投入的精力直接影响案件的结果。同时，律师要避免"你们什么也不懂"的专业优越感，如果法务人员不愿意配合律师的工作，律师工作起来就会非常不顺畅，专业能力也会被质疑。因此，双方只有相互信任，相互尊重，保持善意，真诚相待，才有合作共事的基础。法务人员和律师尽管都是法律人士，但各自擅长的领域、信息储备和关注重点仍有很大的差别。法务人员是企业与律师沟通的桥梁。例如，企业喜欢冒险，以盈利为目的；律师相对保守，以守法为原则。法务人员既了解企业的立场及期望，又了解律师所给出方案的原因及可行性，能够协调双方对案件的预期，既能避免不合实际的预期让企业输了官司，也能避免过度保守使企业错失机遇。再如，沟通顺畅是诉讼成功的重要环节。而通常来讲，非法律人士基本听不懂法律术语，更不愿意阅读论证严谨的法律意见书，而双方又很难拿出大量的时间来沟通、磨合，这就需要法务人员将律师的意见消化吸收后再转变为企业大多数人能懂的语言，从而有效地减少双方理解上的误区，使沟通更加顺畅。

（三）法务人员应做好基础性和辅助性工作，给予律师工作上的便利

律师开庭前要做很多准备工作，有些涉及企业内部事务性的工作就需要法务人员提前做好。例如，诉讼中所有的书证都需要提交原件，所有的物证都需要提交实物，而律师收集这些证据就不如法务人员方便。再如，调解协议的内容需要领导审批同意的，法务人员就应当及时报送企业管理层，同时尽快把意见反馈给律师。涉及与法院打交道的事情，包括事务性的工作，如给法院送交文件等，就由律师去做。在代理诉讼的过程中，双方要及时沟通，以便知晓各自的工作成果与进展，以及需要对方提供什么帮助。双方既有分工，又有配合，共同为赢得诉讼做好准备。

（四）为律师提供与案件有关的、全面的、真实的、客观的信息

法务人员是企业的内部员工，对于企业的业务有比较深入的了解，是所有法律事务的亲历者，熟悉法律纠纷的来龙去脉。而律师，对所处理案件信息的掌握均来自企业的告知。律师代表企业在法庭上进行诉讼。如果律师对案件的全貌或者企业的经营状况并不清楚，在法庭上就很容易陷入被动。司法实践中，经常看到有些外聘律师面对对方陈述的事实与证据时无力地回答："这个事情他们没有告诉我""这个证据我需要回去核实""我需要给他们打个电话了解一下情况"等，致使开庭审理一次次中断或延期，不仅拖延了纠纷的解决时间，

也会对律师和企业的形象产生不好的影响。如果再涉及提供虚假证据，而律师并不知情，这就不仅仅是影响形象的问题了。

总之，法务人员要充分认识到和自己有相同法律知识背景的律师是来帮自己的。只有和律师精诚合作，利用专业知识赢得诉讼，才能令生产业务部门感到法务人员在企业中存在的价值，提高法务部门在企业的地位，增加法务人员在企业事务中的话语权和资源支配权。

🔍 导入案例分析

法务人员在选择律师事务所和律师时，不能单纯地迷信大的律师事务所，因为大的律师事务所中也有很不专业的律师；也不要一看名片上印着"合伙人"三个字，就觉得其很厉害，因为每家律师事务所对称为"合伙人"的标准不完全一样；也不要听信哪个律师事务所或者哪个律师有背景。因此，在对律师事务所和律师进行选择时，还要做好背景调查，以专业能力为第一评判要素。对于没有合作过的律师事务所和律师，可以先从小项目开始接触，了解对方的工作态度与专业水准。

📖 法律法规索引

1. 《中华人民共和国民事诉讼法》
2. 《中华人民共和国仲裁法》
3. 《中华人民共和国律师法》
4. 《民事案件案由规定》

📄 思考题

1. 民商事纠纷解决的方式及各自的特点是什么？
2. 民商事诉讼中需要考虑的策略有哪些？
3. 法务人员在与律师事务所和律师合作时应注意什么？

📄 案例实训

甲、乙两人是亲戚关系。2017年底，两人签订《股东合作协议书》，成立了汽车租赁公司。双方各投资30万元，由甲负责执行具体经营事务，由乙负责财务监督及公司监事业务。协议签订后，乙按约定支付了投资款。在此后的经营中，甲独自操控公司的各项事务，事前不和乙商量，事后也不向乙报告。乙从2018年11月起，多次与甲商谈退出公司经营，遭到甲的拒绝。乙找到律师进行咨询。律师与乙签订委托代理合同后即展开调查，发现了几个情况：①公司登记的股东并没有乙。②公司登记的经营范围是车辆租赁业务。但是，公司开业后，甲擅自决定增加酒吧经营。几个月后才告知乙。③公司至今没有会计账簿，导致乙无法了解自己的投资去向。根据以上情况，律师草拟了处理方案，在征得乙的同意后，向甲提出返还乙的投资款，并按照自投资之日起同期银行贷款利率支付利息的请求。在沟通过程中，甲坚决不同意退还乙的投资款，只同意双方对公司事务进行清算。但是，公司明面上除一间门面房和一些红酒外，并无其他财产。律师遂代理乙向法院提起诉讼，并申请财产保全，查封了甲名下的财产。甲接到法院的传票和查封裁定书后，主动联系乙要求和解。乙权衡再三，做出让步，表示甲只需返还本金即可。最终，双方签订和解协议书。

问题：从案件中你得到的启示是什么？

思考题与案例实训
参考答案

参 考 文 献

[1] 王宗正.企业法务：从入门到精通.北京：法律出版社，2020.

[2] 吴启才.中小企业法律实务.武汉：华中科技大学出版社，2010.

[3] 张士元.企业法.4版.北京：法律出版社，2015.

[4] 施天涛.公司法论.4版.北京：法律出版社，2018.

[5] 王全兴.劳动法.4版.北京：法律出版社，2017.

[6] 竺效.环境法入门笔记.北京：法律出版社，2017.

[7] 程远.广告法理论与实务.北京：法律出版社，2018.

[8] 吴汉东.知识产权法学.7版.北京：北京大学出版社，2019.

[9] 崔建远.合同法.6版.北京：法律出版社，2016.

[10] 刘文华.经济法.6版.北京：中国人民大学出版社，2019.

[11] 姜明安.行政法与行政诉讼法.7版.北京：北京大学出版社，2019.

[12] 张卫平.民事诉讼法.5版.北京：法律出版社，2019.

[13] 赵凤梅.中小企业知识产权保护研究.北京：知识产权出版社，2020.

[14] 吕宏程，董仕华.中小企业管理.3版.北京：北京大学出版社，2014.

[15] 费英秋.中小企业人力资源管理.北京：经济管理出版社，2012.

[16] 马彬，包月阳.中国中小企业2020蓝皮书：大变革、大转型时代中小企业健康发展战略研究.北京：中国发展出版社，2020.

[17] 李俊，许光红.产品质量法案例评析.北京：对外经济贸易大学出版社，2012.

[18] 吕淑然，车广杰.安全生产事故调查与案例分析.2版.北京：化学工业出版社，2020.

[19] 聂桃.中小企业财税一本通.3版.北京：北京联合出版公司，2018.

[20] 李春刚.企业法律风险提示与防控指引.北京：法律出版社，2018.

[21] 李新.企业劳动法律风险提示650项.上海：上海社会科学院出版社，2018.

[22] 马志杰.中小企业常见法律风险防控.北京：中华工商联合出版社，2020.

[23] 钱金森.中小企业常见法律风险防控：实用精要指引.北京：法律出版社，2016.

[24] 北京天驰君泰律师事务所，中国政法大学企业法律风险管理研究中心.企业合同法律风险管理实务.北京：法律出版社，2019.

[25] 上海市经济和信息化委员会，上海市中小企业发展服务中心.中小企业法律风险防范指南.北京：中国经济出版社，2018.